근대의
원초경

보이지 않는 영화를 보다

근대의 원초경

보이지 않는 영화를 보다

| 김소영 지음 |

현실문화

서문

그러니까 이 책의 서문, 그 첫 장을 위해선 좀 오래전으로 거슬러 올라가야 할 것 같다. 뉴욕대에서 영화 이론을 공부하고 있을 무렵, 지도 교수와 논문 주제를 상의할 때다. 유럽, 아방가르드 영화에 취해 영화 만들기와 공부를 시작했지만, 박사 과정 중 한국 영화를 연구해야겠다는 열망을 품게 되었다. 그러나 90년대 초만 하더라도 한국 영화를 글로벌한 지도상에서 찾기는 어려웠다. 코리안 뉴웨이브가 알려졌지만 이론화 작업이 되어 있던 바는 아니다. 당시 링컨 센터와 필름 포럼, 그리고 안젤리카 극장이 있던 뉴욕에서 한국 영화의 부재는 좀 더 일상적으로 느껴졌다.

"영어로 된 참조 문헌이 없어 한국 영화에 대한 논문을 쓰는 것은 불가능하니, 영화 이론을 하도록 하지."

지도 교수의 타당한 조언. 그러나 지향점을 바꾸기 어려웠다. 당시 탈식민 연구와 내셔널 시네마에 대한 담론들, 그리고 내가 관심을 갖기 시작한 당시에는 비평 용어 자체도 존재하지 않았던 식민지 근대성에 대한 탐구를 '한국 영화'를 두고 하고자 했다.

한국영화아카데미 재학 시절인 1984년 당시 영화진흥공사 시사실에서 보았던 故 김기영 감독의 〈하녀〉는, 한국 영화가 황폐하던 시기에 유럽과 미국 영화의 시네필로 성장하던 내게 한국 영화의 걸출함을 일별하게 한 작품이었다. 〈하녀〉를 길잡이로 한국 영화의 앞과 뒤를 새롭게 볼 수 있겠거니 생각했다. 젠더와 계급, 근대성 이런 키워드 들을 염두에 두고 있었다.

1993년 한국으로 돌아와 영상원 설립을 돕게 되고, 영상이론과에 한국 영화사 과목을 개설했다. 그리고 故 김기영 감독의 호방하고 재기 넘치는 강연, 故 유현목 감독의 사려 깊은 강연을 들었다. 이영일 선생님은 돌아가실 때까지 한국 영화사를 강의해주셨다. (그 결과로 나온 책이 『한국 영화사 강의』다.) 이장호 감독과 봉준호 감독과의 대화 시간도 기억에 남는다. 이분들을 강의실에서 만난 것은 정말 행운이었다.

학생들과 영상자료원에 가거나 필름을 대여해 50~60년대 한국 영화의 고전을 "재발견"하고 토론하는 과정은 지적 감흥, 흥분이 넘쳤다. 정답이 주어지지 않은 텍스트 해석의 묘미.

긴장감 넘치는 재발견과 토론의 시간, 이때 한국 영화와 영화에 대한 글쓰기를 시작했다. 졸저 『시네마 : 테크노 문화의 푸른 꽃』과 『근대성의 유령들 : 판타스틱 한국 영화』가 그것이다. 이후 10년이 지났고 그동안 나는 한국 영화와 아시아 문화, 영화에 대한 연구를 병행하려고 노력했다. 트랜스 아시아, 인터 아시아 지식인 네트워크와 학술회의 개최 등이 그것이다. 이런 활동이 한국 영화를 아시아적 맥락에서 비교해 보게 하는 데 도움이 된 것 같다.

이 책에는 2001년 첫 출간된 《흔적》에 실렸던 〈유예된 모더니티 : 한국 영화들 속에서의 페티시즘의 논리〉에 이어 10년간 썼던 글들을 실었다. 한국 영화에 대한 참조체계가 많지 않은 상태로 진행했던 것이어서 한국 영화 연구를 시작한 1993년부터 지금까지 17년이라면 느리다고 할 수도 있고 또 그만한 시간이 필요했던 게 아닌가 하는 생각도 염치없이 한다.

지난 17년간 나를 생산적 곤궁에 빠지게 했던 지점은 조선 영화의 실종과 해방 이후 한국 영화의 아카이빙이 체계화되어 있지 않은 점, 이론적 참조 틀의 상대적 부재다. 이것은 두말할 필요도 없이 식민 지배에 이어 군사 독재를 거친 남한 영화 아카이브와 영화사의 문제이며 징후이고 인덱스다. 이러한 실종과 궁핍과 부재 속에서 보여야 할 영화, 자명한 가시성을 그 존재적 기반으로 하고 있는 영화는 역설적으로 비가시화된다. 이러한 역사적 조건들 속에서 사라진 영화를 어떻게 가시화할 것인가?

이론과 비평은 이런 비가시적(invisible) 영화를 가시화할 수 있는 것인가? 보이지 않는 영화를 어떻게 볼 것인가? 조선 영화의 부재 그 '불연속'의 조선 영화와 한국 영화사에 대한 대안적 역사 연구 방법, 한국 영화에 대한 이론과 비평이 빈곤한 속에서의 텍스트 분석 방법, 비교 연구 방법을 오랫동안 생각해야 했다. 지난 5년간 상당수의 필름이 복원되고 네가 상태로 있던 영화들을 프린트해 가고 있어 이제 더 이상 텅 빈 것은 아니지만 휑한 아카이브를 향해 던졌던 질문이다.

이런 질문에 기반을 두고 구성한 것이 첫 장 , '근대의 원초경'이다.

거의 보이지 않는 영화(invisible cinema)들, 식민지 이후의 아카이브를 절망의 근원, 즉 영화사 연구를 할 수 없는 불가능의 장소로 간주하기보다는 비서구 식민 후기 영화사의 대안적 방법론을 찾는 출발점으로 삼는 것이 생산적일 것이라 생각했다. 예컨대 비가시적 영화가 일루미네이션(illumination)해 줄 비서구, 후기 식민 영화사를 기술할 수 있는 대안적 방법론. 이것은 발터 벤야민이 이야기하는 바 "쓰이지 않은 것을 읽어내는 것"과 크게 다르지 않을 것이다. 그런 의미에서 이것은 비서구적 방법론이라기보다는 서구와 비서구라는 지리적 소재, 지정학과 관계를 가지면서도 주변, 소수를 위한 주류와의 시차에 근거한 트랜스 방법론이다.

장면을 경으로 치환한 근대적 원초경은 사진과 함께 영화를 기계 복제 이미지라고 할 때 바로 그 기계 복제 이미지들, 그리고 영화 스크린에 투사되는 프레임의 그 격자에 의해 구조화된 비전으로 구성된 근대 시각장과 주체의 기원적 순간, 조선 영화의 첫 장을 가리키는 포괄적 의미다.

원초적 장면은 시작과 기원, 출발지점을 가리키지만 다의미적 원초경은 거울[鏡]처럼 성찰적으로 그 질문을 비추고 기억과 상상적 구성, 아카이브적 진실 증명과 상상적 자유 유희의 경계(境界)를 횡단한다. 이렇게 거울이면서 경계를 횡단하는 것으로서의 원초경은 새롭고 대안적인 캐논, 경전(經典)을 구축해내는 사이트다. 원초경의 경은 그래서 거울 경(鏡)과 경계의 경(境), 그리고 경전의 경(經)을 가로지르며 넘어설 수 있는 잠재적 장소다.

프란츠 파농이 지적하는 것처럼 식민시기 기존의(전통적) 참조 체계는 흉포하게 무너지고 문화적 패턴은 강탈당하고 가치들은 무너졌다. 이런 역사적 조건은 탈식민시기, 참조체계를 어떻게 재구성할 것인가, 어떻게 아카이브(역사적 보관소일 뿐만 아니라 학문, 문화적 실천, 정치, 그리고 테크놀로지들이 교차하는 구조, 과정 인식들의 복합체다)를 통해 사회적 기억을 구성해 나갈 것인가 하는 문제를 보다 절실한 프로젝트로 만들게 된다.

이 원초경의 장에서 조선의 초창기 영화 형식인 키노드라마/연쇄극을 다룬다. 또한 신여성이라는 시각적·역사적 재현을 조선 영화의 원초경 속에서 어떻게 생각할 것인가를 쓴 것이 「신여성의 시각적·영화적 재현」이다. 조선 영화라는 내셔널 시네마에 관한 '원초경'적 접근이 「조선영화라는 '내셔널' 시네마 : 애활가와 부인석」이다. 그리고 도래할 영화의 시대를 앞에 둔 전(pre) 영화적 상상력을 장승업에 투사한 영화사의 전사(前史)로 〈취화선〉을 읽었다. 「한국 영화사와 〈취화선〉」이 그것이다. 유예된 근대성은 페티시의 세 가지 번역의 과정—주물, 물신, 연물—그리고 그 궤적과 한국 영화사를 관통하는 핵심 비/동력인 유예된 근대성의 문제를 다루었다. 「유예된 모더니티 : 한국 영화들 속에서의 페티시즘의 논리」다.

제2장 한국사회의 트라우마와 젠더에서는 〈운명의 손〉이라는 한국전쟁 직후 〈공동경비구역 JSA〉에 해당할 영화로 미군정 이후 훼손된 주권과 맞물린 역사적 트라우마와 남성성의 문제에 접근한다. 〈운명의 손〉과 〈나그네는 길에서도 쉬지 않는다〉, 그리고 〈쉬리〉로 이어지는 이 계보는 해방 이후 한국 영화에 재현되는 트라우마에 얽힌 남성성에 대한 부분적 지도를 만들고자 하는 시도다. 이것은 〈박하사탕〉, 〈살인의 추억〉, 〈텔미썸딩〉과 〈공동경비구역 JSA〉를 분석한 다음 글들에도 이어진다. 역사적 트라우마와 여성을 다룬 것은 변영주 감독의 종군 위안부 3부작 중〈숨결〉을 통해서고 〈텔미썸딩〉을 뒤집어 딸이 아버지의 이름을 어떻게 지우는가를 청계천이라는 후기 독재 공간의 정치성과 접목시켜 다루었다. 「1950~60년대 '고백' 영화」에서는 제1장 「신여성의 시각적·영화적 재현」에 이어 나혜석의 이혼 고백장을 기억하고, 신상옥 감독의 〈어느 여배우의 고백〉에 드러나는 고백 담론이 한국전쟁 이후 전도의 메커니즘을 거

쳐 어떻게 여성 주체를 다시 쓸 수 있게 하는가를 생각한다.

제3장은 지정학적 판타지다. 만주 활극, 대륙 활극이라고 알려진 이만희 감독의 〈쇠사슬을 끊어라〉, 그리고 임권택 감독의 〈황야의 독수리〉 등이 냉전시기 '만주'라는 일제 강점기의 역사적 혼성 공간을 불러와 구성한 당시 국가주의에 대한 아나키스트적 거부, 저항을 읽는다. 이 영화들은 국민 국가의 상상적 공동체나 민족주의나 국가주의가 요구하는 정체성을 횡단하고 넘어서는 '지정학적 판타지'를 통해 일종의 트랜스 크리틱을 수행하고 있다고 본다. 「지정학적 판타지와 상상의 공동체 : 냉전시기 대륙(만주) 활극 영화 」에서 다룬 내용이다.

마지막 글 「콘택트 존으로서의 장르 : 홍콩 액션과 한국 활극」은 한국 영화 연구가 레퍼런스할 수 있는 이론적 기반으로서의 (서구) 영화이론, 특히 서구 영화 중심적 장르론을 슬쩍 벗어나, 또 (서구 중심적) "비교의 유령"의 그림자를 비켜나 콘택트 존으로서 한국의 활극, 액션 영화를 간주하고 홍콩 액션 영화와의 비교를 통해 인터 아시아적, 트랜스 아시아적 비교의 틀을 만들어보려는 노력이다.

17년간 한국 영화라는 경관에 사로잡혀 혹은 사로잡힐 경관을 찾아 때로는 신명이 나 때로는 알 수 없어 알 수 없는 느린 걸음으로 글을 써왔다. 이제 그 걸음에 작은 쉼표를 찍는 느낌을 갖는다. 한국 영화 연구에 열심인 좋은 연구자들이 많이 나와 한결 걸음이 가볍다.

무엇보다도 수업을 들었던 영상이론과 학생들, 듀크대와 UC 버클리, UC 어바인의 학생들의 경청과 토론에 감사한다. 뉴욕대의 은사 아넷 마이클슨(Annette Michelson), 로버트 스클라(Robert Sklar), 그리고 당시 BFI(British FIlm Institute)에서 뉴욕대 방문 교수로 오셨던 폴 윌먼(Paul

Willemen), 그리고 학교 이후의 선생님 최정무 교수(UC 어바인)에게 고개 숙여 감사드린다고 전하고 싶다. 특별한 선생님들과의 만남은 삶의 가장 큰 기쁨과 뼈아픈 각성이라는 고통, 활력이었다. 글쓰기가 느린 늦깎이 제자의 책을 받아주시길 빈다.

연세대 백문임 교수는 연세대 미디어 아트센터에서 출간한 시리즈를 통해 내가 두 편의 글을 쓸 수 있도록 편집자로서 소중한 역할을 해주었다. 「한국 영화사와 〈취화선〉」과 여기 실린 것보다 〈박하사탕〉을 집중 분석했던 「트라우마와 젠더 : 〈박하사탕〉」이 그것이다. 고마운 일이다. 가쿠슈인대에서 이 주제로 강연을 한 것이 글 발표에 앞선다. 일본 가쿠슈인대 동양학과 교수들의 초청 감사드린다.

일본 메이지 가쿠인대의 아야코 사이토 교수는 동성사회성이라는 주제로 한국 영화를 생각하게 해주었다. 그 결과가 「한국형 블록버스터에서의 동성사회적 판타지」다. 글은 《여/성이론》에 실렸고 일본에서도 같은 제목으로 출간되었다.

신여성과 관련된 연구는 학술진흥재단의 지원을 받아 이대 여성학과 김은실 교수의 책임 연구 아래 진행된 작업이다. 신여성 관련 여러 연구자들을 만나 풍요로운 생각을 듣게 해준 김은실 교수에게 감사한다. 함께 연구 모임을 했던 정지영 교수 등과 신여성에 관한 깊이 있는 책 『신여성, 근대의 과잉』 저자 김수진 교수에게 고마움을 전한다.

시카고대의 동아시아센터 이재연 씨, 그리고 최경희 교수와 박사 과정 학생들은 2008년 눈 쌓인 시카고의 추운 겨울, 이 책에는 일부의 논점만 실린 Invisible cinema에 대한 토론을 해주었다. 그중의 일부가 「한국 영화의 원초경」에 반영되었다. 초청, 감사드린다. 또한 시카고대 방문 교수이시던 정근식 교수(서울대)의 논평, 감사드린다.

2008년 6월 런던에서 Screen Culture 학회 주최로 열렸던 '영화이론의 지리학(Geographies of Film Theory)'에서 역시 「한국 영화의 원초경」의 일부를 발표했다. 초대해준 로라 멀비(Laura Mulvey) 교수에게 감사한다.

이외에도 인도 뱅갈로의 CSCS, 콜카타 자다푸르대, 체나이의 인코센터, 뉴델리 영화제의 아시아의 초창기 영화 컨퍼런스, 미국 하버드대, 피츠버그대, UC 어바인, UC 버클리, UC 산타 크루스, 하와이대, 워싱턴대(세인트루이스), 홍콩 링난대, 홍콩대, 대만 자오퉁대, 대만 칭화대, 정치대, 인도네시아 자카르타대의 넥서스 컨퍼런스, 북경대, 북경 사회과학원 , 동경대, 규슈대, 그리고 방글라데시 다카대 등의 컨퍼런스와 워크숍 등을 통해 여기 실린 논문들의 일부와 아이디어를 발표할 수 있었다. 토론자 분들과 학술회의를 조직하신 분들에게 감사한다. UC 어바인의 김경현 교수와 김진아 감독의 초청에 감사한다. 인터 아시아 소사이어티의 조희문, 백원담, 유선영, 이상길 교수의 학문적 연대에도 감사드린다.

지난 17년간 대화를 나누고 함께 연구한 친구와 동지와 동료들, 더할 수 없는 친구 크리스 베리(Chris Berry), 헤마 라마샨드란(Hema Ramachandran), 아쉬쉬 라자디약사(Ashish Rajhadhyaksha), 첸광신(Chen Kuan Hsing), 메간 모리스(Meaghan Morris), 월터 류, 그리고 김현숙, 김현미, 김영옥, 김성례, 변재란 선생님. 우정과 지혜를 나눠 주어 고맙습니다.

이젠 동료로 느껴지는 전직 제자(?) 이원재, 강정수, 권은선, 배주연, 앞으로도 함께 길을 갈 수 있기를. 그리고 영상원 영상이론과 졸업 후 학문의 길을 가고 있는 임호준 교수(서울대), 박사 과정을 밟고 있는 하승우,

김정구(런던대), 전민성(영상원 강사), 안민화(코넬대), 박현희(시카고대), 손이레(독립 연구자), 황미요조(컬럼비아대), 김희윤(UCLA), 이유미(싱가폴대), 정충실(동경대), 이안젤라(평론가), 김수연, 김소혜(시카고대), 최은숙, 주소연 (빠진 친구들이 있다면 미안) 등 소중한 제자들에게 그들의 학문적 헌신과 기여에 큰 기대를 품고 있다고 말하고 싶다.

현실문화연구의 김수기 선생님, 한고규선 씨와 김재은 씨에게 고마움을 전한다. 그리고 비전 있는 학자이자 활동가이신 영상이론과의 심광현 교수, 나와 함께 트랜스 아시아 영상문화연구소의 공동 소장을 맡고 있는 박학다식 얼 잭슨 주니어(Earl Jackson Jr.) 교수에게 감사드린다.

독자들이 이 책을 보다 짧은 평문으로 엮인 『한국 영화 최고의 10경』과 함께 읽어주었으면 하는 바람이 있다. 두 책이 이제 얼마 후면 100년의 생일을 맞게 될 한국 영화의 깊이를 트랜스 비평하는 데 조금이라도 도움이 된다면 좋겠다. 특히 요즘처럼 디지털 콘텐츠 통합을 논하면서 한국 영화의 지원 기반, 자원 자체를 공공의 장에서 최소화하려는 권력의 악행이 보일 때는 더욱 그렇다. 난 그들이 한국 영화의 성과가 어떤 것인지 구체적으로 공부하고 알게 되기를 바란다.

지난 17년 어찌 맑은 날들만 있었겠는가? 어둡고 휘몰아치는 시간들, 심연에 빠진 적도 적지 않았다. 그런 나를 살아 있게 해준 이제 18살의 준수(첫 번째 책 『할리우드/프랑크푸르트』가 준비될 때 한 살이었던)와 세 마리 강쥐들(말라뮤트 실피드, 로트바일러 바치, 둘의 믹스견 바리)에게 사랑과 웃음을 전한다. 어여쁜 조카들, 달래와 솔래, 별내에게도 호호.

글쓰기를 노년의 즐거움으로 삼으신 아버지(김열규 교수)와 자신만의 독특한 한국식 정원을 가꾸신 어머니(정상옥 정원사), 앞으로도 아름다운 장수를 누리세요. 감사합니다.

위 모든 이들에게 깊은 사랑과 감사의 마음으로 적지 않은 세월, 결과는 보잘것없지만 17년이 꼬박 걸린 이 책을 헌정하고 싶다. 앞으로도 저랑 함께 걸어주세요! 잘 부탁드립니다.

바람 부는 겨울, 수동의 햇살 아래

2010년 2월 김소영 씀.

차례

제1장

근대의 원초경

한국 영화의 원초경

사진 활동, 계보, 계모

보이지 않는 영화 혹은 원초경

20세기가 시작되는 1901년 9월 14일 《황성신문》에는 "사진활동승어생인활동(寫眞活動勝於生人活動)", 즉 '활동사진이 사람활동보다 낫다'라는 내용의 글이 실렸다. 이 신문기사는 활동사진이 도입되던 초창기, 조선의 한 식자가 활동사진을 "촬영한 그림인 사진이 배열되어 움직이는 것이며 활화"라고 정의하고 있음을 보여주고 있다. 영화를 이루는 요소들로 "그림, 촬영(이상 활화), 사진, 배열, 움직임"을 들고 있으며, "촬영한 그림이 몸(体)이 되고 전기가 그것을 움직임으로써 활동하게 되는 것"이라고 부연 설명하고 있다. 거기에 초창기 영화 관객들의 반응을 "사람들이 활동사진을 보고 신기함에 정신이 팔려 입을 다물지 못하고 참으로 묘하다고 찬탄하여 마지않는다"라며 경이감으로 묘사하고 있다.

'활화'에서의 '활'은 조선 초창기 영화문화에 대한 암시적 언급으로도 읽히는 〈취화선〉(2002)의 중요한 토픽이기도 하다. 영화 〈취화선〉이 다루고 있는 시대는 조선에서 초창기 영화문화가 시작하는 지점으로부터 그리 멀지 않다. 〈취화선〉의 엔딩 컷 자막은 장승업이 1897년에 죽었다고 전한다. 같은 해 10월 10일을 전후로 해 활동사진이 조선에 들어온다. 《런던 타임스》 1897년 10월 19일자 보도기사는 다음과 같이 그 소식을 다룬다.

> 극동 조선에서도 어느새 활동사진이 들어왔다. 1897년 10월 상순경 조선의 북촌 진고개의 어느 허름한 중국인 바라크 한 개를 3간 빌려서 가스를 사용하여 영사하였는데, 활동사진을 통해 비춰진 작품들은 모두 불란서 파테 회사의 단편들과 실사 등이 전부였다.[1]

영화 〈취화선〉에서 《한성신보》의 일본인 기자 카이우라는 장승업에게 조선 왕조가 몰락하고 있고, 이제 선생의 그림만이 조선 사람들에게 희망이라고 말한다. 진경과 대조적으로 선경으로 분류되는— "뭇 백성이 기댈 만한 곳이 아무것도 없습니다. 진경이 아닌 선경으로 그들에게 위안을 줄 수 있다면 그 또한 환쟁이들의 천명이 아니겠습니까?"—장승업 그림의 이러한 쓰임새는 사실 곧 조선에 도착할 영화의 그것과 크게 다르지 않다. 실제보다는 환상이 투사된 재현체계로서의 영화의 전사(前史)가 장승업의 '선경'을 통해 기술되는 셈이다. 또, 장승업은 검은 수석을 제자에게 보여주면서 죽어 있는 돌이 아니라 살아 움직이는 돌, 활석을 그려야 한다며 다음과 같이 강조한다. "화사들의 눈에는 하찮게 나뒹구는 돌멩이도 살아 움직여야 하느니 돌 같은 미물도 살아 있으면 활석이요, 죽어 있으면 완석이니라."

---

1. 《런던 타임스》 1897년 10월 19일자 보도기사. 김종원·정중헌 지음, 『우리 영화 100년』, 현암사, 2001, 20쪽.
   이어 1903년 6월 23일자 《황성신문》은 "동대문 전기회사 기계 창고에서 시술하는 활동사진을 일요일 음우를 제하는 외에는 매일 하오 8시부터 10시까지 설행되는데 대한 또는 구미 각국의 생명도시 각종 극장의 절승한 광경이 구비하외다. 허입요금은 동화 십전." 이 인용은 한국영화기획창작협회 편, 『한국영화기획 70년사 1』, 한국영화인협회, 1998, 25쪽.

움직임을 중요한 동력으로 삼는 활동사진이라는 매체의 활기와 활력을 연상시키는 인식이다. 이렇게 〈취화선〉에 제시된 영화의 전사로서 장승업의 판타지 그림과 활석에 대한 강조를 참조하면서, 앞의 《황성신문》 기사에서 특기할 만한 것은 다음과 같은 점이다. 당시 활동사진이라는 재현매체의 활동성(사람들이 영화에서 활동하는 것)을 당시 백성, 특히 대한(大韓) 선비의 비활동성, 무력함과 비교하고 있는 부분이다. 즉, 당시 제국들의 '열전' 속에 무기력하게 방치된 조선의 상황을 한탄하고 있는 것이다. 여기서 활동사진의 '활동'은 생동감과 대세를 만회할 수 있는 생민(生民)의 활동과 대비된다.

한편으로는 활동사진이 활발하게 소개되고 다른 한편으로는 시대의 무기력이 공존하는 20세기 초, 활동사진의 이러한 활력이 '선진' 외국의 풍물, 문화를 소개해 조선 관객의 입장에서 볼 때는 '감상(만)의 시대'였던 것을 넘어 조선의 문제를 다루는 창작의 시대로 진입하는 것은 1919년의 키노드라마 〈의리적 구토〉[2]다.

키노드라마는 다음과 같이 홍보되었는데, 이때 중요한 요소 중의 하나는 키노드라마에 조선 배우가 활동한다는 것이다. 단성사주 박승필은 광고문을 통해 그 제작 의도를 밝히게 되는데,

> 이미 아시는 바와 같이 조선의 활동 연쇄극이 없어서 항상 유감히 역이던 바 한번 신파 활동사진을 경성의 제일 좋은 명승지에서 박혀 흥행할 작정으로 본인이 5천 원의 거액을 내어 본월 상순부터 경성 내 좋은 곳에서 촬영하고 오는 27일부터 본 단성사에서 봉절개관을 하고 대대적으로 상장하오니 우리 애활가 제씨는 한번 보실 만한 것이올시다.[3]

---

2. 〈의리적 구토(義理的仇討)〉, 제작 박승필, 감독 김도산, 촬영 미야가와 소우노스케(宮川무之助), 1919년 10월 27일 개봉. 〈의리적 구토(義理的仇討)〉, 〈의리적 구투(義理的仇鬪)〉 두 가지 제목으로 논의되는 경우가 많으나 한국영화데이터베이스에 따라 〈의리적 구토(義理的仇討)〉로 읽는다. 그러나 최근 발간된 김려실의 『투사하는 제국 투영하는 식민지』(2006)에선 '義理的仇討'로 표기하고 '의리적 구투'로 읽고 있다.

단성사주 박승필 근고

─《매일신문》 1919년 10월 27일자

　김도산이 단성사 박승필 사장을 찾아가 연쇄극을 제작하자고 제안해
네 편을 만들기로 하고, 신극좌 단원들과 함께 〈의리적 구토〉, 〈시우정(是
友情)〉(1919), 〈형사의 고심(刑事苦心)〉(1919), 〈오, 천명(天命)〉(1921년 추
정)을 만들었고 촬영은 일본 오사카 덴카츠 기사 미야가와 소우노스케를
고용했다. 필름이 유실되어 확인할 수는 없지만 내용은 다음과 같다.

　송산은 본시 부유한 집 아들로 태어났으나 일찍이 모친을 잃고 계모 슬하에서
불우하게 자라난 몸이었다. 집안이 워낙 부유하고 보니, 재산을 탐내는 간계로
말미암아 가정엔 항상 재산을 둘러싼 알력이 우심했다. 송산은 이리하여 새 뜻
을 품되 이 추잡한 가정을 떠나 좀 더 참된 일을 하다가 죽으려는 결심을 하는
데 우연히 뜻을 같이하는 죽산과 매초를 만나 의형제를 맺고 정의를 위해 싸울
것을 다짐한다. 한편 계모의 흉계는 날로 극심해져서 드디어는 송산을 제거하
려는 음모까지 모의하게 된다. 송산의 신변이 위태로워짐을 알게 된 의동생 죽
산과 매초가 격분해서 정의의 칼을 들려 하지만 송산은 조금도 동요하지 않고
이를 말린다. 송산인들 어찌 고민이 없을까마는 그는 오직 가문과 부친의 위신
을 생각해서 모든 것을 꾹 참고 견디자는 것이었다. 그러하자니 자연 마음이
울적하고 괴로운 송산은 매일 술타령으로 보내는 것이었다. 하지만 이러한 송
산의 은인자중도 보람이 없이 드디어 최후의 날이 오고야 만다. 계모 일당의

3. "첫째 오늘까지 조선배우의 활동사진은 아조 없어서 항상 유감 중에 그를 경영코자 하니 돈
이 많이 드는 까닭에 염두를 내지 못하던 바 이번 단성사주 박승필 씨가 5천 원의 거액을 대
어 신파 신극좌 김도산 일행을 다리고 경치 좋은 장소를 따라가며 다리와 물이며 기차, 전
차, 자동차까지 이용하야 연극을 한 것을 적적히 백인 것이 네 가지 되는 예제인데 모다 좋
은 활극으로만 박여 심사를 하였다 하여 그 사진은 일전에 나왔으므로 오는 27일부터 단성
사에서 봉절하여 가지고 상장한다는데 먼저 그 사진의 시험을 하여본즉 사진이 선명하고
미려할뿐더러 배경은 말할 것 없이 서양 사진에 뒤지지 않을 만큼 하게 되었고 배우 활동도
상쾌하고 신이 날 만큼 되었더라" 《매일신보》 1919년 10월 20일자.

발악이 극도에 올라 송산의 가문이 위기에 이르게 된 것이다. 이제는 더 이상 좌시할 수 없게 되자, 송산은 죽산과 매초의 독촉도 있고 해서 눈물을 머금고 정의의 칼을 드는 것이었다.

조선 관객에게 '조선'의 문제를 두고 말을 거는 활동사진을 포함하는 키노드라마는 조선 영화 생산의 첫 장, 근대적 원초경이다. 이때 원초경 이란 용어는 프로이트의 원초적 장면(Urzene, primal scene)을 전유한 것이다. 이때의 원초적 장면은 유년기에 해석한 엄마에 대한 아버지의 폭력 행위, 성폭행, 그리고 부모의 성관계를 지칭하며 판타즘(fantasm), 유혹 이론, 섹슈얼리티, 트라우마 등과 연관된다. 기억 속에 억압된 성적 장면 으로 유년 시절, 부모의 성교를 보고 그것을 아버지가 어머니를 거세하는 것으로 파악하는 것이다.[4] 그러나 이렇게 엄밀한 프로이트적 의미로 조선 영화의 '원초경'이라는 표현을 사용하는 것은 아니다. 장면을 경(鏡)으로 치환한 근대적 원초경은 사진과 함께 영화를 기계 복제 이미지라고 할 때 바로 그 기계 복제 이미지들로 구성되는 근대 시각장의 기원적 순간, 조 선 영화의 첫 장을 가리키는 포괄적 의미다.

한국 영화의 기원이라는 표현보다 원초경이라는 표현을 사용하는 것 은 우선 경(鏡), 거울이라는 시각적 영역을 가리킬 수 있으며 또 정신분석 학에서 원초적 장면에 대한 구성이 "해석적 실행"의 장이며, 그 '구성된 이벤트의 존재론적 비결정성'이 라캉이 프로이트와 하이데거에 대한 텍 스트 상호독해에서 밝혔듯이, 정신분석에서 회상의 문제는 하이데거가 근원적 존재론을 향해 있는 사산된 프로젝트에서 마주쳤던 장애들과의 접점 속에서 가장 잘 이해할 수 있다는 데 있다.[5] 또, 데리다 역시 형이상 학에 대한 추정적 극복을 향한 프로이트와 하이데거의 추동성은 회상의 문제와 동일한 것이라고 지적한다. 예컨대, 원초적 장면의 치유적 힘을 주장하면서, 프로이트는 구성된 사건보다 회상된 사건을 더 가치 평가하는 통상적 지혜를 뒤바꾸려 했다는 것이다. 바로 그러한 시도를 통해 당대적 해석의 프로젝트의 길을 열었다.

이렇게 해서 원초적 장면은 정신분석학만이 아니라 사건이라는 개념을 존재론의 지반에서 전치시키고, 존재적으로 미결정된 상호텍스트적 이벤트를 의미하면서 역사적 기억과 상상적 구성, 아카이브적 진실 증명과 상상적 자유 유희 사이의 특이 공간에 위치한다.[6] 근대의 기원으로 돌아가 전복하는 계보학적 시도를 염두에 두면서, 이러한 원초경의 특이 공간, 사이 공간을 해석하려고 한다. 원초경은 경(鏡)이며 경(境)계(界)이기도 하다. 경계는 서로 다른 영역이 마주치는 곳이다. 긴장이 상주하는 곳이다.

특히 조선 영화의 기원 지점, 초창기 영화사에 이 원초경을 하나의 방법론이자 전망으로 도입하는 것이 필요한 이유는, 식민시기 영화들이 최근에 발견된 〈미몽〉(1936), 〈반도의 봄〉(1941) 등을 제외하면 대부분 유실되었기 때문에, 바로 '역사적 기억과 상상적 구성, 아카이브적 진실 증명과 상상적 자유 유희' 사이에 그 영화적 배열을 설정할 수 있는 것이다. 즉, 형용역설인 비/가시적 영화(In/visible cinema)로서의 조선 영화를 이론적·역사적으로 가시화 할 수 있는 방법론적 실마리로써 원초경을 설정하는 것이다.

5. Ned Lukacher, *Primal Scenes : Literature, Philosophy, Psychoanalysis*(Ithaca and London : Cornell University Press, 1988), pp. 19~22.
　'쥐 인간'에 대한 케이스 연구에서 프로이트는 개인이 자신의 정체성을 구축하는 서사적 구성이 한 민족이 초창기 역사에 대한 전설들을 구성하는 과정과 유사하다고 지적한다. 〈유아신경증의 역사〉에서는 성적 판타지들이 전설들과 정확히 일치하는 데 위대하고 자랑스럽게 된 한 민족이 그 시작의 무의미함과 실패를 감추려고 노력하는 것과 같다." in the Wolf Man by Sigmund Freud, edited by Muriel Gardiner(New york : Basic Books, 1971), p. 165.
The Standard Edition of the Complete Psychological Works of Sigmund Freud, ed. James Strachey etal., 24vols.(London : Hogarth Press and the Institute of Psychoanalysis, 1953~74), 10; 206, n.1.

6. 같은 책, p. 24.

　　이제까지 초창기 한국 영화사에 대한 논쟁은 주로 최초의 영화가 무 엇인가, 최초의 상영관은 어디인가 등 기원에 대한 집착이다. 최근 이런 기원에 대한 강박에서 벗어난 연구가 시도되고 있다. 이러한 연구들을 참 조삼아 식민시기 약 180여 편의 영화가 제작된 것이 밝혀졌으나, 1998년 전까지 한국영상자료원에는 식민지 시기에 만들어진 조선 영화가 한 편 도 남아 있지 않았다. 1998년 고스필름 아카이브(Gosfilm archive)에서 발견, 도쿄국립근대미술관 필름센터에서 한국영상자료원으로 옮겨진 영 화들은 〈심청전〉(1925), 〈어화〉(1939)의 일부, 〈망루의 결사대〉(1943), 〈젊 은 모습〉(1943), 〈사랑과 맹서〉(1945), 〈군용열차〉(1938), 〈지원병〉(1941), 〈집없는 천사〉(1941) 등이다. 이후 현존하는 가장 오래된 영화인 〈미몽〉, 〈반도의 봄〉 등이 발견되었다. 영화들의 발견이 이루어진 후의 최근 연구 『투사하는 제국, 투영하는 식민지』(김려실, 2006) 등은 이와 같은 강박에 서 벗어나고 있지만, 최근까지 반복된 최초의 상영, 최초의 극장, 최초의 조선 영화, 기원을 찾는 연구는 사라진 영화, 텅 빈 아카이브에 대한 집착 이기도 하고, 데리다가 비판하는 시작과 출발점과 기원들에 대한 서구적 강박의 재연이기도 하다. 아카이브의 아르케(Arkhe)는 시작 (commencement)이면서 명령이다(commandment). 그래서 그것은 시작 의 권력이다. 그리스의 도시국가에서 공문서는 치안 판사장의 처소에 보 관되고 그는 공문서를 법질서를 위해 해석한다.[7] 반면, 식민시기의 아카 이브, 특히 영화 아카이브의 선반은 거의 텅 비어 있다. 그리고 이 텅 빈 아카이브를 '기원'에 대한 집착으로 채우려는 영화사가의 욕망이 있다.

7. Jacques Derrida, "Archival Fever : A Freudian Impression", *Diacritics 25*, no.2(Summer 1995) : pp. 9~63, Carolyn Steedman, "Something She called a Fever : Michelet, Derrida, and Dust(Or, in the Archives with Michelet and Derrida) in pp. 4~ 19. in *Archives, Documentation, and Institutions of Social Memory*, (ed.) Francis X. Blouin Jr. and William G. Rosenberg(Ann Arbor : The University of Michigan Press, 2006), pp. 4~19.

　세계적으로 보자면 무성 영화의 2/3가 사라졌다고 하고, 제국 일본의 무성 영화도 태반이 사라졌다고 한다. 필리핀의 영화사가 닉 데오캄포(Nick Deocampo)는 『아시아의 잃어버린 영화들 Lost Films of Asia』의 서문에서 식민시기 잃어버린 아시아 영화들을 행방을 물으면서 이 사라짐을 "문화적 집단 학살(Cultural Genocide)"이라고 불렀다. 이러한 와중에도 식민시기 영화가 한 편도 남아 있지 않은 한국영상자료원의 1998년 전까지의 사정은 극단적이다. 식민 통치와 군사 독재가 연이어진 까닭이 크다. 그래서 보이지 않는 영화, 텅 빈 아카이브를 기원에 대한 강박으로 채우거나, 연구의 막다른 골목, 불가능성으로 보거나, 기존 연구와 동일한 서사를 반복하는 것을 지양하고, 동시에 이러한 경향들을 증후로 읽으면서 이제는 거의 보이지 않는 영화들, 식민시기의 아카이브를 영화사 연구의 대안적 방법론을 찾는 출발점으로 삼는 것이 생산적일 것이다. 이때 원초적 장면은 시작과 기원, 출발지점을 가리키지만 다의미적 원초경은 그 강박을 거울(鏡)마냥 성찰적으로 비추고 기억과 상상적 구성, 아카이브적 진실 증명과 상상적 자유 유희의 경계를 횡단한다.

　프란츠 파농(Frantz Fanon)이 지적하는 것처럼 식민화 시기 기존의 (전통적) 참조 체계는 흉포하게 무너지고 문화적 패턴은 강탈당하고 가치들은 허장성세 무너지고 비워진다. 이러한 역사적 조건은 탈식민시기, 어떻게 참조 체계를 재구성할 것인가, 어떻게 아카이브를 통해 역사적 저장소를 만들고 사회적 기억을 구성해 나갈 것인가를 보다 절실한 프로젝트로 만들게 된다. 아카이브는 "역사적 저장소일 뿐만 아니라 학문, 문화적 실천, 정치, 그리고 테크놀로지들이 교차하는 구조, 과정 인식들의 복합체다."

의리적 구토

〈의리적 구토〉라는 키노드라마,[8] 조선 영화의 원초경에서 계모는 정의의
이름으로 거세된다. 앞서 언급한 《황성신문》의 '활동'에 대한 의미 규정의
맥락에서 이 연쇄극, 키노드라마를 논하자면, 이 작품은 명백히 정의를 위
해 칼을 드는 '활동'을 수행하는 주인공 송산을 등장시키고 있다. 활동사진
의 활기에 견줄 만한, 대세를 바꿀 에너지가 없는 조선의 선비를 꾸짖던 논
자의 비분강개가 18년이 지난 이후 어느 정도 공명을 얻는 순간이다. 〈의리
적 구토〉에서 구현되는 이러한 정의의 구현은 이후 소위 조선 활극 영화의
기조라고 볼 수 있다. 예컨대, 근대의 원초경의 서사는 친모가 아닌 계모가
등장하며 그 계모가 남자 주인공을 모함하고, 남자 주인공은 정의의 이름
으로 그 계모를 처벌하는 것으로 구성되어 있는 셈이다. 키노드라마는 신
파 연극과 활동사진이 결합되어(전 8막 2장, 실사 필름 약 100척), 활동사진
장면을 강조하는 것으로 형식화 되어 있다.[9] 이영일은 연쇄극을 활동사진
과 연극의 절충 형식, "사생아적 형식"이라고 정의한다. 이러한 사생아적

---

8. 김화는 『새로 쓴 한국영화전사』(다인미디어, 2003) 22~23쪽에서 무대실황을 다음과 같이
설명한다.
"무대(양옥, 현관이 보이는 정원)에서 청년과 악한이 싸우다가 악한이 도망가자 청년이 뒤
를 쫓아가는 데서 호루라기 소리가 난다. 무대에서 연기를 하던 배우들이 급히 퇴장함과 동
시에 불이 꺼지며 천정에서 옥양목 스크린이 내려와 무대의 삼분의 일 정도의 넓이로 중앙
에 매여 있는데 거기에 활동사진이 비친다. 악한이 재빨리 도망간다. 청년이 대기시켰던 자
동차를 타고 쫓는다. 자동차가 바짝 뒤쫓아 오자 악한은 산으로 기어올라간다. 청년은 차를
멈추고 차에서 내려 산으로 올라간 악한의 뒤를 쫓는다. 험한 산비탈에서 악한과 청년은 한
참 동안 싱갱이를 벌이는데 막 뒤에서는 대사를 주고받는다. 싱갱이를 하다가 이윽고 악한
이 잡히자 당황한 악한이 품에서 단도를 꺼내어 청년을 찌르려고 하는 위기의 순간에서 별
안간 호루라기 소리가 또 나더니 순식간에 옥양목 스크린은 다시 천정으로 올라가고 불이
켜지지만 관객들은 조바심으로 애간장을 태우고, 극도의 긴장감으로 기침 소리 한마디 없
이 조용하다. 불이 다시 켜진 무대에는 현관과 정원이 없어지고 숲 속으로 배경이 변했으며
악한이 칼로 청년을 찌르려는 장면이 계속 되면서 격투가 벌어진다. 그때서야 객석에서는
박수가 쏟아진다."
이러한 설명에서 유추할 수 있는 것은 연쇄극, 키노드라마에서는 연극의 장면을 영화, 키노
의 로케이션으로 바꾸어 사람들에게 영화적 공간의 이질성을 느끼게 할 뿐만 아니라, 키노
와 드라마 사이의 연쇄와 더불어 그 두 형식 사이의 단절을 극적 긴장으로 활용했음을 알
수 있다. 즉, 키노와 드라마의 절합과 함께 둘 사이의 분리 지점에서 활극의 서스펜스를 높
인 것이다.

9. 김도산은 불황을 겪고 있던 당시 연극계 상황을 개선하고자 일본 극단이 서울의 황금관 신
축 2주년 기념으로(1918) 초빙 공연된 〈선장의 처〉라는 연쇄극을 보고 광무대와 단성사 등
소위 민족문화사업에 헌신했던 박승필을 찾아가 연쇄극, 키노드라마를 제안했다. 이영일,
『한국영화주조사』, 한국영화진흥공사, 1988, 364쪽.

형식인 키노드라마의 첫 작품이 계모와 그 아들의 갈등을 그린 것이다. 계보학적으로 부적합한 사생아 키노드라마가 부유한 가문의 적자 아들을 위협하는 계모를 그린 것이다.

당시 관객들이 열광했던 부분은 일부 영화를 도입한 〈의리적 구토〉가 경성에서 촬영된 점이며, 또 단성사 사주였던 조선인 박승필의 자본과 극단 신극좌의 단장이었던 김도산의 연출, 그리고 이경환, 윤화, 김영덕 등의 조선 배우가 출연한 작품이라는 것이었다. 촬영은 비록 일본 덴카츠의 미야가와 소우노스케[10]가 맡았으나 자본과 감독이 조선인이고, 박승필의 광고 문안처럼 경성에서 로케이션 촬영되었다는 점이 흥행의 기폭제였던 것이다. 그리고 영화에서 계모에게 정의의 칼을 뽑아드는 송산이 바로 신식 교육을 받은 대학생, 모던 보이라는 점이 관객들을 흥분하게 하는 것이었다.

이영일은 이렇게 근대화된 젊은이에 대한 가족 내의 음모가 키노드라마의 일치된 패턴이라고 지적하면서, 송산에 대한 환호를 당시 대중들의 우상이던 개화된 주인공에 투영된 일종의 근대의식으로 읽고 있다. 남자 주인공을 중심으로 보자면 명쾌한 근대를 향해 있는 독해가 가능하지만, 여기에 개화된 모던 보이를 방해하는 계모의 역할을 고려하면 젠더와 근대성의 문제가 중첩된다.

여형(女形), 복화술, 여배우

1920년대가 되면 근대화된 신여성에 관한 사회적 관심이 고조되고, 신여성은 구여성과의 대당 속에서 설정된다. 이러한 맥락에서 보자면 〈의리적 구토〉류에서 벌어지는 갈등은 계모와 아들의 갈등으로, 가족 내 계보의 불

---

10. 김화는 『새로 쓴 한국영화전사』에서 촬영 감독을 히로가와(宮川)로 읽고 있다. 다인미디어, 2003, 22쪽.

안정성을 가리키는 동시에, 모던 보이와 구여성의 갈등 양상을 보여주고 모던 보이를 사회적으로 인준한다.

1919년 근대의 원초경으로서의 키노드라마에 은연중 연행되고 있는 대당은 말하자면 모던 보이와 나쁜 여성, 구여성이라는 쌍이다. 모던 보이가 나쁜 여성, 구여성, 계모를 처벌하는 것이 원초경에서 이루어지는 정의의 구현이다. 이 키노드라마의 대중적 인기에 대한 요인으로 이렇게 모던 보이의 곤경과 그가 '구악(舊惡)'을 대변하는 계모를 대상으로 구현해내는 정의가 이야기되고 있다. 기존의 해석에서는 이 계모는 자동적으로 구악으로 설정되나 사실 이 계모가 '신여성'의 다양한 위치 중 제2부인이나 첩과는 어떻게 교차되고 있는지가 고려되어야 할 것이다.[11]

이렇게 가족 내의 문제, 특히 친모나 친부가 계모나 소위 혈족 외부의 다른 무엇으로 치환되어 부모의 자리를 차지하고 있고,[12] 이러한 계보, 친족 체계의 교란을 이후 식민지와 후기 식민지 조선, 남한 영화는 '정의의 상실'이 발생했음을 알리는 의미의 기반으로 사용한다.[13]

이때 계보라는 것은 "법학, 인류학, 그리고 정신분석에서 공통적으로 사용하는 용어로 한 개인이 그의 사회적인 정체성을 습득하고 부성적 또는 모성적인 형질이 전해 오는 과정을 묘사하는 어떤 덕목의 규칙을 의미한다. 계보 특성에 관한 논쟁은 부친 계보와 모친 계보와 발전되고 다시 구분된다. 계보 그 자체는 친족 체계에 관한 연구 대상 중 하나이다."[14]

11. 정지영, 〈1920~30년대 '신여성'과 자유연애/결혼 : 妾과 第二婦人〉, 여성학회 22차 춘계 학술대회 발표문 참조.

12. 임권택의 〈황야의 독수리〉가 가장 과장된 경우로 이 영화는 소위 만주 활극, 대륙 활극 중의 하나로 일제 강점기 한반도를 벗어난 만주, 가상의 대륙이 배경이다. 여기서 한 조선인은 자신의 어머니를 성폭행하고 살해한 일본인 군인을 아버지라고 믿으며 성장해 일본군을 위한 전쟁기계가 된다.

13. 〈의리적 구토〉는 유학을 한 대학생 송산이 아버지의 재산을 가로채려던 계모 일당을 쫓아낸 다는 줄거리를 갖고 있는데, 이영일은 관객들이 송산의 승리에 열광하는 이유 중의 하나는 그가 신교육을 받은 대학생, 모던 보이이기 때문이라고 설명한다. 이영일, 『한국영화전사』, 소도, 2004, 61쪽.

14. 엘리자베트 루디네스코·미셀 플롱, 『정신분석대사전』, 백의, 2005, 47쪽.

모친 계보에서 일어난 이러한 계보적 일탈, 계모의 존재와 그에 대항하는 모던 보이의 대립은 1920년대 후반의 구여성과 신여성이라는 대당, 그리고 이후 1930년대 신여성과 '총후 부인'이라는 정체성의 경합과 더불어 신여성 담론 그 자체의 계보를 형성하게 된다. 즉, 1919년 모던 보이와 구여성의 대립, 이후 구여성과 신여성이라는 쌍의 긴장, 그리고 일제 말기의 총력전 체제에서의 천황─청년─총후 부인─소국민 위계 안의 총후 부인과 신여성의 경합이 그것이다.[15]

〈의리적 구토〉에서 계모 역을 맡은 김영덕은 남자가 여자 역을 하는 온나가타(女方, おんなかた), 여형배우였다. 이 여형배우가 처음 등장한 것은 최초의 신파극단 혁신단의 초립동 출신 안석현이다. 안석현은 젊은 며느리 역을 했는데 가발 대신 상투를 풀어서 쪽을 졌고, 노파 역은 김순한이 해냈는데 이후 김순한은 순한 노파, 영감 역으로 알려지게 된다. 여형배우의 등장은 당시 여배우의 부재에도 기인하지만, 일본 신파극을 모방하는 시기였기 때문에 온나가타를 모방한 것이기도 했다. 이후 혁신단의 여형배우 전문은 고수철이 맡았고, 그는 여형배우의 대명사가 되었다. 그후 취성좌에도 이응수와 최여환이라는 여형배우가 나타났다. 이어 여성 배우 마호정이 등장하는데 데뷔 당시 45세라는 젊지 않은 나이였으나 사재를 털어 취성좌를 경영하는 부단장이었고, 또 당시 여배우가 없었다는 점이 늦은 데뷔를 설명할 수 있는 근거다. 그녀는 주변에 알려진 호방한 성격과는 달리 주로 극에서 상류 가정 소실, 계모, 그리고 독부(毒婦) 등의 악역을 맡아 잘 소화했는데 이로 인해 사람들의 미움을 받았다고 한다. 당시 마호정의 연쇄극 출연은 파격적인 이벤트로, 개성 출신인 그녀는 구(舊) 왕실의 나인으로 지내다가 배우가 되는데 연하의 남편 김소랑

---

15. 권명아, 『역사적 파시즘 : 제국의 판타지와 젠더 정치』, 책세상, 2005, 163쪽.
　　이 연구에서 '총후 부인'은 중요한 호명이며, 논의가 이 문제적인 정체성을 가지고 전개되나 당시 담론에서 어떻게 출현하는지는 정확히 설명되지 않고 있다. 전장 후방의 부인을 가리키는 뜻으로 이해하고자 한다.

을 만나 취성좌의 대표직을 맡긴다. 이렇게 마호정이 활동했던 취성좌는 1917년부터 1929년 12월까지 13년 동안 지속되었다.[16]

정지영은 1920~30년대 '첩'과 '제2부인' 논란을 신여성 담론의 장 속에 위치시키면서 개조의 시대인 1920~30년대 신여성의 자유연애/결혼을 실행하면 바로 그 신여성이 첩, 제2부인이라는 구습의 호명 속으로 떨어지는 것에 주목한다.[17] 일종의 신여성의 첩으로의 '세탁'이다. 그러니까 〈월하의 맹서〉(1923)에서 대학을 나온 모던 보이를 위협하는 구습으로서의 계모 이후 마호정이 맡던 소실, 계모, 독부 같은 역할들은 구여성의 모습일 수도 있지만, 신여성을 한 번 세탁한 모습일 수도 있는 것이다. 그러니까 한편으로는 개조의 주체로서의 신여성을 논의하고, 다른 한편으로 연극이나 키노드라마 같은 공적 판타지를 통해 신여성의 세탁된 모습인 첩, 계모를 일부 재현하기도 하는 것이다. 여기서의 논점은 〈월하의 맹서〉의 계모가 구여성인가 첩으로 세탁된 신여성인가라기보다는 당시 두 번째 부인이나 계모의 위상이 던져주는 신여성의 기묘한 역할 변경이다. 즉, 신여성이 결혼과 더불어 구습의 위계 하층으로 떨어지는 것이다.

왕실의 나인이던 마호정이 여형배우가 실연하던 여성의 역할을 맡아 악녀의 역할을 실행하게 되는 궤적은 신여성이 자유연애/결혼과 더불어 첩으로 위상 변경되는 사례와 더불어 당시 구여성과 신여성 경계의 유동성, 거기에서 생성되는 다중성을 보여주는 흥미로운 실례다. 그러나 당시의 신문이나 잡지들은 구여성과 신여성을 이항 대립으로만 놓았다. 〈금일 우리 생활에는 구여자냐 신여자냐〉라는 신문기사는 바로 당시 사회에 유효한 정체성이 구여자냐 신여자냐를 두고 경성여자기독청년회가 벌이는 공론적 논쟁이다.[18]

《동아일보》에 실린 〈구여자된 설움〉은 〈〈구여자된 설움〉을 읽고〉 또

16. 김남석, 「조선의 여배우들」, 국학자료원, 2006.
17. 정지영, 이화여대 아시아 여성학센터 신여성 세미나 발표.

《〈구여자된 설움〉을 읽고〉를 보고〉라는 세 차례에 걸친 논쟁은 바로 신여
성으로 인한 구여성 피해 사례에 대한 논란인데, 첫 기사는 "여자의 입으
로 이런 말을 하면 남자된 양반들은 긴(?)히 고려해볼 이도 만코 한갓 조
소에 붓칠이도 잇슬 줄 안다"라는 구절로 시작한다. 《동아일보》의 〈자유
종〉이라는 이 지면은 투고를 받아 원고를 게재하는 것으로 되어 있고 투
고자의 이름도 명시되어 있으나 언문과 한문을 섞어 쓰고, 구여성이 신여
성과 결혼하는 남성들을 질타하는 내용으로 되어 있다. 그러나 논리 정연
한 글의 구성은 이런 문장을 구사하는 구여성과 신여성의 차이가 무엇인
가 하는 질문을 오히려 되뇌게 하면서, 이러한 투고문들이 개조, 계몽의
사명에 젖어 있던 남성 지식인들의 복화술사적 대리문이 아닌가 추론하
게 만든다. 이러한 복화술적 대변 속에서 신여성으로 인한 구여성의 열등
함이 부각되고 신여성과 구여성의 적대가 생성, 확산되는 것이다. 특히
〈신여성이 낫느냐, 구여성이 낫느냐〉같이 노골적으로 남성의 입장에서
둘을 비교하는 좌담과 기획기사들이 많고, 표면상 여성들끼리의 좌담이
라고 하더라도 같은 맥락에서 갈등을 유발시키고 있다. 그러한 담론에서
기준은 '아내와 어머니'로서 바람직한 여성인데, 신여성의 장점으로는 근
대적 가정을 꾸리고 육아와 살림을 담당할 지식을 가졌다는 점이지만, 단
점으로는 고분고분하지 않고 남편이나 시어머니를 종처럼 부린다, 사치
하는 점(다른 말로 취향을 가지고 있다)이 단점으로 꼽히고, 구여성의 경우
에는 정확히 반대이다. 노골적으로 〈**신녀자면서 구녀자답게 지내는 여자
들**〉(《**별건곤**》 제16, 17호), 〈**신여성이되 구여성의 덕을 가진 여자들**〉(《여

---

18. 〈舊女子된 설움(裵昌婵)〉(《동아일보》, 1926년 4월 21일자), 〈舊女子된 설움〉을 읽고(姜稷
求)〉(《동아일보》, 1926년 4월 23일자), 〈舊女子된 설움(姜稷求)〉를 보고〉(《동아일
보》, 1926년 5월 1일자), 〈離婚當코 放浪中 山中에서 縊死, 시집에서 친명으로 쫓겨 다니다
가 산중에서 목매어 죽은 리혼당한 녀자 留學生男便둔 舊女子의 最後(北靑)〉(《동아일보》,
1926년 8월 18일자), 〈신녀성에게〉(《동아일보》, 1932년 1월 1일자), 〈학대받는 구여성의 남
편에 대한 항의, 기생첩과 신여성 취처로, 1만원 위자료 청구〉(《조선중앙일보》, 1933년 4월
2일자), 〈명암의 십자로, 아이까지 낳았으나 소박받는 구여성〉(《조선중앙일보》, 1935년 4월
10일자), 〈나의 항의(8), 구여성들에게 드리는 말씀〉(《중외일보》, 1930년 2월 1일자)

성》 3권 9호)을 자신의 이상향으로 꼽는다. 즉, 근대적 가정살림 지식을 가지고 있으면서 고분고분하고 자신을 드러내는 일 없는 여성을 원하는 것이다. 또 신여성과 구여성의 갈등을 다음과 같은 말로 요약하고 있다.

> 다시 말하면 신녀성의 입장에서 볼 때에 구녀성들의 하는 일이 모두가 곰팽냄새가 날 것이요. 그와 반대로 구녀성의 입장에서 볼 때에는 신녀성의 하는 일이 모두 마땅치 않음이 많을 것인즉
>
> 《삼천리》 제8권 제2호, 1936년 2월

당시의 남성들이 신여성을 동경하거나 신여성을 지지하는 이면에는 그렇게 함으로써 자신 역시 근대적 주체로 승인받고 싶어 하는 욕망이 보인다. 남성 지식인의 신여성에 대한 이런 복화술적 대변과 재현은 여장남자배우, 여형배우의 계보를 잇는 것이다.

실제 신여성의 삶의 경로를 두고 보면 신여성이 자유연애/결혼과 동시에 구여성이 처한 신분으로 호명된다는 점, 그리고 최초의 여성배우 마호정의 예를 보더라도 왕실 나인에서 여형배우를 벗어난 여성배우가 된다든가 하는 점을 두고 보면 신구의 경합은 여성의 경우는 불변적 이항대립적 긴장을 갖고 있다기보다는 보다 유동적인 구석이 있다고 보아야 한다.

마호정이 최초의 여배우이긴 하나 주로 조역과 '악역'에 머물고 있어, 이월화를 최초의 여배우로 부르는 경우가 많다. 이월화에 관해선 그녀의 출생 내력을 거론하곤 하는데, 특히 이월화의 어머니가 생모인가 계모인가 하는 논의가 많고 결말은 계모 쪽으로 기운다.[19] 이월화의 경우와 유사하게 여성작가 김명순에 대한 김기진의 비판은 신여성의 계보적 비적법성을 어머니가 첩이라는 점을 들어 공개적으로 폭로하는 비방성 글

---

19. 김연숙, 「사적 공간의 미시권력, 소문」, 『한국의 식민지 근대와 여성 공간』, 여이연, 2004, 214~242쪽, 재인용.

이다.

근대 문학에서 여성작가의 등장은 김명순의 〈의심의 소녀〉가 1917
년 《청춘》 현상 소설 3등에 당선되고, 나혜석의 〈부부〉가 같은 해 《여자
계》 창간호에 실리면서 이루어진다. 이 여성작가들은 당시 '공개장'이라
는 공적 담론의 형식을 차용한 글에서 수신자로 자주 등장하며 1930년대
중반부터 활성화된 것으로 추측되는 '좌담회'의 출석자로도 빈번히 등장
한다. 이때 공개장은 '대중'의 목소리를 담고 있으며 대중의 이름으로 대
상이 되는 인물을 비판하거나 지지하는 글이다.

파국 혹은 급변의 서사 : 신여성의 젠더와 섹슈얼리티

신여성의 가계, 계보, 정체성에 대한 의심과 폄하, 미시 정치적 권력을 작
동시켜 압박을 가하는 신여성에 대한 소문과 추문 만들기,[20] 제2부인이나
첩에 대한 담론의 증가, 그리고 연쇄극과 신극, 영화 등 모던한 영상 장치
등에서 빈번하게 재현되는 계모와 첩들의 문제와 한 가계의 계보가 적법
하게 이어지는가에 대한 이런 불안은, 한편으로는 식민지 근대성과 절합
되어 재배열되는 젠더와 섹슈얼리티 체계와 관련이 있다.[21] 다른 한편으

---

20. 같은 책.
    여성 작가에 대한 공개장의 한 예를 들자면 〈김명순 씨에 대한 공개장, 신여성, 1924년 11
    월〉에서 김기진은 그의 시가 여성적이라고 말하는 이보다도 더한 거름 지나쳐서 '분내음
    새'가 난다고 혹평하면서 "간단히 말하면 그는 평안의 사람의 기질인 굿고도 자기방호하는
    성질이 만흔 천성에 여성 통유의 감상주의를 가미하야갓고 그 우에다 연애문학서류의 뻥키
    칠을 더덕더덕 붓쳐놓고 어부자식이라는 환경으로 말미암아 조곰은 구부정하게 휘여저가
    지고 처녀 때에 강제로 남성에게 정벌을 밧덧다는 이유가 있기 때문에 더한층 히스테리가
    되여가지고 문학중독으로 말미암아 방만하야젓다는 것이다. 그리고 이것들 제요소를 층층
    으로 사아논 그 중간을 끼어들어 흐르는 것이 외가의 어머니편의 불순한 부정한 혈액이다."
    이렇게 공개장은 작가로서의 김명순의 모든 것을 여성성과 모계로 본질화해서 환원시킨다.
    여기서의 공개란 모든 것을 발가벗김에 다름 아니다. 김문집의 경우 〈여류 작가의 성적 귀
    환론〉, 〈여류작가총평서설, 1937〉, 〈여류작가총평, 조선문학, 1937〉, 〈규방사인론, 비평문
    학, 청색지사, 1937〉등 여성작가를 대상으로 한 여러 편의 글에서 여성 작가의 글을 '여성
    홀몬의 개성적 발로', '여자에게 흐르기 쉬운 센치멘탈리즘'이라고 하여 여성의 생물학적 특
    성을 부각시키고, 여성적이지 못한 작품은 여성 호르몬이 결핍된 존재로 치부했다. 여성 작
    가들이 이끈 좌담회에서는 이런 것이 비판받았다.

로는 식민통치시기 동화정치, 문화통치와 이후 황민화 정책을 통한 민족·혈족·혈통 말살이라는 정체성의 위기와 관련되어 있다. 1937년 총력전과 황민화 이후로는 이러한 계보적 불안보다는 권명아가 '총후 부인'이라고 문제화하는 사치와 향락만을 일삼는 신여성적 정체성과 '동양적'인 부인으로서의 대립선이 더 두드러진다고 볼 수 있다.

신여성이 함의하는 젠더와 섹슈얼리티 체계의 변화는 기존의 가부장제 유지와 재생산 방식에 매우 근본적 도전성을 가질 수 있는 것이다. 이때 섹스와 젠더, 섹슈얼리티를 다음과 같이 이해하고자 한다.

> 섹스는 남성과 여성이라는 생물학적 분리를 의미하고 젠더는 섹스의 재현이다. 이러한 재현은 외양과 행위만이 아니라 지위와 특권, 그리고 제재 등도 포함하며 그들의 젠더화된 정체성의 부분으로서 섹스화된 개인들에게 주어지거나 강제된다. 개인의 젠더화된 가시성은 지배적인 사회 질서의 재현 규범에 근접한가 혹은 이탈되었는가에 따라 변화한다. 섹슈얼리티는 행위들, 판타지, 대상-선택, 그리고 오리엔테이션을 포함한다. '대상 선택'은 욕망하는 사람의 섹스를 함의하지만 완전히 규정된 성적 지향성만이 아니라 우발적이고 가변적인 선택들을 반영한다.[22]

여성이나 여자라는 호명 역시 섹스와 젠더 체계를 동시에 함의하지만 이러한 여성이나 여자에 '신(新)'이라는 접두어가 붙을 경우, 또한 그들이 민족주의가 아닌 급진주의적 입장을 가졌다면 이것은 기존의 섹스

---

21. 케네스 웰즈, 「합법성의 대가 : 여성과 근우회 운동, 1927~31」, 이 글에서 저자는 1924년에서 1927년까지의 사회주의 여성운동을 고찰하면서 1923년 전체 회의에 80여 개의 단체의 대표로 참석한 150명 중 여성이 8명뿐이었고 신생 사회주의 여성 단체를 대표한 이들이 제출한 8개의 조항들 중 4개(가족제도의 개혁, 현모양처 윤리에 대한 저항, 결혼과 이혼의 자유, 매춘의 폐지)는 『한국의 식민지 근대성』, 마이클 로빈슨·신기욱 엮음, 삼인, 2006, 279~318쪽.

22. Earl Jackson Jr. *Strategies of Deviance : Studies in Gay Male Representation* (Bloomington & Indianapolis : Indiana University Press, 1995), pp. 13~14.

와 젠더 체계에 대한 근본적인 변화를 가리킬 수 있다. 김경일은 나혜석과 김일엽의 글에서 발화되는 신여성 담론을 당대의 전위로 자리매김하고 있다. 1914년 나혜석이 〈이상적 부인〉을 《학지광》에 발표하면서 여성의 개성과 신이상(新理想)을 주장하고, 김일엽은 1920년 《신여자》 창간호에서 "인습적 도덕을 타파하고 인격적 각성을 하여 여성의 완전한 자기발전을 꾀하고 새 문명을 건설할 것을 주창"하였음을 환기시키는 것이다. 그러나 김경일은 이들이 현실의 가족 제도에 정면으로 도전하는 경우 사회가 이들을 매도하고 처벌하고 있음을 지적하고 있다.

'신여성'의 '신'은 사회제도의 교란을 의미하게 된다.[23] 그리고 섹슈얼리티에 대한 아나키 혹은 패닉, 그리고 패덕을 야기하게 된다. 이혜령은 이러한 신여성의 섹슈얼리티에 대한 염상섭의 반응을 전한다.[24] 예컨대, 염상섭은 신여성의 자유연애라는 이념적 지향이 현실에서는 패덕의 상황을 연출했다고 보고 "… '사랑걸신증'이라는 성적 박테리아가 방방곡곡에 휩쓸어서 인심이 자못 퇴폐한 모양이요, 이에 따라 난혼(亂婚), 야합(野合)이라는 희비극이 날을 따라 도처에 연출되는 모양이다"[25]라고 일갈했다. 이렇게 하여 자유연애는 패덕을 초래하는 성적 방종과 등가 값을 갖게 되었고, 재생산을 넘어서는 신여성의 섹슈얼리티에 대한 이러한 지각은 적법한 가계를 유지할 수 있는 재생산에 대한 위기감과 불안을 낳게 한다. 식민 통치하 민족적 정체성이 유예되고 치환되는 상황 속에서, 정체성에 대한 위기와 불안이 1930년대에 들어가면 더 고조되는 와중에[26] 신여성의 젠더와 섹슈얼리티에 대한 담론이 남성들의 복화술적 담론 안

23. '신'의 의미에 대해선 김은실, 신여성의 표상 이미지에서 재현되는 〈'신(新)'의 의미에 관한 연구 : 나혜석을 중심으로〉, 여성학회 22차 춘계 학술대회 참조.

24. 이혜령, 〈동물원의 미학 : 한국근대소설의 하층민의 형상과 섹슈얼리티에 대하여〉, 여성 세미나 발표 논문, 이화여대 아시아여성학센터, 2007, 6쪽.

25. 염상섭, 《감상과 기대》, 《조선문단》, 1925년 7월호, 2면, 위 이혜령 글에서 재인용.

26. 농촌의 일상의 우울증과 울화병, 그리고 그 근원으로서의 '민족' 대한 역사적 에세이, 이타가키 류타, 「식민지의 우울-한 농촌 청년이 다시 발견한 세계」, 『근대를 다시 읽는다 1』, 윤해동 외 엮음, 역사비평사, 2006.

으로 말려들어가면서 신여성의 사회적 재현은 일종의 파국 상태를 맞는다. 이 파국 카타스트로프는 질적·불연속적 변화이며, 여성을 신·근대·진보적 여성으로 젠더화하는 사회적 표상 체계는 섹슈얼리티를 부분을 포식하면서 여성을 섹스라는 생물적 영역에 가까운 곳으로 돌려보낸다.

   망각으로 인한 배제와 기억에 의한 포용이라는 벤야민의 역사 작동 장치는, 남성 지식인들의 신여성 담론에서는 그 복화술로 인해 두 장치 모두 배제로 향한다. 김수진의 연구가 논평하고 있는 점도 그것이다.[27] 당시의 신여성 담론은 식민화된 근대의 상황을 젠더와 섹슈얼리티, 섹스의 영역으로 일부 치환시켜 그 영역을 실재보다 더 파국적 상황으로 재현하는 것이다. 말하자면 식민 상황이라는 사건 계열이 신여성이라는 인물 계열로 이동하면서 민족이 탈각되고, 그것이 남성들에게 젠더 표상 체계와 섹슈얼리티에 대한 과도한 불안과 매혹과 적대를 생산하는 것이다. 이 과잉의 공간에 그로테스크한 판타지가 잉태된다. 이때 판타지는 침투와 상상과 부적합(misfit)이 작용하는 내적 경험이다. 이때 부적합함이란 일종의 시간이 맞지 않음, 때가 늦거나 이른 것이다. 말하자면 에고가 현재 열중하고 있는 것이 있는데도 불구하고 그 주변에서 무엇인가가 상상되며, 이러한 재현은 문제의 해결에 이르지 않으며 이질적 요소들이 통합되는 종합적인 것도 아니다. 에고를 현재의 관심에서 멀어지게 하는 시간적 어긋남, 바로 이것이 부적합, unifit이다.[28] 말하자면 식민지의 지식인 남성들의 내부로 때 이르거나 때늦게 침투해 상상된 신여성, 남성들의 상상계에서 불현듯 형상화된 신여성은 '현모양처'형을 제외하곤 파국의 기호다.

---

27. 1920년대 조선의 신여성이 "운동 집단이나 사회세력이라기보다는 식민지 지식인이 가진 불안과 분열을 투영한 '환유적 기호'로서 민족과 가부장제의 타자"(김수진, 2000)나 신여성을 "신여자, 모던 걸, 양처"의 세 가지 상징으로 보는 김수진의 서울대 사회학과 박사학위 논문 〈1920~30년대 신여성 담론과 상징의 구성〉.

28. Maria Torok, "Fantasy : An Attempt to define Its Structure and Operation", *The Shell and The Kernel*(Chicago : The University of Chicago Press, 1994), pp. 27~31.

그러나 『신여성』(수유+너머 근대 매체 연구팀, 2005)이라는 공동 저작의 서문에서 밝히는 것처럼 1923년 창간된 잡지 《신여성》에서 '신여성'의 직접적 발화 대신 사회의 다수자였던 남성의 목소리를 더 많이 만나게 되지만, "'신여성'의 출현에 당황하고, 그들의 욕망을 경멸하고 질시하는 남성의 목소리에서 역설적으로 여성들의 목소리, 즉 그들의 새로운 욕망과 새로운 어법과 새로운 삶의 양식을 발견할 수"도 있는 것이다. 문제는 어떻게 그 발견을 할 것인가 하는 방법론이다. 『신여성』의 3장 「신여성 수난사 : 황색 저널 '신여성' 속의 신여성」[29]나 5장 「'신여성'의 은밀한/폭로된 성(性) 이야기」는 신여성들의 가정된 욕망과 일탈을 복화술하는 남성들의 파탄 지경의 담론들이 기술되어 있다. 신여성의 섹슈얼리티에 대한 파국적 담론은 황민화, 총력전 시대에는 모던 걸을 포함한 신여성들의 사치와 소비로 대체된다.

그러나 다른 한편 신여성들에게 이러한 파국은 다른 공간으로 이어지는 위태롭지만 유용한 통로이기도 했다. 그리스어 카타스트로피(katastrophe)는 파국이라는 뜻이지만 '급변, 불연속, 꺾어짐'을 의미하기도 한다.[30] 식민화된 근대라는 급격한 구조적 변화는 불연속이 존재하는 공간을 낳았으며, 신여성은 젠더 체계의 불연속점으로서 비유적으로 말하자면 카타스트로프의 점을 구성한다. 구여성이라는 형태에서 신여성으로의 형태의 '형태 발생'은 식민지 근대의 카타스트로프 점이다.

상징, 담론적 구성물로서의 신여성과 역사적 주체, 현전으로서의 신여성 사이의 긴장은 당시 남성들의 신여성 담론으로 접혀 들어가고 복화술에 묻히는 것처럼 보이지만, 급진적 자유주의 신여성들과 '신사회'를 향하는 사회주의 신여성들이 생산한 당대의 카타스트로프 점은 식민지

---

29. 김원주의 재혼을 평소 주장의 실행이라고 야유하고, 김명순, 정종명, 허정숙 등에 대한 소문. 『신여성』, 연구공간 수유+너머 근대 매체 연구팀, 한겨레신문사, 2005, 117쪽.

30. 이정우, 『접힘과 펼쳐짐』, 기획출판 거름, 2000.

근대의 원초경에 새겨진 불가역의 흔적이다. 이제 역사와 기호학은 신여성을 사유치 않고서는 여성을 사유하지 못할 것이니…….

신여성의 시각적·영화적 재현[*]

신여성이라는 기호

이 연구는 1920~30년대 조선, 일본, 중국의 신여성의 시각적 재현을 영화를 중심으로 교차 분석하는 것을 최종적으로 염두에 두고 있다. 이 글은 그 연구의 기반을 마련하기 위한 1차 연구로서 위의 동아시아 신여성교차 분석을 위한 이론적·방법론적 기반을 마련하고자 하는 것이다. 그러나 영화나 다른 시각 매체 텍스트들 속에서 신여성이 어떻게 재현되었는가 하는 재현성에 기반한 텍스트 분석이라는 방법론을 전면적으로 사용하는 것을 지양하고 텍스트 분석을 보충적으로 활용하고자 한다. 즉, 신여성을 영화나 잡지의 삽화나 그림, 문자적 포착으로 구성된 재현에 기반해 분석하기보다는 '재현 속의 현시(presentation in representation)'이며 수행적 기호로 보고, 재현물로서의 신여성과 실재한 역사적 주체 신여성 사이의 당대적 경합, 그리고 그것이 만들어낸 '여성'을 둘러싼 의미의 변화에 주의를 기울이고자 한다. 이때 재현과 실재는 명백한 경계선을 갖

* 이 논문은 학술진흥재단의 지원을 받은 것으로, 이전 버전이 《문학과 영상》 제7권 2호. 2006. 12, 93~129쪽에 실려 있다. 함께 신여성 프로젝트를 수행한 김은실, 박현숙, 정지영, 이성은, 공동 연구자 선생님들께 감사드리며, 신여성에 대한 다큐멘터리인 〈원래, 여성은 태양이었다〉에서부터 이 논문에 이르기까지 신여성에 대한 생각을 나누어온 얼 잭슨 주니어(Earl Jackson Jr.) 선생님에게도 감사의 뜻을 전한다.

는 두 단위로 양분되는 것이 아니라 양자가 서로 효과를 미치며 상호침투하고 새로운 경계와 윤곽, 배열을 만들어내는 것으로 전제한다.

또한 신여성을 퍼스(C. S. Peirce)의 아이콘이며 인덱스이고 상징적 기호로 분석하면서, 동시에 그 기호가 사회적으로 '여성'이라는 의미를 해석하는 데 있어서 어떻게 기반의 변화, '습관의 변화(habit change)'를 가져왔는지를 살펴볼 것이다. '상징'이나 '아이콘'으로서의 신여성이 마주치는 재현 정치학의 일종의 막다른 골목—당시 남성 지식인의 담론적 구성물—을 아이콘, 인덱스, 상징, 그리고 습관의 변화의 층위를 동시적으로 생각하는 것을 통해 되돌아나가려고 하는 것이다. 즉, 《신여성》을 비롯한 잡지나 여러 담론장에서 신여성은 기호임과 동시에 나혜석, 김명순, 김일엽 등을 비롯한 신여성들은 당대를 살아가던 역사적 주체였다. 이러한 재현의 대상이자 호명의 대상이면서 동시에 강한 가시성, 현시성을 가진 정치적 주체로서의 신여성은 현존과 재현, 발생과 존속, 영향이나 효과가 거의 동시다발적으로 밀접하게 연동된 매우 드문 사례다. 말하자면, 원인과 효과, 점화와 폭발과 후폭발이 서로 연쇄적으로 신여성의 구성 과정과 형상화 및 역사화에 기여하게 된, 재현과 실재 사이의 시간적 간극, 성찰적 시간이 극도로 응축된 상태에서 매우 얇은 접촉면 위에서 진행된 예이다. 잡지 《신여성》을 비롯한 당시 매체들이 신여성에 대한 일종의 의미화의 독점을 하고자 했다면, 실재 신여성들의 글과 실천은 그 의미의 독점화와의 싸움이었다.

퍼스 기호학적 전제는 이에 대한 단서를 제공한다. 퍼스는 그의 '추론적 문법'과 웰비 여사에서 보내는 편지들, 그리고 '존재론적 그래프들' 등을 통해 기호의 여러 계열들의 분류를 시도했는데 그는 그것을 추후의 논리와 수사학의 본질적인 기반으로 간주했다.[1] 그중에서 퍼스가 '기호

들의 두 번째 삼분법'이라고 부른 것은 도상들과 지표들, 그리고 상징들
이다. 이때 도상이란 대상과의 유사성을 표상하는 기호다. 기표와 기의의
관계는 자의적인 것이 아니라 유사성이나 비슷함이다. 예를 들자면 한 사
람의 초상은 그를 닮아 있다. 그러나 도상은 두 개의 하위 범주로 분리될
수 있는데 그것은 이미지들과 도표들이다. 이미지들의 경우 '단순한 특
성'들이 유사하다. 도표들은 물론 상징적인 특징들을 가지고 있다.

　　인덱스는 그 자체와 대상 사이의 존재론적 결합에 의한 기호다. 풍향
계의 경우는 바람의 방향을 가리키는 기호다. 로만 야콥슨(Roman O.
Jakobson)은 맥박이나 반점 등과 같은 의학적 증후들, 그리고 맨 프라이
데이의 발자국들을 인용한다. 증후학은 지표적 기호 연구의 중요한 분과
다. 기호의 세 번째 범주인 상징은 소쉬르(F. Saussure)의 자의적 기호에
해당한다. 소쉬르와 마찬가지로 퍼스는 '계약'을 이야기하는데 바로 그
계약에 의해 상징은 기호가 된다.

　　퍼스의 기호학적 삼분법은 텍스트가 사회를 기입, 재현하는 방식 혹
은 사회가 텍스트와 절합하는 방식을 설명할 수 있게 하는데, 퍼스의 기
호학적 삼위에서 중요한 것은 어떤 기호든 그 세 가지가 동시적으로 작동
한다는 것이다. 이것이 함의하는 중요한 지점은 기호들을 도상성과 상징
성과 관계되는 재현의 측면과, 인덱스와 관계된 비재현적·제시적인 측면
으로 동시에 분석할 수 있다는 것이다. 즉, 이제까지 논의에서 간과된 점
은 한 기호에 동시적으로 작용하는 재현적인 측면과 비재현적인 것에 대
한 분석인 것이다. 비재현·지표적인 것이 포함하는 것은 표현적인 근접
성으로 기호와 지시물 간의 존재론적 연결을 보여준다. 어떤 주어진 영화
이미지에 작동하고 있는 상징적·도상적·지표적 측면을 밝힘으로써 이
미지의 세 가지 측면을 드러낼 수 있다.

1. Peter Wollen, *Signs and Meaning in the Cinema*(Bloomington : Indiana University Press), 122~124쪽.

여기에 크리스티앙 메츠(Christian Metz)가 재규정한 루이 옐름슬레우(Louis Hjelmslev)의 구분 단위들을 도입하면 물질과 실체에, 그리고 표현과 내용의 형식은 6개의 층위를 구성한다. 특히 표현과 내용의 실체와 형식 사이의 구분은 중요하다. 롤랑 바르트(Roland Barthes)는 내용의 실체들이라는 내레이션을 구조화하는 5개의 코드들 중의 문화적 코드들로 밝히고 있는데, 영화학자 폴 윌먼(Paul Willemen)은 〈비교영화 연구를 위하여〉라는 글에서 퍼스와 옐름슬레우, 그리고 바르트를 결합시킴으로써 주어진 영화 텍스트들의 표현과 내용의 실체들과 형식들의 도상적·지시적, 그리고 상징적 층위들을 탐험할 수 있다고 제안한다.[2] 이 결합을 좀 더 살펴보면 표현의 형식은 다른 형식들의 복합적 구성물이며, 영화의 상업적 형식도 다양한 표현적 코드화에 의해 바뀔 수 있다. 35밀리 영화가 16밀리나 비디오로 유통될 때, 영화 속에서 사용된 뮤지컬이나, 발화되거나 사용된 언어적 형식들이나 기록된 소음 형태들이 상당히 바뀔 수 있다.

이런 측면에서 보자면 영화적·서사적 표현 형식의 지시적 측면은 영화가 만들어질 때 사용된 기술에 의해 결정된다(어떤 특정한 종류의 산업체, 노동과 투자 흐름의 분할 등에 대한 지시적 작업). 이러한 측면에서 사용된 렌즈, 카메라의 종류, 필름 재료, 조명 기구, 스튜디오 장비, 프린트 기술들, 색깔 입히기, 특수 효과 등은 사용된 기계와 관계된 가치의 측면에서 생산의 산업체적 특성을 지시하게 된다. 기술들의 지시적 측면들은 다른 자본의 종류들의 역할과 잠재적·구조적 효과들을 구분할 필요를 가리킨다.

2. Paul Willemen, "For a Comparative Film Studies", 미발간 논문. 리들리 스콧의 〈글래디에이터〉(2000)와 많은 다른 할리우드 프로덕션은 표현 형식의 도상적 차원으로서 패션 숍과 같은 소매상에서 사용되는 음악과 유비관계가 있다. 반면 조용한 배경음악의 삽입 같은 오래된 관행들은 엘리베이터나 대기실의 음악을 환기시킨다. 표현 형식의 도상적 측면이 시사하는 바는 내용의 실체라는 지시적 층위에서 산업의 심리를 가리킬 수 있는데 그것은 침묵을 제거하는 장치들의 광범위한 채택과 착취적 공공관계다.

기호학의 논의를 받아들여 영화를 사회적 재현(representation)과 제시(presentation)가 동시적으로 작동하는 장으로 보는 경우, 상징적이고 증후적인 독해만이 아니라 사회성이 보다 직접적으로 기입된 장으로 보는 것이 가능하다.

그래서 인덱스와 아이콘, 상징, 그리고 해석자와 습관의 변화까지를 동시에 가동시키는 퍼스의 모델은 환유적 기호나 상징으로 신여성을 기호화하는 것이 가지는 재현의 정치학의 회로에 창을 달아줄 수 있을 것이다.[3]

퍼스에게 있어 기호는 타자를 대상에 연결시키는 것이며 이러한 관계는 해석자를 발생시킨다. 기본적인 기호 관계는 다음과 같다. 아이콘(도상)은 유사성으로 대상을 지시한다. 초상화나 지도, 다이어그램이 그 예다. 인덱스(지표)는 자연적 질서를 통해 대상과 관계된다. 예를 들자면, 풍향계는 바람이 부는 방향을 가리키고 열은 몸의 병을 가리킨다. 상징은 관행이나 법을 통해 그 대상을 가리키는 기호다. 예를 들자면, 독(dog)이 개과의 동물을 가리키는 것은 영어의 관행을 따를 경우에 있어서다. 신여성에 대한 논의에서 도움이 되는 것은 퍼스의 용어 중 '습관(habit)'이다. 습관을 이해하기 위해서는 퍼스의 기호의 모델 중 네 번째 요소인 의미의 기반을 이해해야 한다. 기호는 대상과 관계하고 새로운 해석소로 바뀌는데, 기호와 그 기호의 수용자가 어떠한 의미를 가능하게 하는 콘텍스트

---

3. 1920년대 조선의 "신여성이 운동 집단이나 사회세력이라기보다는 식민지 지식인이 가진 불안과 분열을 투영한 '환유적 기호'로서 민족과 가부장제의 타자"(김수진, 2000)나 신여성을 "신여자, 모던 걸, 양처"의 세 가지 상징으로 보는 김수진의 〈1920-30년대 신여성 담론과 상징의 구성〉(서울대 사회학과 박사학위 논문)은 이러한 세 가지 상징으로서의 신여성을 근대성의 지표라기보다는 '근대'의 과잉을 재현한다고 진단한다. 즉, 신여성의 재현물의 독해에서 발견되는 것은 근대성의 표현이 아니라, 신지식층에 의해 "지각되고 체험된 근대성"의 표현이며 신여성의 형상은 문명화 담론과 식민지 병합이 만들어낸 자기 부정의 트라우마에서 출발한, 서구/일본 근대성을 향한 규범적 태도와 매혹됨, 그리고 강박적 모방의 욕망을 표현한다고 결론 맺는다. 내 글은 다년간의 연구와 조사와 더불어 심도 깊은 논의를 전개한 위의 논문에 대한 비판이라기보다는, 반응이며 대화다. 김수진 연구자가 이화여대 아시아여성학센터에서 열린 필자의 2번의 세미나에 참석한 것이 이러한 대화를 생각할 수 있는 직접적인 계기를 주었으며, 신여성에 관한 다큐멘터리 〈원래, 여성은 태양이었다〉를 연출할 때 김수진 연구자의 인터뷰는 다큐멘터리 구성에 매우 중요했다. 퍼스의 해석에 대한 부분은 Teresa de Lauretis, *Technologies of Gender*(Bloomington : Indiana University Press, 1987)

속에 동시에 있을 때 그렇게 된다. 의미의 기반의 한 축은 기호의 수용자가 그것을 해석할 능력이 있어야 한다는 것이다. 그러한 능력은 수용자의 기호 체계와 사회적 질서 등에 대한 경험에서 온다. 이러한 능력이 퍼스가 '습관'이라고 부르는 것이다. 그리고 바로 이러한 습관이 전환하는 것이다. 예를 들자면 일부의 페미니스트 의식 고양 그룹이 의미의 기반을 바꾸고, 이해의 습관을 바꾸는 것이다. 퍼스의 공식화에 있어서 해석소(interpretant)는 기호학과 현실, 의미화와 구체적 행위 사이를 연결해준다. 식민지 조선의 '신여성'을 이후 남한 여성과 여성주의, 페미니즘을 이해할 수 있는 의미의 기반, 맥락, 그리고 습관을 결정적으로 바꾸어낸 것으로 개념화할 수 있는 이론적 근거다. 즉, 신여성이 기존의 여성과 여자라는 호명의 위치, 의미화, 독해 방식을 어떻게 바꾸어내는지, 즉 어떠한 기호를 수용하는 콘텍스트를 바꾸어내는 의미의 기반의 변화, 즉 '습관의 변화'의 측면을 독해하고자 한다.

즉, 식민지 시대 조선의 신여성이 남성 지식인 담론에 의해 구성된 근대의 과잉, 혹은 타니 발로(Tani E. Barlow)의 표현처럼 고유명사의 오용(catachreses)[4]이라고 하더라도, 신여성을 둘러싼 고유명사 오용을 역사적으로 독해하고자 하는 실천은 바로 "잃어버린 가능성들 혹은 욕망으

---

4. Tani E. Barlow, *The Question of Women in Chinese Feminism*(Durham and London : Duke University Press, 2004), 서문.
관행적으로 오용(catachresis)은 고유명사의 오용을 가리키며, 거기서 용어의 참조물은 이론적으로 철학적으로 불충분한 것이다. 그러나 타니 발로는 언어적 오용에 대한 역사적 증거물을 읽는 방법을 자신의 방식대로 고안한다고 말하면서, 역사적 용어 오용은 그 축약을 이용하는 것이며 그 분석적 불충분함을 긍정적인 가치로 만드는 것이라고 주장한다. 역사적인 용어 오용으로 재고해보면, 도처에 존재하는 묘사적 고유명사는 사회적 경험을 판독할 수 있는 저장고가 된다. 예를 들자면, 누성(여성)과 푸누(부녀) 같은 명사 오용은 중국 페미니즘의 여성사에서 결정적인 것이다. 이때 타니 발로는 이러한 용어를 텍스트적으로나 인터텍스트적으로 읽지 않고 역사적으로 읽는다고 말한다. 그리고 역사적 명사 오용이 실제 경험이 고도로 개념화되어 있는 요소라고 지적한다. 그리고 중국 페미니즘 여성사에서의 역사적 오용의 중요성을 강조하면서 역사 쓰기에서의 전미래를 강조한다. 전미래는 현재에 새겨져 있는(혹은 과거에서 현재였던 순간) 숨겨진 혹은 예상되는 미래를 강조하는 언어적 구조물이다. 전미래가 페미니스트 지성사에서 중요한 것은 과거의 이질성 때문이다. 그리고 우리가 여성을 존재 상태로부터 잠재성을 위한 이름으로 볼 수 있기 때문이다.
한편 가야트리 스피박은 이 오용을 "가치-코드화 장치를 전복하고, 대체하고, 장악하기"라고 정의한다. Gayatri Spivak, "Post-structuralism, Marginality, Postcoloniality and Value", *Literary Theory Today*(Cornell Uinversity Press, 1990).

로 우리를 회귀시켜주며 전미래 시제는 다른 세계의 사람들이 직면했던
수평선을 환기시킨다."[5]

시각문화와 시각적 사고의 부상
: '신여성'이라는 통속적 모더니즘 혹은 판타스틱

여러 연구들에서 거듭 지적되는 바와 같이 신여성은 의상이나 머리 모양,
화장 등을 통하여 공적 공간에서 신여성으로 인지된다. 다음과 같은 설명
을 들어보자.

> 뒤에 설명할 트레머리나 굽 높은 구두와 함께 흰 저고리 검정 통치마를 갖춰
> 입으면 여학생이나 신여성 행세를 할 수 있었다. 그렇게 차리고 학생인 척하는
> 기생들이 많아서 문젯거리가 되지 않았던가. 외양이 아이덴티티를 만드는 시
> 대로의 본격적인 돌입, 그리고 부러움과 모방의 대상이자 유행의 선도자인 신
> 여성의 탄생을 짐작할 수 있다. 패션 리더의 역할을 자임했든 아니든, 신여성
> 들의 차림새는 남달랐다. 서민적 옷감인 무명이나 삼베가 아닌 비단, 명주로
> 옷을 해 입어 사치라는 눈총을 받기도 했고…….

> 지금부터 80여 년 전 일군의 여성들이 거리에 등장했다. 수백 년 동안 집안의
> 울타리 밖으로는 목소리조차 넘지 않아야 한다고 여겨졌던 여성들이 거리에
> 등장하자 그것은 하나의 '사건'이 된다. '신여성'이라고 불린 이 여성들은 책보
> 를 끼고 학교를 다니고 자신의 욕망의 흐름에 따라 사회 곳곳을 누비고 다녔
> 다. 여성은 새로운 유행으로 자신의 외모를 가꾸었으며, 자유연애의 적극적 주
> 창자가 되었고…….[6]

---

5. 임옥희, 「복장의 정치학과 식민지 여성의 소비 공간」, 태혜숙 외 지음, 『한국의 식민지 근대
와 여성공간(여이연, 2004)』에 수록, 243~272쪽.

6. 연구공간 수유+너머 근대매체연구팀, 『신여성』, 한계레신문사, 2005, 머리말.

유행이라면 미리 악을 쓰는 요새 신여성들이 유선형(流線型)이라면 장옷이나 만또를 엇대 다시 두르지 안는지 모른다. (중략) 이제는 코 떨어지고 귀 떠러진 사람들도 장가나 시집가기 조흔 때가 온 것이요. 도야지가, 시체 가정을 출입하게 될 것도, 그 도야지란 놈이 그야말로 유선형인 까닭이다.

석영생, 〈표준 달러진 미남미녀씨―유선형 시대 3〉, 《조선일보》, 1935. 2. 5)[7]

신여성은 이렇게 외양과 스타일로 자신의 존재를 드러냈다. 한편 이들을 바라보는 관찰자들은 신여성을 신여성으로 바라보고 인준한다. 관찰자―관음증(voyeur)이 신여성을 인식하고 인준하는 것이다.

1923년 창간된 《신여성》에는 '은파리'라는 가명의 필자가 등장해 풍자를 하게 되는데,[8] 이때 은파리는 1924년 6월 〈단발미인의 허영심〉을 다루며 처음 등장한 이래 주로 신여성들을 미행하거나 엿보는 방식으로 이야기를 전개한다. '은파리'가 쫓아다니는 여성은 외모를 가꾸고 사치, 허영, 연애, 불륜(첩, 동거) 생활을 하는 이들이다.

이러한 신여성의 시각적 자기 연출, 전시와 더불어 그녀를 관찰하고 추궁하는 관음증이 등장하는 일종의 미로 구조, 거울 구조의 형성은 신여성이 식민 근대성과 시각성의 절합이 구성하는 식민 근대적 시각문화 속에서 어떻게 탄생하고, 형상화되고, 배열되었는지, 그리고 신여성이 그러한 근대적 시각장과 담론장의 질서와 위계를 코드 전환하고 의미의 맥락을 변화시키는지를 논의해야 할 필요성을 제기한다. 즉, 식민지 근대성과 시각문화, 그리고 신여성이라는 문제틀의 설정이 요구된다는 것이다. 근

---

7. 김주리, 「모던 걸, 여우 목도리를 버려라」, 살림, 2005, 12쪽.
8. 김수진, 〈1920~30년대 신여성 담론과 상징의 구성〉, 서울대학교 사회학과 박사논문, 2005, 190~194쪽; 연구공간 수유＋너머 근대매체연구팀, 「신여성」, 한겨레신문사, 2005, 121~126쪽.

신여성 나혜석

〈청춘의 십자로〉에 주유소에서 주유
를 돕는 개스 걸이 모던 걸로 등장한
다. 사진은 배우 김연실.

〈청춘의 십자로〉에서 모던 걸, 바걸로
담배를 피며 등장하는 배우 신일선.

대성과 시각성의 문제를 절합한 논의들을 소개하면서[9], 여기에 식민지
근대성과 젠더와 섹슈얼리티가 결합된 시대적·시각적 형상이자 인물이
며 주체, 그리고 대상으로서의 '신여성'이라는 시각 장치이며 주체성을
논하고자 하는 것이다.[10]

　이때 거리의 신여성의 출현, 잡지의 신여성 재현 등과 더불어 식민지

---

9. 『일본 근대의 풍경』이라는 책을 보면 복제도상이 융성했던 시기를 거슬러 올라가면 에도 중
　기에 도달한다. 이 시기에 발달한 목판 인쇄술은 우키요에 문화를 꽃 피웠고 이를 바탕으로
　여러 가지 도상을 수록한 간행물을 출판할 수 있었다. 유모토 고이치 지음, 연구공간 수유 +
　너머／동아시아 근대 세미나 팀 옮김, 그린비, 2004, 7～8쪽.
10. 그리고 이러한 근대적 시각장에 새로운 세계상을 가져오는 스펙터클로서, 그리고 세계에
　대한 앎의 체계로서의 여행담을 최승희와 나혜석이라는 신여성들이 각각 무용과 회화(신지
　영), 문자로 구현해냈음에 주목하고 그녀들의 여행기에서 조망되는 여행담에서의 신세계적
　시각성과 영상적 구체성을 신여성과 근대적 시각성의 논의에 포함시킬 것이다.

조선의 1920년대와 1930년대의 신여성과 궤적을 거의 같이한 시각적 매혹거리는 영화였다. 당시 영화가 신여성을 어떻게 재현했는가 하는가를 분석하는 것도 중요하지만, 식민지 근대의 장치로서 20세기 초 동시성을 갖는 영화와 신여성의 비교 연구가 더 큰 이해의 틀을 제공해 줄 수 있을 것이다. 시각 장치, 영화 장치의 용어로 신여성을 읽을 수 있는 것이다. 신여성이 영화와 마찬가지로 근대의 구경거리였다는 가족적 친연성은 여러 군데서 발견된다. 예를 들자면 김경일이 지적하듯이, 나혜석은 1934년 공개한 〈이혼 고백장〉에서 "무슨 방침을 세워서라도 구해줄 생각은 소호(少毫)도 없이 마치 연극이나 활동사진 구경하듯이 재미스러워하고 비소(鼻笑)하고 질책"(이열, 1974)[11]한 것이다.

비서구가 영화라는 근대적 시각 장치를 받아들일 때의 과정을 다룬 일련의 작업들을 검토하면서(레이 초우, 에릭 카즈딘, 박병원), 신여성을 문자성에서 시각성으로 변화하는 근대적 시각문화, 시각적 영역의 체제 변화 맥락 속에서 읽을 것이다. 즉, 영화와 마찬가지로 신여성 현상을 문자에서 복제예술이 가져다준 시각적 전환에 따르는 근대성과 시각문화의 맥락에서 읽으려는 것이다. 초창기 영화가 일본 가부키 배우에게 가져다 준 충격은 에릭 카즈딘(Eric Cazdyn)의 『자본의 섬광*The Flash of Capital*』이라는 책에 잘 기록되어 있다.

> 이치카와 단주로에 관한 이야기가 있다. 그는 유명한 가부키 배우로 현존하는 가장 오래된 영화에 출연한 유명한 가부키 배우다. 영화의 제명은 〈모미지가리(단풍 구경)〉로 1899년에 만들어졌다. 70자의 필름을 사용해 동경의 가부키좌(가부키 극장)의 200피트 뒤에 임시로 세워진 정적 카메라를 사용해 단주로와 키쿠고로 오노에는 모미지가리의 단독 장면을 공연했다……. 단주로는 영화를

---

11. 김경일, 「여성의 근대, 근대의 여성」, 푸른역사, 2004, 32쪽.

보면서 "내 자신의 춤을 볼 수 있다는 것이 정말 이상하군(푸쉬기)." 그때 단주로는 살아생전에는 영화를 틀 수 없도록 했다. 단주로가 그렇게 이상하다고 생각한 것은 무엇이었을까? 그리고 보다 중요한 것은 왜 그렇게 이상하다고 생각했을까? 단주로의 이야기는 그가 자신의 춤이 영화적으로 재현된 것에 동요했고 가부키 예술의 고급, 전통적 예술에 대항해 '대중적'이고 '출현'하는 매체가 생산한 왜곡에 움칠했다는 것이다. 일본 근대의 부상이라는 측면, 그리고 그 형성에서 영화와 시각성의 역할을 생각한다면 그 이야기는 보다 다른 전망을 시사한다. 단주로의 진술을 설명하는 것이 중요하다. "내 자신의 댄스를 보는 것이 정말 이상하다. 모미지가리를 보는 것이 이상한 것이 아니라 또 처음으로 영화를 보는 것이 이상한 것도 아니다. 정말 이상한 것은 자신을 이러한 새로운 기술적 매체 속에서 보게 되는 것이다."[12]

에릭 카즈딘에 따르면, 단주로의 경험은 근대의 주체성의 출현에 대해 말하고 있는 것이며, 자신을 처음으로 영화 속에서 보게 되는 충격이나 낯선 존재에 대한 자각을 이야기하고 있는 것이다. 즉, 관객이고 스펙터클이며 동시에 주체이고 대상이며, 보는 자이면서 보여지는 자로서 단주로는 근대 세계에서 자신이 의미하는 바가 무엇인지를 알게 된다. 자신의 관객으로 그는 이치카와 단주로라는 유명한 가부키 배우로서의 의식을 획득하는 것이다. 1897년 있었던 오사카에서의 첫 번째 공개 상영 동안(루이·오귀스트 뤼미에르는 뉴욕, 프랑스, 영국, 이탈리아, 러시아 등을 담은 20개의 영화를 시사했다), 일본이 아닌 다른 국가의 이미지는 근대 일본 국가라고 불리는 새로운 것에 대한 자각을 생산하는 데 중요했다. 레이 초우(Rey Chow)는 이것을 중국 초창기 시각문화를 다루는 다른 콘텍스트에서 "시각성의 위협"이라고 부르면서 그것을 비서구에서 시각매체가

12. Eric Cazdyn, *The Flash of Capital*(Durham : Duke University Press, 2002).

생산하는 충격이라고 말한다. 즉, 개인과 국가의 존재가 하나의 스펙터클로 존재한다는 의식과, 전통적 예술 형식들의 역할을 위협하는 강력한 새로운 매체에 대한 인식을 하게 된다는 것이다. 그러나 이러한 위협과 더불어 또한 시각성의 해방이라고 부를 수 있는 것이 있었는데, 인지의 유토피아적 측면이며 자의식적 측면이다. 이제까지 존재하지 않았던 가능성에 대한 실현이다. 다른 말로 하자면 이러한 충격이 재현하는 바는 동시에 낡은 시각적 형식들로부터의 해방이면서 동시에 새로운 통제의 시스템을 재확립하는, 결정적으로 위협적인 요소들을 재현한다. 바로 이러한 위협과 해방의 이중의 과정이 바로 일본이 초창기 근대사회에서 근대사회로 전환하는 시점에서 정확히 작동했다. 구전과 문자가 지배하는 문화로부터 시각성이 지배하는 문화로의 전환이다.

레이 초우는 테크놀로지화된 시각의 위협이 루쉰(Lu Xun〔魯迅〕)의 자의식에 가한 충격을 첫째, 그 자신이나 그의 동포들의 존재가 세계의 눈에는 구경거리로밖에 보이지 않는다는 깨달음, 즉 국민의식이었고, 두 번째는 문학이나 글쓰기가 전통적으로 점하고 있던 역할을 빼앗고 그것을 대체할지도 모르는 강력한 미디어와 자기가 만나고 있다는 그의 인식과 관련이 있다고 주장한다.

박병원은 〈중국 영화사의 영화 시원 서술과 루쉰의 글쓰기 기원을 논함〉에서 레이 초우의 『원시적 열정』의 전제들을 비판적으로 독해한다. 중국의 초기 영화 수용의식과 루쉰의 에피소드는 단순히 중국 지식인이 서구 시각 영상과 그 테크놀로지의 충격에 대한 보고가 아니라 시각을 통한 모더니티의 획득과 글쓰기를 통한 전통성의 획득이 동시에 진행되고 있다는 이야기로 바꿔 읽고 있다. 그래서 루쉰의 이야기는 시각성과 문학적 글쓰기의 대립이 아니라 오히려 그 둘의 대립적 이원성에 숨어 있는 서구 문화적 기획에서 벗어날 수 있음을 시사한다는 것이다. 이때 영화 수용 의식에 비친 '공'적 인식은 시각 테크놀로지를 전통 사유와 연계하여 보여줌으로써 시각 테크놀로지의 등장이 초래한 리얼리티의 위기를 픽션과 리얼리티의 이원적 대립의 소멸을 통해 극복할 수 있음을 암시해 주고 있다고 주장한다. 근대의 문턱에서 벌어진 시각성과 문자성의 경합은 식민지나 반식민지 근대의 공간이나 비서구에서 더욱더 폭력적으로 전개되었지만, 서구의 경우도 순조로운 전환은 아니다.[13]

『시각문화 입문*An Introduction to Visual Culture*』을 쓴 니콜라스 머조프(Nicholas Mirzoeff)는 근대의 새로운 시각적 문화의 특징을 그 자체로 시각적이지 않은 것을 시각화하는 경향으로 지적한다. 1895년의 X 레이 발명, 비슷한 시기 영화의 탄생 등이 그 예다. 머조프는 이것을 세계상의 부상이라고 개념화하면서 세계상은 세계의 그림이 아니라 그림으로 파악되고 이해되는 세계를 의미하고, 세계상이 초기 중세의 그것에서 현대적인 것으로 변하는 것이 아니라 세계가 그림이 된다는 사실이 현대의 핵심이라고 지적한다(하이데거, 1977 : 130)는 하이데거의 말을 인용해 시각문화는 그림 그 자체가 아니라 존재를 그림 혹은 시각화하려는 근대의 경향에 의존하고 있다는 것이다.[14] 미첼(W. J. T. Mitchell)은 이러한 시각문화의 출현이 서구 철학과 과학이 세계를 텍스트적이기보다는 그림으로 보는 전환을 이루어냈다고 보면서, 그림 이론이 "*관객성*(시선, 응시, 일별, 관찰의 감시, 그리고 시각적 쾌락)이 *독해*(판독, 해독, 해석 기타 등등)의 다양한 형식과 마찬가지로 깊은 문제를 갖고 있다는 자각"에서 비롯되었고, '시각적 경험'이나 '시각적 독해력'이 텍스트성에 기반에서는 충분히 설

13. 박병원, 「중국 영화사의 영화 시원 서술과 루쉰의 글쓰기 기원을 논함」, 『트랜스 아시아 영상문화』, 김소영 편, 현실문화연구, 2006.

14. Nicholas Mirzoeff, *An Introduction to Visual Culture*(Routledge : London and New York, 1999), 5쪽.

명될 수 없다는 데 기인한다고 지적한다.(Mitchell 1994 : 16) 그러한 세계상들이 순수하게 시각적인 것만은 아니지만 문화를 온전히 언어적인 용어들로 정의하려고 시도하고자 하는 노력을 좌절시키는 것만은 분명하다.[15]

역시 시각문화에 대한 입문서인 『보기의 실천들*Practices of Looking*』에서 마리타 스터켄(Marita Sturken)과 리사 카트라이트(Lisa Cartwright)는 20세기 들어 회화, 프린트, 사진, 영화, 텔레비전, 비디오, 광고, 뉴스 이미지들, 그리고 과학 이미지들 같은 시각적 형식들이 융성하지만 여전히 텍스트와 상징에 기초한 읽기의 실천이 이루어지고 있다고 지적하면서, 시각문화의 시각성이 이미지를 글쓰기, 스피치, 언어 혹은 다른 양식의 재현이나 경험과 분리하는 것을 의미하는 것은 아니라고 지적한다.[16]

신여성의 탄생은 영화사의 초창기 '여성 없는 탄생'이라는 판타지에 의해 인도되는 영화와 같은 복제, 재생산 테크놀로지를 중심으로 한 근대성의 형성과 궤적에서 보자면,[17] 성정치학의 출현(emergence)의 한 국면이면서 동시에 젠더 질서 교란의 위기(emergency)와 봉합 시도, '습관의 변화'의 과정이다. 또 이러한 탄생과 배열, 배제라는 다중적 과정 속에서 신여성이 기존의 여성과 여자라는 호명의 의미화, 위치, 독해 방식을 어떻게 바꾸어내는지, 즉 퍼스의 용어를 따르자면 어떠한 기호를 읽는 콘텍스트를 바꾸어내는 의미의 기반의 변화, 즉 '습관의 변화'의 측면을 독해하는 것이다.

---

15. 같은 책, 7쪽.
16. Marita Sturken and Lisa Cartwright, *Practices of Looking*(Oxford and New York : Oxford University Press, 2001), 1~10쪽.
17. 김소영, 「시네마, 테크노 문화의 푸른 꽃」, 열화당, 1996.

상하이 근대에 관한 Leo Ou-fan Lee의 연구 『상하이 근대*Shanghai Modern*』, 1920~30년대 일본과 서구와의 동시대적(coeval) 근대성을 다룬 해리 하르투니안(Harry Harootunian)의 『역사의 요동』과 일본 근대문학의 기원을 다룬 가라타니 고진의 『일본근대문학의 기원』 등을 참조하면서 신여성을 해체주의적·여성주의적으로 독해해보면, 근대성의 기원의 서사 그리고 그 계보학에서 그 논쟁적 기원의 시점을 조금 지나 출현하는 '신여성'은 식민지 근대성, 비서구적 근대성의 궤적에서도 비가시적이거나 곤혹스런 문제다. 그리고 근대성에 대한 구성주의적 논의에서나 탈근대적 논의에서 거듭 등장하는 여성 없는 탄생에 대한 강박의 연장선에서 신여성의 출현을 살펴볼 수 있다. 반면 남성 지식인의 신여성 담론을 교란하며 가로지르는 신여성의 거리 활보, 소요, 패션을 통한 자신의 스타일의 전시, 자기 재현, 글쓰기 실천 등을 나는 미리암 한센(Miriam Hansen)이 통속적·일상적 모더니즘이라고 부른 틀에서 이해하자고 한다. 즉, 패션, 디자인, 광고, 건축 그리고 도시 환경, 사진, 라디오, 시네마같이 대량 생산되고 대량 소비되는 현상과 같은 근대성의 경험을 절합하고 매개하는 문화 실천을 포괄하는 것을 모더니스트 미학이라고 할 때, 미리암 한센은 이것을 여러 가지 이데올로기가 중첩되어 있는 대중적이라는 말 대신 버내큘러 모더니즘이라고 부르자고 제안한다. 이때 버내큘러는 소소한 일상성과 매일매일 일어나는 일들, 담론, 관용어, 방언, 그리고 순환, 혼잡성, 번역 가능성을 포함하고 있는 용어이기 때문이다.[18]

예컨대 신지식인 남성들의 하이/엘리트 모더니즘에 반해, 신여성과 모던 걸은 일상적이고 방언적이며 혼종적(혼잡성과 번역 가능성)인 버내큘러 모더니즘을 형성, 형상화하고 있으며, 이것은 신여성과 함께 버내큘러 모더니즘의 장을 구성했던 영화와 신여성의 비교 연구를 가능하게 해

---

18. Miriam Hansen, "The Mass Production of the Senses : Classical Cinema as Vernacular Modernism", *Modernism/Modernity 6.2*, pp. 59~77.

준다.[19]

대중문화의 영역에서 영화는 이 신여성이라는 형상에 매우 적극적으로 반응했는데 특히 '상하이 근대'[20]라고 일컫는 1920~30년대의 시기, 영화는 경극이나 차관(茶館) 같은 중국의 전통적 오락 문화 공간을 대체하게 되었다. 1921년 상하이의 《신보申報》가 영화, 연극 전문 잡지인 《영희총보影戲叢報》를 발행한 것을 기점으로 1921년부터 1940년까지 상하이에는 월간, 주간, 전문 잡지를 포함 206종의 영화 관련 잡지가 출간되었다. 1930년대의 좌익 영화들은 대부분 여성의 해방에 관련된 주제를 다루었다. 〈세 명의 모던 여성〉, 〈도시의 밤〉, 〈여성의 외침〉, 〈자매화〉, 〈작은 장난감〉, 〈신녀〉, 〈어부의 딸〉, 〈신여성〉, 〈사회의 꽃〉 같은 영화는 신여성의 고난을 다룬다.[21] 좌익 영화 계열은 아니지만 〈신구상해〉(1936)는 1930년대 화려하고 독립적인 삶을 동경하는 신세대 부부의 이야기를

---

19. 신여성이 버내큘러 모더니즘의 유행과 자장에서 밀려나왔을 때의 상황은 모더니즘은 사라지고 버내큘러(일상성, 통속성)만 남는다. 나혜석의 예를 보자. 일상이 사회제도와 도덕과 법률과 인습에 묶여 있을 때, 나혜석의 일상의 모더니즘은 차츰 궁핍해진다.

내 일생

－나혜석

나는 18세 때부터 20년간을 두고 어지간히 남의 입에 오르내렸다. 즉, 우등 1등 졸업 사건, M과 연애 사건, 그와 사별 후 발광 사건, 다시 K와 연애 사건, 결혼 사건, 외교관 부인으로서의 활약 사건, 황옥 사건, 구미 만유 사건, 이혼 사건, 이혼 고백서 발표 사건, 고소 사건, 이렇게 별별 것을 다 겪었다.

(중략)

다 운명이다. 우리에게는 사람의 힘으로 어쩔 수 없는 운명이 있다. 그러나 그 운명은 순순히 옹종하면 할수록 점점 증장하여 닥쳐오는 것이다. 강하게 대하면 의외에 힘없이 쓰러지고 마는 것이다.

어디로 갈까

나는 어느 날 산보를 하다가 움집 하나를 발견하였다. 나는 일부러 거적을 열고 그 안을 들여다보았다. 그리고 돌아서서 일어설 때 내 입에서는 이런 말이 새었다.

"너희는 아보다 행복스럽다. 이런 움집이라도 가졌으니."

"나는 장차 어디로 갈까. 더구나 이번 사건(최린 제소 사건을 가리킴) 이후 면목을 들고 나설 수가 없으니"

청구 씨여, 반드시 후회 있을 때 내 이름을 한 번 불러 주소. 사남매 아이들아, 에미를 원망치 말고 사회 제도와 도덕과 법률과 인습을 원망하라. 네 어미는 과도기에 선각자로 그 운명의 줄에 희생된 자이었더니라. 후일 외교관이 되어 파리에 오거든 네 어미의 묘를 찾아 꽃 한 송이 꽂아다오.(《삼천리》, 1935년 2월)

20. Leo Ou-Fan Lee, *Shanghai Modern*(Boston : Harvard, 1999)

21. 김정구, 〈1930년대 상하이 영화의 근대성 연구〉, 한국예술종합학교 영상이론과 전문사(석사) 논문, 2004.

담고 있으며, 〈십자가두〉(1937)는 젊은 남녀의 로맨틱 코미디로 낭만적 연애와 현대적 물질생활에 대한 동경을 그리고 있다. 이 중에서도 〈신여성〉(1934)은 당시 '신여성'에 대한 논평적 영화다. 신식 교육을 받은 주인공 웨이밍은 자유연애 끝에 결혼하려고 하지만 남자의 부모가 이를 인정하지 않자, 집을 떠나 결혼해 딸을 낳는다. 하지만 남편이 가출하자, 딸을 친정 여동생에게 맡기고 상하이에 있는 사립 여자중학교의 음악교사가 된다. 그러면서 소설도 써 신문에 실리지만, 이 학교의 이사장의 유혹과 음모로 결국 심장쇠약증으로 사망한다.

일본의 경우는 신여성을 다루는 영화로는 〈숙녀는 무엇을 잊었는가?〉(1937), 〈비상선의 여자〉(1933)가 있다. 〈비상선의 여자〉는 갱스터의 세계에서 펼쳐지는 나쁜 신여성과 착한 신여성의 대립을 그리고, 〈숙녀는 무엇을 잊었는가?〉는 신여성이 되기 위해 무엇을 잃고 얻었는가를 보여준다.

결론

이 글은 신여성의 시각적 재현을 위한 기초적 개념화를 시도했다. 이를 위해 기호학에서 차용한 중요한 개념인 해석자, 해석소, 읽는 맥락, 기반의 변화를 중시하는 '습관의 변화'라는 퍼스 기호학의 용어와, 신여성과 모던 걸의 시각적 존재감을 근대의 시각문화, 그리고 식민지 근대성의 시각문화 속에 위치시키고, 그것을 '버내큘러 모더니즘'이라는 남성 지식인의 소위 고급 모더니즘에 대비되는 것으로 설정했다. 애활가와 부인석의 존재로 알 수 있는 당시 신여성과 모던 걸의 보는 자와 보여지는 자, 그리고 다시 관객으로 구성된 삼중의 시선을 통해 식민지 근대성 신여성의 보기의 구조를 시사한다.

그리고 《삼천리》의 토론에서도 보이듯 이미 신여성과 모던 걸의 유행이 지난 1940년대이기는 하지만, 여배우들과 여성 문인이 나누는 대화에서 신여성과 모던 걸이 남긴 비판적 사유를 우회적으로 알 수 있다. 문화 현상을 비판적으로 읽어낼 수 있는 '습관의 변화'가 일어난 것이다.

조선 영화라는 '내셔널' 시네마*

애활가와 부인석

서론 : 유예된 한국(조선) 영화

한국 영화사를 식민지 조선 영화에서 해방기 영화를 거쳐 내셔널 시네마[1]로서의 한국 영화를 향해가는 선형적 과정이라고 설정하고 각각의 단계를 그 한국 영화라는 단위의 완성을 위한 단계로 보기보다는, 한국 영화라는 내셔널 시네마의 역사성 조건과 상황에서 유래하는 유예성 ― 식민지와 분단, 그리고 세계화 ― 에 기대어, 그 유예성이 낳을 수 있는 생산적 긴장과

---

* 이 글은 〈애활가와 부인석〉이라는 제목으로 《영화언어》 2005년 여름호에 실린 바 있다.

1. 내셔널 시네마에 대한 다음과 같은 주장을 들어보자. "뉴 저먼 시네마가―종종 호명되는 대로―비평가의 발명품이자 약삭빠른 사장 전략의 결과물인 한, 그 영화들을 서독 바깥에서 간주되는 방식으로 살펴보는 것은 유용할 수 있다……이것은 불가피하게 *어떤 종류의 신화적 구성물이 '민족'과 '독일'을 드러내는지에 대한* 분석을 포함한다. 만약 자국의 관객에게 내셔널 시네마가 어떤 인물과 상황에 동일시하느냐, 어떤 경험들을 인식하느냐로 문제시된다면, 국제적인 맥락에서 그것은 그 국가의 정체성을 재현하고 투사시켜 주는, 하나의 내러티브 이미지로 인식될 것이다." Thomas Elsaesser, *New German Cinema*(Rutgers University Press : New Jersey, 1989), p. 5.
   다음은 호주영화라는 내셔널 시네마의 정의다. "나는 그것(오스트레일리아 영화)을 할리우드 지배에 대한 반응으로서, 지역적이고 국제적인 형태로서, 부분적으로 영화제용 영화로서 논한다. 이들은 민족과 국가와 관련을 가지며, 지역적, 민족적, 국제적 연루로 인해 혼란스럽다. 내셔널 시네마는 상대적인 용어로서 설명되어야 한다―본질보다는 과정의 단위로." Tom O'Regan, *Australian National Cinema*(Routledge : New York, 1996), p. 5.
   안토니아 란트는 영국 영화라는 내셔널 시네마를 논의하기에 앞서 다음과 같이 말한다.
   "놀라지 말기를. 국가 정체성은 국제적으로 정의되지 않는 한 아무런 의미도 없다. 어떤 영화도 국가 정체성을 가지고 있지 않다. 오히려 영화는 문화들이 횡단, 보완되고 다른 국가의 결과물들과 비교하는 과정을 통해서 상호교환적인 국면의 일부분으로 구성된다." Antonia Lant, *Black Out*(Princeton University Press, 1991), p. 3.
   이 주장들의 핵심은 내셔널 시네마의 국내적·국제적 호명이라는 동시성, 그리고 본질적이 아닌 과정이라는 사실이다.

창의성에 주목하고자 한다. 예컨대, 국민(민족)-국가 단위의 영화로서의 '한국 영화'라는 범주와 일정한 간극이 있거나 그로부터 미끄러져 나가는 조선 영화(식민지), 해방 영화, 남한 영화(분단), 한국형 블록버스터(범(pan)아시아주의와 세계화)로 나누어 한국 영화를 재고하는 방식이다. 즉, 한국 영화를 조선, 해방, 남한, 한국형 블록버스터 영화 등으로 분절함으로써 그 한국 영화의 구성에 작용한 역사적 구체성과 힘들을 환기시킴과 동시에 한국 영화라는 범주가 필연적으로 내화하는 동질성을 해체하고자 한다. 이때 '한국 영화'를 탄생시킨 프로타고니스트로서의 국민 감독 혹은 민족 감독이라는 임권택과 나운규의 작업들과 그와 수반되어 생산된 담론에 대한 검토와 분석은 그 해체를 위한 특별한 예를 제공할 것이다.[2]

　주로 남한 영화를 일컫는 한국 영화라는 조합에서 한국이라는 국민(민족)-국가 역시 유예된 상태에 있다. 남한을 "유사 국가(quasi-state)"[3]이며 "반주권 국가(semi-sovereign state)"[4]라고 할 때, 그 생산물인 영화는 필연적으로 그 역사적·정치적 긴장을 문화적 재현의 영역 속에서 애도하고 실연하며 화통하게 하거나 우회 혹은 실패한다.[5] 유사 국가이며 반주권 국가의 국민(민족)-국가 영화로서의 한국 영화는 현재 국민 국가와 세계화의 긴장 속에 놓인 다른 내셔널 시네마들을 이해하는 데 있어

2. 임권택 감독에 대한 해체적 읽기로는 졸고 「취화선과 한국 영화의 전사」, 그리고 「〈티켓〉-한국 영화의 탈/위치화, 그리고 한국 멜로드라마」, 「근대성의 유령들」 참조.

3. Robert Jackson, *Quasi-States : Sovereignty, International Relations and the Third World*(Cambridge : Cambridge University Press, 1990), p. 21, Giovanni Arrighi의 "The Rise of East Asia and the Withering away of the interstate system"에서 재인용. Crystal bartolovich and Neil Lazarus(eds.) *Marxism, Modernity and Postcolonial Studies*, (Cambridge : Cambridge University Press, 2002), p. 27.

4. Peter Katzenstein, *Policy and Politics in West Germany : the Growth of a semisoverign state*(Philadelphia : Temple University Press, 1987), Giovanni Arrighi의 "The Rise of East Asia and the Withering away of the interstate system"에서 재인용, Crystal Bartolovich and Neil Lazarus(eds.), *Marxism, Modernity and Postcolonial Studies*, (Cambridge : Cambridge University Press, 2002), p. 27.

5. 모든 국가들이 내셔널 시네마를 가지고 있는 것은 아니기 때문에, 주권 국가인 미국의 내셔널 시네마의 세계적 규모의 헤게모니적 기능과, 반주권 국가 중 예컨대 남한을 비롯해 홍콩, 대만, 일본 등 비교적 지속적으로 생산되고 인식할 수 있는 내셔널 시네마의 국내, 지역(regional)의 사회적 중요한 기능과의 관계는 흥미로운 연구의 대상이다. 특히, 동아시아의 반주권 국가들의 영화들이 동아시아의 부상과 맺는 관계들은 그 국가들에서 생산되는 내셔널 시네마의 상대적으로 강력한 현존들을 생각해 볼 때 현재로서는 하나의 현상으로서 관찰될 수 있는 부분이지만 보다 깊은 연구를 필요로 한다.

특별히 응축적이며 증후적 패러다임을 제공할 수 있다. 말하자면, 유예된 한국 영화는 한편으로는 바로 그 유예성 때문에 안정된 정체성을 열렬히 원한다. 그러나 다른 한편으로는 남한 사회의 조건—미국으로부터의 군사적 · 정치적 · 경제적 자립을 원하면서도 의존할 수밖에 없고, 북한과의 통일을 간절히 바라면서도 두려워하는—이 생산하는 동학 속에서 끊임없이 움직이는 영화, 모바일 내셔널 시네마다.

이때 한국 영화사는 한국 영화에 대한 역사적 접근과 더불어 한국 영화라고 불리는 대상의 역사적 배열을 새롭고 이질적이고 계보학적 방식으로 되감아 재배열하는 것이다. 이때 '유예'라는 것은 차연[6]과 상보적 의미다. 그리고 이 유예된 '한국 영화'는 상상적인 단위인 한국 영화의 격자에 못 미치거나 흘러넘쳐 움직여 국민－국가를 넘어서는 모바일 내셔널 시네마로 생성된다. 즉, 위에서 지적한 조선 영화, 해방 영화, 그리고 남한 영화라는 단위들이 한국 영화라는 배열을 만들지만 그 배열과 한국 영화라는 호명과의 관계는 늘 상상적인 것이다.

작가주의 영화 중심으로 기술하는 것을 지양하고 텍스트와 관객과의 상호 작용에 주목하는 관객성 연구 부분을 확대하고자 한다. 그래서 각각 영화 관객을 가리키는 '애활가' '고무신' '시네필(cinephile)'은 각각 식민

---

6. 데리다의 『그레마톨로지』(1976)와 『철학의 여백들』(1982)에서 '차연'(차이(difference)과 연기(defer). 영어로는 DifferAnce은 "형식의 형성"이며(1976, p. 63) 그것은 존재의 역사적이고 시대적인 "펼쳐짐"(1982, p. 22)이라고 말한다. 데리다의 대담록 『위치』에서 차연의 성격 규명을 네 가지로 분류하고 있다.

- 차연은 '연기', '양도', '유예', '반송', '우회', '지연', '저장하기' 등의 개념이 지시하고 있듯이, 연기하다 differer와 같은 운동(능동적/수동적)에 연관성을 맺고 있다.
- 차연의 운동은 그것이 모든 차이를 생기게 하고, 차이 나게 하는 한 우리의 모든 언어활동의 박자를 맞추게 하는 모든 개념의 대립을 근거지어 주는 공통적 뿌리이다. 예컨대 감각적/지성적, 직관/의미화, 자연/문화 등이다.
- 차연은 모든 차이나 구분 부호 등을 생산하는 힘이기도 하다. 이 차이나 구분 부호는 구조주의적 사유 체계가 금과옥조로 여기고 있는 이론적 모델이고 분류학의 체계적 기초가 되고 있다.
- 차연이 차이를 생산하지만 그 차이는 하이데거가 말하는 '존재/존재자'의 차이와 같은 그런 소리중심주의적 형이상학과는 다르다. 차연이 낳은 차연은 존재신학적 개념이 아니기에 그것은 '아무것도 의미하지 않는 사유이며…… 말하고자 함과 스스로 말하기를 듣고자 하는 것을 초과한 사유며, 문자학에서 알려지지 않는 사유'이다. 그래서 차연은 '바깥과 안의 대립을 전혀 확신하지 않는' 사유이다.

이 인용은 데리다가 『위치』에서 앙리 롱스와의 대담에서 스스로 밝힌 차연의 성격 규정으로 김형효의 『데리다의 해체 철학』에서 재인용, 민음사, 1993. 209～210쪽.

지 시대의 조선 영화, 남한 영화(충무로 그리고 한국형 블록버스터)[7]와의 관계 속에서 논의할 수 있는 것이다.

작가 영화와 대중 영화라는 구분보다 작가 영화와 대중 영화의 경계에 서 있는 영화들이 생산하는 의미망을 한국 영화사의 가장 생산적인 접촉 지대(contact zone)로 다루려고 한다. '문화의 횡단화(transcultura-tion)'라는 용어는 민속지학자들이 사용했던 것으로 어떻게 하위 혹은 주변적 그룹들이 지배적인 메트로폴리탄 문화가 그들에게 전파한 재료들을 선택하고 창안하는가를 설명하기 위한 것이었다. 이때 '접촉 지대'라는 조어는 『제국주의의 눈들 : 여행기와 문화횡단화Imperial Eyes』의 저자인 메리 루이즈 프렛(Mary Louis Pratt)이 사용했던 것으로, 바로 이 콘택트 존이라는 공간에서 식민과 피식민의 만남이 이루어진다.[8] 말하자면 바로 이 공간에서 지리적·역사적으로 떨어져 있던 사람들이 서로를 접하게 되고 이후 관계를 계속적으로 맺게 되는데, 이 관계에는 강압과 근본적인 불평등과 고치기 어려운 갈등이 포함되어 있다. 프렛은 식민지 시대의 여행기를 주 텍스트로 피전과 크레올이라는 언어들을 통해 문화횡단화의 문제를 고찰하고 있지만, 나는 이 개념을 영화 장르에 전유해 할리우드와 비할리우드, 서구와 비서구의 '장르 영화'의 교통을 설명하는 데 사용하고자 한다. 여기서 영화관의 스크린은 식민지 시대의 국경이나 경계 장소들처럼 일종의 콘택트 존으로 작용한다. 이때의 콘택트라는 용어는 정복과 지배라는 이분법적 용어와는 달리 상호 작용하면서 서로 영향을 미치는, 또 즉흥적인 식민지의 접촉을 함의하는 것이다. 지리적·역사적으로 미국과 동떨어져 있던 한국의 관객들이 할리우드의 영화 생산품을 통해 그 문화를 전파받고, 또 변사나 관객들은 그 주어진 재료들을 그대로 수용하는 것이 아니라 선택과 창안의 과정을 거쳐 자신의 문화권 속으로 그

---

7. 시네필에 대한 논의로는 졸고 "Cinemania, cinephilia and Identity question", *The UTS Review*, 1998.

8. Mary Louis Pratt, *Imperial Eyes*(London : Routledge, 1992)

재료들을 다시 수용한다는 의미에서 영화관의 스크린은 식민지 시대 제국주의의 변경 장소들처럼 메트로폴리탄의 문화와 변경의 것이 조우하고 횡단하는 가상 콘택트 지역이다.

작가 영화나 문예 영화보다 공포나 멜로드라마 같은 장르 영화가 콘택트 존으로서 강도 높은 문화 횡단이 이루어지는 이유는 할리우드 장르 영화의 글로벌한 대중주의 경향과 인용 가능성, 반복/변형 충동 때문이다. 하지만 그것은 또 글로벌한 것만큼 미국이라는 지역의 자국 중심적인 것이다.

또한 문화적 '접촉'에 대한 주장으로 김기림의 "이질적 문화와의 전면적인 접촉, 종합"[9]이라는 태도를 수용해 주권을 빼앗기거나 반−주권[10] 상태로 유예된 '한국 영화'가 어떻게 일본, 할리우드나 아시아 등의 영화들과 전면적으로 접촉하는가를 살펴볼 수 있을 것이다.

9. 김기림, "'동양'에 관한 단장", "그리하여 근대 문화는 모순상극에 찬 극 말기 증후를 조만간 청산할 국면에 직면해야 했다. 그런데 문화의 발전은 대개는 다른 문화와의 접촉, 교류, 종합의 과정을 거쳐서 실현되는 것이지만 몇 세기를 두고 통일된 모양으로 지속되었던 문화가 이미 말기에 도달하여 새로운 단계로 비약할 적에는 거기는 **이질적 문화와의 전면적인 접촉, 종합**(필자 강조)이 자못 효과적인 계기를 이루는 경우가 많다. (중략) 그러나 이러한 이질 문화 상호 간의 접촉, 교류의 예로서는 근대 문화와 동양 문화와의 상봉보다도 더 규모가 크고 결과에 있어서 심각한 경우를 역사상 찾아볼 수가 없다. 바로 동양이 늙고 지쳤을 때 그는 젊은 서양과 만났던 것이다." 최원식, 백영서 엮음, 『동아시아인의 '동양' 인식』, 문학과 지성사, 1997, 252쪽.

10. "동아시아의 국가들이 소위 이상적인 국민(민족)−국가와 비교해서 얼마나 특수한가를 논하면서 조반니 아리기는 세 가지 특성을 지적하고 있다. 우선 동아시아 지역의 경제적으로 가장 성공적인 국가들의 '유사−국가'적 성격, 두 번째가 이러한 유사 국가의 경제들을 상호 간 그리고 나머지 지역으로 이어주는 비즈니스 네트워크들, 마지막으로 그 지역에서 작동하고 있는 국가들 간의 군사적, 재정적, 인구학적 분배의 극도의 불균형.
이때 유사 국가라는 표현은 로버트 잭슨(1990 : 21)에 의해 만들어진 것으로, 사법상의 국가성은 허용되고 인터스테이트 체제의 구성원이 되었지만 역사적으로 국가성과 연관된 통치 기능을 수행하는 능력이 결핍된 경우로 일본과 소위 네 마리 용들은 모두 유사 국가들이다. 동아시아 지역의 가장 성공적인 자본주의 국가인 일본은 가장 국민(민족)−국가에 가깝지만 지역적으로 세계적으로 심지어 일본도 여전히 미국 군사 보호국이다. 그러므로 일본 역시 '반주권 국가'이며 피터 카젠스타인(Peter Katzenstein)은 1987년 독일 연방공화국을 반주권 국가로 특성화한 바 있다. 남한과 대만 역시 미국의 군사 보호국이며 게다가 대만과 남한 역시 완전한 의미에서의 민족(국민) 국가가 아니다. 남한은 끊임없이 나머지 반쪽인 북한과의 통일을 지속적으로 두려워하며, 대만 역시 중국의 지배자가 되기를 원하거나 노예가 될까봐 두려워한다. 반주권인 홍콩과 싱가폴 역시 민족(국민)−국가라기 보다는 도시−국가들이며 이들이 동아시아에 미치는 영향은 유럽의 근대에 제노바와 베니스와 유사하다. 즉, 상업적−산업적 화물집산지로서 싱가폴이 하는 역할은 베니스와 유사하며 홍콩이 행사하는 상업적−금융적 역할은 제노바와 유사하다." Giovanni Arrighi의 "The Rise of East Asia and the Withering away of the interstate system"에서 인용. Crystal Bartolovich and Neil Lazarus(eds.), *Marxism, Modernity and Postcolonial Studies*, (Cambridge : Cambridge University Press, 2002), p. 27.

한국영상자료원에 영화 텍스트가 남아 있지 않은 조선 영화사 부분은 영화적 재현 공간(filmic space) 대신 당시 관객성과 극장가(북촌, 남촌), 극장 등을 포함하는 상영 공간 문제설정 및 토픽(topic), 예컨대 활동사진과 연쇄극, 애활가, 변사, 신파, 극장과 촬영 공간(pro-filmic space), 번안과 흔적, 접촉을 중심으로 진행한다.

조선 영화(1909~1945)에서 한국형 블록버스터(2000년대)까지를 횡단하며 의미작용하는 주요한 세 가지 의미소를 활력, 환상, 외상(trauma)으로 제안한다. 이 의미소는 각각의 기호 체계를 이루며, 또한 정서·정동적 구조로 작용한다. 그 체계와 구조는 한편으로는 장르나 양식과 관계 맺고, 또 다른 한편으로는 역사적·정신분석학적 의미화를 갖는다. 즉, 활력은 주로 활극과 액션 장르,[11] 환상은 환상 양식이나 공포 영화 장르, 외상은 위의 장르들과 양식 속에 숨 쉬면서도 멜로드라마나 사극에 증후적으로 기입되어 있지만, 세 가지 의미소를 그 각각 장르나 양식의 고유소로 설정하는 것은 아니다. 또한 활력, 환상, 외상에 내재하는 어원론적·본질론적 의미보다는 이러한 에너지와 정동들이 어떻게 영화라는 근대적 매체와 장르, 양식으로 절합하게 되는가, 그 절합 속에서 '한국 영화'는 어떻게 생성되었으며 또한 동시에 그 재현체계 안에서 그 정동들을 다시 구성하는가라는 것을 보고자 한다.

---

11. 액션 영화, 활극의 활력과 관계된 논의는 김소영 졸고 "Genre as Contact Zone : Hong Kong Action and Korean Hwalkuk", Meaghan Morris (ed,) *Hong Kong Connection : Transnational Hong Kong Action Cinema*(Hong Kong University Press, 2006) 한글 버전은 연세대학교 주최 심포지엄 《한국 영화의 역사적 상상력과 미학》(2003) 자료집에 수록. 공포 영화와 같은 환상 양식에 대해서는 졸저 『근대성의 유령들』(2002) 참조. 충무로 영화에 대한 논의는 주창규, 〈근대성의 징후로서의 충무로 영화의 '웰딩'과 서발턴 관객성〉, 한국예술종합학교 영상원 학술 심포지엄, 2003.

감상의 시대(1903~1919)와 애활가

"조선 영화"라는 호명의 기호학적 저항성

일제 강점기에 "조선 영화"로 인지되고 유통되던 영화들은 현재에 와 포괄적으로 한국 영화로 호칭되지만[12], 당시에는 조선 영화 외에도 국산 영화[13]라는 범주가 있었다. 한국·조선·국산 영화, 이 세 가지 범주 중 당시의 평자들[14] 등이 부르던 바, 조선 영화라는 틀로 일제 강점기 조선에서 생산되고 당시 조선인들에게 상영되던 영화들을 다루고자 한다. 이영일은 일제 강점기 당시 국가라는 표현은 일본에게 국한된 것이었고 우리 영화계는 "조선 영화계"라는 표현을 사용했음을 강조하면서 이는 독자적인 "국가성"을 지시하는 것이라고 말하면서 식민지 조선의 "조선 영화계"라는 비교적 자율적 영역을 설정하고 있다. 일제 강점기 기간에 독자적인 국가성을 함의하는 조선 영화계라는 호명을 영화문화 속에 틈입시키고 대안적 영역을 구축하고자 한 것은, 가야트리 스피박(Gayatri C. Spivak)의 서벌턴 연구가 제안하는 바의 첫 번째가 전환(반봉건에서 자본주의적 종속)의 패러다임의 대결들로 다원화하고 플롯화한 점, 그리고 두 번째가 기호체계의 기능적 변화를 일으킨 것(범죄가 봉기로 보증인에서 노동자)이라고 말했던 바의 기호체계의 기능적 변화에 해당한다고 본다.[15] 1934년 이후 사용이 강요된 "국산 영화"라는 범주가 해방 이후를 거쳐 1990년대까지도 사용된 것을 고려하면 당시 조선 영화라는 범주, 호명 자체가 일

---

12. 조희문의 『한국 영화의 쟁점 1』은 「'한국 영화'의 개념적 정의와 기점에 관한 연구」라는 장에서 일제 강점기에 만들어진 영화들을 '한국 영화'로 통칭하고 있다. 집문당, 2002, 9~38쪽.

13. 식민지 후기 1934년 8월 9일부로 조선총독령 제82호 활동사진영화취체규칙이라는 것이 공포되고 일본 내 영화의 소위 일본국산화 정책을 꾀하게 되면서 사용되던 국산(조선 포함한 일본) 영화라고 총칭되었다.

14. 서광제, 안석영, 남궁옥 등

15. Gayatri Chakravorty Spivak, "Subaltern Studies : Deconstructing Historiography", *Subaltern Studies IV* (ed.) Ranajit Guha(Oxford University Press, 1985), pp. 330~331.

제 강점에 대한 기호적 저항인 셈이다. 즉, 현재로서는 당시에 조선 영화가 있었다는 것이 자연스럽게 받아들여지고 곧잘 한국 영화라는 통칭으로 사후적으로 명명되긴 하지만, 조선 영화는 일제 강점기엔 그 호명과 범주 자체가 저항의 기호였으며 당시 조선 영화 문화를 판독하게 하면서 동시에 구성하는 기호체계의 변화였다는 사실의 환기는 매우 중요한 것이다.

감상의 시대

이러한 조선 영화의 초창기(1903~1919)를 이영일은 "수입 영화 시대"라고 부르고 있으나,[16] 임화의 "감상만의 시대"라는 표현을 '감상의 시대'로 바꿔 조선 영화가 제작되기 이전 수입 영화 시대로 정의해 그 당시를 조선 영화의 도래를 예비하는 시대로 보기보다는 당시 영화의 관객성에 쪽에 방점을 두고자 한다.[17] 이렇게 관객성에 주목하는 것은 식민지, 한국전쟁, 그리고 독재를 겪으면서 사라진 일제 강점기 영화들 자체를 분석할 수 없기 때문에 대안적 역사 기술 방식을 고안해야 하는 데도 기인하지만, 현재 남한 사회가 가지고 있는 "영화적 사회와 사회적 영화"[18]라는 특성, 그리고 비판적 대중 영화를 가능케 하는 지반을 살펴보기 위해서다. 일제 강점기 시기 영화관이 대안적 공적 공간으로, 그리고 집합적 공간이나 종족적 공간[19]으로 기능함으로써 수행한 저항적 기능은 이후 남한 영화사를 횡단하는 활력으로 남게 된다.

16. 이영일, 「이영일의 한국 영화사 강의록」, 도서출판 소도, 2002, 24쪽.
17. 임화는 1941년 《춘추》에 발표한 〈조선 영화론〉이라는 글에서 조선 영화의 생성에 관한 사정을 밝히면서 "이식"의 입장에서 서구문화가 조선에 들어오는 과정을 살피고 문학이나 음악, 연극, 미술은 제작하면서 그것을 모방함으로써 이식할 수 있었던 대신 영화는 단지 감상하는 것만으로 활동사진을 이식한 것이었다고 차별화한다. 또한 활동사진이 수입되던 당시 세계적으로도 활동사진은 발명 시대에 불과했기 때문에 그것은 문화와 예술이기보다는 진기한 발명품에 지나지 않아 문학과 예술과는 달리 낡은 문화를 가진 동양인에게는 모방의 가치가 없었다는 진단을 한다. 임화, 《춘추》 10호 1941년 11월호.
18. 김소영, 「사라지는 남한 여성들」, 「한국형 블록버스터」, 현실문화연구, 2001, 18쪽.

64

이영일은 20세기 초의 이 시기(1903~1919)를 전사기—수입 및 정착 단계라고 규정하고 있으며 수입 영화 시대가 세 가지 의미에서 중요성을 갖는다고 보고 있다. 우선 활동사진 사업이 정착했다는 점(극장가의 형성), 영화인의 성장(윤백남, 이필우, 이경손, 나운규, 윤봉춘, 심훈, 이규환), 그리고 영화 자본의 형성이 그것이다.

이러한 규정의 암묵적 전제는 한국 영화사가 조선인들의 영화 제작과 더불어 시작된다는 것이며, 이 모든 과정이 한국인의 손으로 한국 영화를 만들기 위한 예비 과정이라는 것이다. 그러나 영화 문화라는 관점에서 보자면 영화 장치(무빙 카메라, 영사기, 영화관, 관객)가 한 사회에 소개되고 기입되는 과정 전체를 아우르고 있으므로 영화관의 등장과 관객의 출현을 강조해 수입 영화 시대라는 구분보다, '감상의 시대'라는 표현을 전유하고자 한다.

이제 이러한 감상의 시대와 그 후 제작의 시대를 아우르는 일제 강점기의 착종된 '조선 영화'를 어떻게 정의하는가 하는 질문에 관계되어, 조희문은 조선 영화 대신 그 단위를 "한국 영화"로 호명하면서 한국 영화사 연구자들의 뜨거운 쟁점 중의 하나인 기점 문제를 논의하는 과정에서 제기되는 중요한 의제를 "한국 영화"의 정체성 규정에 두고 있다.[20]

조희문은 이제까지의 일반적인 시각은 한국인만에 의해 제작(〈의리적 구토〉) 또는 한국인이 출연하고 연출한 영화 〈월하의 맹서〉, 한국에서 제작된 영화 〈춘향전〉, 〈운영전〉 등이 혼재하는 양상을 보이고 있다고 지적하고, 그 논의의 핵심이 일본 자본이나 기술이 한국 영화 제작에 유입

19. 유선영, 〈초기 영화 관람 : 시각 문화의 기습, 전유 그리고 식민지 근대성의 예후〉(2003)에서 필자는 일제 강점기 관객성을 다음과 같이 설명한다. "영화를 매개로 하여 자신들의 억압적 현실로부터 도피할 수 있었을 뿐 아니라 극장에서는 불안정하고 폭력적인 현실에서 필요한 존재의 안정감을 '잠재적 군중'으로부터 제공받을 수 있었다. 초기 영화 관람에 대한 이해는 그러므로 극장이 식민지 주민에게 합법적, 제도적으로 허용된 거의 유일한 집합적 공간(place of collectivity)이자 종족적 공간(space of ethnicity)이라는 특수성에서 시작해야 한다."
20. 조희문, 「한국 영화의 쟁점 1」, 집문당, 2002, 15~16쪽.

된 것을 어떻게 볼 것인가가 명확히 규정되지 않은 상태에서 진행되었다고 지적한다. 그리고 "한국 영화"를 한국인에 의한 제작은 물론 한국인 관객을 상대로 만들어진 영화, 즉 기획·제작·흥행 분야까지 한국인에 의해 이루어진 경우를 "한국 영화"라고 정의한다면, 1920년대에 만들어진 순수한 한국 영화는 지극히 작은 수라고 보고 있다. 그래서 오히려 "한국 영화"는 자본의 조달이나 제작 주체와 관계없이 "'한국에서' '한국인 관객'을 주 대상으로 만들어진 영화"라고 광의적으로 정의하고 있다.[21]

영화 제작의 지역성(locality)과 영화의 소구 양식(a mode of address)을 일제 강점기의 한국 영화, 보다 정확하게는 조선 영화를 정의하는 주 결정요인으로 간주하는 셈이다. 이제 이러한 논의를 내셔널 시네마에 관한 것으로 확장시키면, 1910년 이후 국가의 주권이 부재한 가운데 생성된 조선 영화 문화와 조선 영화는 민족－국가 혹은 국민－국가의 헤게모니 지배와의 연루와 경합 관계에 있는 영화가 아니라, 식민지 체제의 내셔널 시네마다. 이때 내셔널 시네마는 "비판적이고 비헤게모니적 혹은 반헤게모니적 위치에서 내셔널한 특정성이라는 문제에 관계하고자하는 영화로, 정의상 마이너리티이며 궁핍한 영화다."[22] 이러한 주변적 영화는 내셔널한 문화적 배열 안에서 작동하는 재료들을 가지고 작업하며 그 문제들을 제기하게 된다. 그래서 내셔널 시네마는 필름 메이커의 국적이나 혹은 제작 자본이 어디서 나왔는가의 문제가 아니라 누구에게 말 거는가의 문제가 된다.

---

21. 조희문, 같은 책, 19쪽.

22. 폴 월먼의 〈The National〉이라는 논문에서 인용하는 문장으로, 월먼은 이 글을 "아치발드 파라독스"로부터 시작한다. 즉, 20세기 초 호주의 The Bulletin의 편집자 JF 아치발드라는 인물의 파라독스를 기술하고 있다. "아치발드 파라독스는 간명하게 말하자면 식민의 파라 독스다. 메트로폴리탄적인 세계에 대해 충분히 알려면 피식민자들은 적어도 제한된 방식으로 나마 국제적으로 행동하고 생각해야 한다; 식민 지배가 종식되고 자신의 장소로 만들기 위해 강도 있게 저항하기 위해 그들은 민족주의자들이 되어야 한다." 이러한 식민지 상황에서 민족적인 것과 국제적인 것 사이의 패러독스적 긴장을 저자는 틀을 바꾸어 다문화주의와 내셔널한 특정성 사이의 그것으로 바꾸고 있지만 나는 그것을 다시 식민 상황의 그것을 바꾸고자 한다. Paul Willemen, "The National", *Looks and Frictions*(Bloomington, Indiana; Indiana university Press, 1994), pp. 206～212.

이러한 마이너리티이며 궁핍한 내셔널 시네마로서의 조선 영화는 일 제에 의해 장악된 경제적 영역으로부터 상대적 자율성을 갖는 문화적이 고 정치적 영역에 위치하며, 조선 영화라는 범주보다는 조선 문화라는 넓 은 장에 위치한다. 이때 문화적 영역과 정치, 경제 영역의 지배방식의 차 이, 그리고 1910년대의 무단통치와 1920년대의 소위 문화통치, 1930년 이후의 총동원 체제의 시기별 지배 방식의 변화에 주목할 필요가 있는 데,[23] 특히 문화적 영역에서 일제의 근대와 서구적 근대, 맹아 형태의 자 발적 근대성 사이의 경합 관계가 대중에게 가장 잘 가시화되는 장은 영화 라는 접촉면이다.

이렇게 문화의 장으로서의 조선 영화가 당시 관객들과 영화 장치가 어떻게 접촉하는가, 어떤 접촉 지대(contact zone)를 만들어내는지 보고 자 한다.

전차와 영화

조선 영화의 첫 장은 소란하다. 조선에서의 초창기 영화 상영은 궁전이나 호텔 등에서 외교 및 사교 목적으로, 또 대중적으로는 전차와 서양 담배 홍 보 등의 이유로 이루어졌다. 전차와 영화는 비슷한 시기에 소개됨으로써 근대의 문턱을 만든 이미지가 되었다.

근대의 질주하는 상징이자 새로운 교통수단으로서의 전차는 19세기 말에서 20세기 초 서울 사람들의 초미의 관심거리였다. 1899년에서 1905 년까지 신문에는 전차(1899년에는 "뎐긔거(전기거)"라고 불림)에 관한 기 사들이 끊임없이 등장한다. 전차라는 신문명에 익숙하지 않은 승객들은 전차에서 떨어져 몸을 다치거나(《독립신문》 1899년 5월 20일자) 거의 죽을 뻔하거나(《독립신문》 1899년 5월 25일자), 아이가 전차 때문에 죽었다는

23. 김진균, 정근식 편저, 「근대주체와 식민지 규율 권력」, 문화과학사, 1997, 24쪽.

소식에 "인민(군중)"들이 달려들어 전차에 방화하기도 했다. 이때 신문에는 전차 때문에 사람들이 많이 상하고 가뭄, 물가 상승 등으로 민심이 흉흉하다는 정부 정책을 비판하는 기사가 실렸다. 1905년에는 전차에 압사당한 사람에 관한 짧은 기사가 실렸다.

이러한 전차와 관계된 소란 중에 조선 영화 문화 첫 장의 한 쪽이 열리는 것이다. 김화는 당시의 상황을 이렇게 전한다.

당시의 서울 사람들은 전차를 도깨비처럼 생각하기도 하고, 전차를 타면 피가 마른다고 소문도 내고, 귀신이 붙었다고 믿기도 해서 전차 안 타기 운동이 확산된 것이다. 사업적인 수완이 뛰어난 콜브란이기에 이런 현상을 그대로 방치만 하고 있을 턱이 없었다. 한국인들의 전차에 대한 불신을 불식하고 마음을 돌리기 위한 회유책으로 콜브란은 줄타기 곡예사를 고용해 공연을 하고, 회전목마도 계획했고 영화관도 설치했다. 그래서 전기회사 측에서는 동대문 기계창에서 실사 수준의 영화를 상영했는데 황성신문의 광고처럼 입장료로 동전 10전을 받았을 뿐만 아니라 빈 담뱃갑과 전차표도 함께 받았다. 이는 전차 이용을 유도하기 위한 판촉 활동과 담배 선전도 아울러 총체적인 선전 도구로 활용한 셈이다.[24]

전차를 도깨비나 귀신이라고 호명하며 근대의 도래를 전근대적 믿음으로 되감아 근대성의 속도를 잠시나마 늦추게 하는 이러한 군중심리는 "비동시적 동시성"이라는 시간의 정치학[25]을 작동시키면서 이후 영화 문화에서 거듭거듭 되풀이된다.

---

24. 김화, 『새로 쓴 한국 영화전사』, 다인미디어, 2003, 18쪽.
25. 비동시적 동시성으로 한국 영화를 보는 시각에 대해서는 졸저, 『근대성의 유령들 : 판타스틱 한국 영화』, 씨앗을 뿌리는 사람들, 2000 참조.

전차표와 영화표를 구매할 수 있는 도시 소비자의 등장은 동시에 군중의 출현이기도 하다. 프랑스 파리에서 영화가 소개되던 해인 1895년 발간된 귀스타브 르 봉(Gustave Le Bon)의 『군중심리』는 근대의 영화 관객군을 이해할 수 있는 틀을 제공한다. 르 봉은 한 민족에 속하는 모든 개인이 서로 닮는 것은 그 민족의 특질을 구성하는 무의식적 요소들과 관계 있으며, 한 민족의 정상적인 개인들 대다수가 동일하게 소유하는 성격의 일반적 특징이 바로 군중의 속성이라고 지적하면서 군중의 특징을 세 가지로 꼽는다. 그 첫 번째가 군중의 일부를 형성하는 개인은 군중의 압도적 숫자에 휩싸여 본능대로 행동한다는 것, 두 번째는 첫 번째와는 반대로 개인은 군중 속에서 전염된 것처럼 집단적 이익을 위해 기꺼이 개인을 희생한다는 것, 세 번째는 피암시성(암시감응성, suggestibility)으로 마치 최면에 걸린 것처럼 의식적 개성을 상실해 버리고 조직자의 모든 암시에 복종한다는 것이다.[26] 아이가 죽었다는 말에 격분해 전차를 불태우던 1899년의 군중은 영화를 사랑하는 "애활가"로 극장을 찾지만 그 사랑은 곧 민족적 적대감, 저항심으로 발화될 수 있는 것이기도 하다.

즉, 영화의 기점 논쟁에 최초의 조선 영화인가 아닌가로 곧잘 등장하는 〈국경〉(1923)은, 서울 상영(1923년 1월 13일, 단성사) 이후 1924년 평양 제일관(1924년 3월 12일~13일)에서도 특별 상영해 첫날 1천명 가까운 관객이 입장했다.[27] 그러나 "내용이 조선인을 모욕하는 것이라 하여 상하층 관객이 일시에 일어나 변사를 매도하고 살기가 장내에 가득 차며 무슨 일

26. 귀스타브 르 봉, 『군중의 심리』, 학문과 사상사, 1980, 60~62쪽.

27. 〈국경〉의 상영에 대한 부분은 김화의 책 31쪽. 이것이 조선 영화라는 주장에 대해서는 "이렇게 볼 때 극영화 〈국경〉은 일본 쇼치쿠 키네마가 만든 것이 아니라, 조선에 연고를 가진 원산만이 조선 배우를 동원하여 제작한 사실상의 우리 영화라는 결론에 이른다. 이는 "최장척 열권의 대활극 조선 활동사진"(《매일신보》, 1923년 1월 5일자), "조선 초유의 대영화!" 사계 최선의 대복음!(《동아일보》, 1923년 1월 11일자), "우리 조선의 사정을 표본으로 삼아 가지고 조선의 배우로서 만든 활동사진"(《조선일보》, 1923년 1월 13일자), "조선 〈국경〉 영화, 오늘밤 단성사에서"(《매일신보》, 1923년 1월 23일자)라는 당시의 선전 광고 및 기사와도 부합된다.", 김종원, 정중헌, 《우리 영화 100년》, 현암사. 2001, 84~85쪽. 1923년 1월 23일자 《매일신보》는 〈국경〉을 조선 영화라 소개하면서 의주를 배경으로 하고 있으며 대성황을 이룰 것이라고 예고한다.

이 벌어질 듯 일촉즉발의 형세로 돌변하자 경관들이 달려와 큰 소동 없이 진정되었다"[28]라는 정황에서도 알 수 있듯이 군중이 모이는 영화관은 그야말로 일촉즉발, 금방이라도 일이 크게 터질 듯한 아슬아슬한 긴장 상태를 유지하고 있었다.

예컨대 〈초기 영화 관람 : 시각 문화의 기습, 전유, 그리고 식민적 근대성의 예후〉[29]라는 논문은 그 일촉즉발의 양가성을 다음과 같이 전한다.

" '내지인이 鮮人을 어떻게 했다'는 식의 말은 조선인의 마음을 가장 움직이는 말로써 사람들을 금세 흥분시키고 분격한 나머지 단결된 군중이 되고 만다"는 경성 파출소 순사들의 증언대로 순사가 전차에 오르면 바로 일어나 자리를 양보했지만 누군가 파출소에 연행되는 경우 파출소를 몇 겹으로 에워싸고 구경하는 한편 돌을 던지거나 돌입하는 등 끊임없이 경계하고 공격했다.

바로 이러한 식민 군중의 양가성 속에서 영화관은 식민지 대중들에게 "집합적 공간(place of collectivity)"이자 "종족적 공간(space of ethnicity)", 그리고 대안적 공간을 제공했다.

'애활가'의 등장

이러한 군중들과 대중들, 그리고 영화관으로 활동사진(moving picture)이 들어오고, 그중 애활가(cinephilia)는 활극을 보러 영화관을 찾는다. 1926년의 잡지 《별건곤》은 20세기 초 광무대를 무대로 한 조선의 초기 영화 관람 풍경을 다음과 같이 전한다.

28. 김화, 같은 책, 31쪽.
29. 유선영, 〈초기 영화 관람 : 시각 문화의 기습, 전유, 그리고 식민적 근대성의 예후〉, 한국언론학회, 2003.

호적(피리)과 장구 소리에 끌려서 "사진이 나와 논다지" "사진이 나와 논대" 하고 떠드는 틈에 끼여 담뱃갑 열 장을 들고 들어가니 무대에는 미국기와 조선기를 그린 휘장을 쳐놓고 그 휘장 앞에 굵은 줄을 가로 매어놓고 맨 먼저는 소녀 광대가 나와서 줄을 타고 그 다음에 휘장을 걷어치우더니 조선 여자가 춤(승무) 등을 몇 가지 추고 그리고 불이 꺼지는 고로 "이크 활동사진이 나온다" 하고 기다렸더니 한참이나 캄캄한 대로 있다가 시커먼 외투를 입은 서양사람 한 떼가 우뚝우뚝 서 있는 것이 환하게 비치었다. "나와 논다더니, 어데 노나." "밤낮 고대로 섰기만 하네그려." 이렇게 수군수군하는 중에 아는 체하는 한 분이 "아니야. 저 허연 것은 눈이 와서 쌓인 것이고 추워서 얼어 죽은 사람들이라오" 하였다. "옳지. 그렇길래 저렇게 꼼짝도 못하고 섰지……." 누구든지 이것은 환등(幻燈)이라고 설명을 해주었다면 좋았을 것을 설명도 안 하고 환등을 비치니까—나오는 것마다 얼어 죽은 사람이라고만 보고 있었다. 몇 번인지 그 얼어 죽은 사람이 바뀌어 나오고 나서 아무 인사도 없이 설명도 없이 통지도 없이 광고도 없이 그냥 환등 뒤끝에 활동사진이 나왔다. 자막도 없고 다짜고짜로 서양 부인 하나가 방 속에서 빨래를 하는데 강아지가 들어와서 빨래를 더럽혀 놓는 고로 부인이 강아지를 내쫓으니까 어떤 키 큰 남자가 들어와서 총을 놓으니까 부인이 이리저리 쫓겨 다니느라고 발광을 하다가, 호각 소리가 후루룩 나고 불이 다시 켜지고 그만 그뿐이었다. 그나마 사진 기사는 조선 사람이었는데 기계를 들고 장난을 하는지 사진이 이 구텅이로 달아났다가 저 끝으로 쏠려갔다가 야단법석이었다. 다만 그뿐이었다. 설명도 없이 소개도 없이 음악도 없이. 지금 생각하면 어느 희극 사진이 못 쓰게 되어 내버린 것을 한 토막 끊어 가지고 나와 튼 것이었다. (〈활동사진 이약이〉)[30]

30. 《별건곤》, 1926. 12, 90~91쪽.

이 영화 상영 과정에 대한 긴 인용은 바로 그 과정이 조선의 영화 수용의 특이성을 잘 그려내고 있기 때문이다.[31] 우선, 호적 소리와 장구 소리, 그리고 호각 소리와 같은 소리가 있다. 소녀 광대의 줄타기가 뒤따른다. 그리고 춤이 이어진다. 이러한 연희가 끝나면 환등 상영이 있고 그 후에야 활동사진이 상영된다. 소리와 연희, 그리고 환등이 활동사진 상영을 보조적인 장치로 사용되면서 영화가 가져다 줄 충격을 예비하는 이러한 방식은, 전통 연희와 영화 상영의 복합적 양식에다 환등과 활동사진의 연쇄라는 연행 양식의 친숙함과 낯설음의 교차 편집이다. 임화의 표현대로 조선에는 "서구의 문화, 즉 근대문화가 수입되기 전에 이미 상당한 수준에 도달해 있던 문학과 음악과 회화와 혹은 연극의 역사를 가지고 있었다. 따라서 문학이면 소설, 시, 음악이면 성악, 기악, 미술이면 인물, 풍경, 연극이면 산대, 꼭두, 탈 등에서 볼 수 있듯 일정한 장르의 전통이 있었는데……" 바로 이러한 문화 예술적 양식들이 활동사진과 적극적으로 결합되는 것이 초창기의 모습이다. 이후 이것은 그 배열을 바꿔 키노드라마로 이어진다. 한국에서 영화가 제작되기 시작하면서 관객과 제작자는 낡고 친숙한 것과 새롭고 낯선 것 사이를 진동하는 재현양식을 창안한다. 일본의 '키노-드라마'에서 유래된 조선의 연쇄극은 짧은 활동사진 장면과 신파 드라마의 연극 공연을 결합한 혼합 양식이었다. '새로운 파'라는 신파는 일본에서 유럽 연극에 대한 반응으로 19세기 말에 나타났다. 사실

---

31. 이 부분에 대한 언급은 졸저 「서울 영화 속의 도시」, 『시네마 테크노 문화의 푸른 꽃』, 열화당, 1996, 110~113쪽.
　　"영화 상영 방식, 그리고 영화 관람의 양태나 관람 공간은 미국, 영국, 프랑스의 초기 관습과는 꽤 달랐던 것으로 보인다. 즉, 활동사진만 보여주는 것이 아니라 고전 민속 공연이 먼저 벌어지고 환등을 비추어 사람들의 충격을 적절히 배치했다는 기록이 남아 있다. 그리고 사진이 나와 논다(영화 이론가 뮌스터버그가 말한 photo-play를 연상케 함)라는 표현에서 볼 수 있듯이 적어도 당시 서울 사람들에게 사진에 대한 인식은 이미 보편화 되어 있었던 듯하다……. 즉, 우리의 경우 영화는 사진이 나와 노는 연행과 기계 복제 예술의 결합으로서 등장한 것이다."
　　"이처럼 일제에 의해 대부분의 공적 공간을 빼앗긴 조선인들은 영화관을 바로 저항 공간으로 사용했을 가능성이 높다. 일제 강점기에 그 수가 늘어났던 전라도 지방의 모정과 동일한 기능을 했다고 추정해볼 수 있다."

일본 신파는 시대에 뒤떨어진 전통적인 가부키 극과 다른 방식으로, 서구
화되거나 근대적 스타일로 당대의 드라마를 만들겠다는 목표를 가진 것
이었다.

키노드라마인 〈의리적 구토〉(1919)는 장남이 가족의 질서를 복원시
키기 위해서 계모와 싸운다는 이야기다. 당시 이 작품을 보았던 연극인
박진 씨의 회고담은 다음과 같다.

> 필자가 소년시절에 단성사에서 본 연쇄극(아마 그것이 〈의리적 구토〉라는 것
> 이었을 것이다)은 숲이 있고 양관(洋館) 현관이 있는 정원에서 청년과 악한이
> 싸우다가 악한이 도망을 하는 것을 청년이 쫓아가는 데서 호루룩하고 호각을
> 부니까 불이 꺼지고 천정에서 어둠 가운데 흰 포장이 내려와 무대의 삼분의 일
> 정도의 넓이로 중앙에 매여 달리더니 좌우에서 배우들이 포장 뒤로 숨으니까
> 다시 호루룩하고 호각소리가 나자 2층 영사실에서 터르르 하자 빛이 비치는데
> 사진이 나와서 악한이 산으로 기어 올라가고 뒤미쳐서 청년이 따라가며 막 뒤
> 에서 말을 주고받고 이렇게 한참 험한 산비탈에서 싱갱이를 하다가 이윽고 악
> 한이 잡히자 당황한 악한이 품에서 단도를 꺼내서 청년을 찌르려 하는 위기에
> 서 벼란간 호각소리가 또 나더니 순식간에 포장이 올라가고 불이 켜지니까 무
> 대는 현관이 없어지고 숲속이 되였는데 거기서 지금 방금 사진에서 빼든 악한
> 의 칼이 청년을 찌르려 한다. 이래서 한바탕 '다찌마와리'가 벌어지고 객석에
> 서는 박수가 쏟아진다.   〈한국연극사 1기, 1972〉

연극 장면 후 활동사진 상영, 그리고 다시 연극의 장면 등의 방식으
로 키노드라마는 연극 공연에 익숙한 관객들의 기대와 기계적으로 재생
산된 영화 이미지를 절합했다. 그것의 효과는 미리암 한센이 "공적 영역

의 오버랩되는 형태, 문화 조직의 '비동시적인' 층"이라고 말한 니클로데온(nickelodeon)과 다르지 않았다. 그녀는 "이러한 비동시성이 기존의 문화적 전통에 대한 영화의 기생적 관계와 부상하는 제도 안에서 생산, 분배, 상영 양식의 불평등한 발전 그 양자를 결정짓는 것처럼 보인다"[32]고 주장한다. 한센의 설명에서 "기생적인 관계"라는 표현은 새로운 매체가 전통적인 매체라는 숙주에 기생한다는 의미를 갖게 되는 것이 문제지만, 그럼에도 불구하고 한국에서 키노드라마의 효과를 설명하기에 적절한 것으로 보인다. 한국에서 영화에 동반되는 비동시적 층위들은 신파와 심파라는 상호작용 안에서 일본과 한국 간의 식민적 관계를 분명히 내포한다. 최초의 장편 영화 〈국경〉(1923)의 등장, 제작의 활성화와 영화관의 확산과 더불어, 키노드라마는 점차 새로운 형식의 영화적 표현과 수용의 길을 열었다. 그러나 관객은 여전히 영화라는 매체를 경이의 기원으로 대했으며, 움직이는 이미지보다도 영화 기계 장치에 지속적 흥미를 가졌다는 기록이 있다. 영사기사들은 영사기 안에 축소된 세계가 들어 있다고 믿도록 관객을 부추겼다. 만일 필름이 끊기면 그들은 영사기에 대고 "수리수리마수리"나 "아브라카타브라"라고 마술적인 주문을 외웠다.[33]

이영일도 당시에는 영화의 내용보다 활동사진 기계 자체가 인기였다고 지적하면서 "프로젝터를 돌리면 어둠 속에 광선이 은가루를 뿌린 듯했다. 영사광선 안에서부터 사람의 그림자가 어렸다. 스크린에 재미있는 화면이 나타나는데, 이것은 정말 신기한 것이었다. 거기에는 사람의 움직임과 기차가 있었다. 근대적인 민중 정서에 영향을 준다는 차원보다는 새로운 발명품으로서 신기해했던 것이다"라고 설명하고 있다.[34]

32. Miriam Hansen, *Babel and Babylon*(Cambridge : Harvard University Press, 1991), p. 93.
33. 이러한 주술적 식민지 관람 경험과 영화라는 페티쉬의 관계에 대해서는 졸고 〈유예된 모더니티 : 한국 영화들 속에서의 페티시즘의 논리〉, 《흔적》, 1호, 문화과학사, 2001 참조.
34. 이영일, 같은 책, 109쪽.

또 김화 역시 "당시만 해도 유성기 소리를 듣고 유성기 안에 사람이 들어가 있는 것이 아닌가 하고 놀라던 시대였던 만큼 옥양목 스크린에 화차가 달리고 파도가 밀려오고 사람이 움직이며 하늘로 뻗은 고층 빌딩의 모습을 보고 관객들은 놀라고 신기해했던 것은 너무나 당연한 일이다. 활동사진이 끝나면 관객들은 우르르 스크린으로 몰려와 옥양목 천을 들춰보고 두들겨 보기도 하면서 고개를 갸우뚱거리기 일쑤였다고 한다. 그 당시 서울 인구가 20여만 정도였는데 하루에 동전 10전의 입장료를 내고 들어온 관객이 1천 명이나 되었다고 한다. 빈 담뱃갑이나 전차표를 내고 입장한 관객의 숫자까지 합치면 1천 명을 상회했을 것으로 짐작된다. 그 당시 별다른 문명의 문화적 혜택이 없었던 한국인들에게 영화가 폭발적 인기 품목이었다"[35]라고 증언하며 근대의 신기한 발명품으로서의 영화에 대한 관객의 즉물적이고 감성적 반응을 전달하고 있다.

미국과 프랑스 등 서구의 풍물을 전해주고 전차, 호텔 등과 더불어 근대적 서구 풍경화의 상징이 되어간 영화관은 식민지 시기 동안 부분적으로 민족의 저항 공간으로 사용되기도 했다. 〈국경〉과 〈아리랑〉(1926)은 가장 널리 알려진 예다.

이영일은 1910년대의 일화를 이구영의 증언을 빌어 다음과 같이 전한다.

이구영의 증언에 따르면 〈권투시합〉이라는 활동사진을 장안사에서 상영했는데 2층에는 일인이 1층에는 한국 사람이 앉아 있었다. 당시 영화 한 프로는 단편영화를 대여섯 개 묶어 상영하는 형식이었는데 〈권투시합〉은 서양 권투선수와 일본인 유도선수의 시합을 다룬 것이었다. 서양인이 일인을 때리면 1층 한

35. 김화, 같은 책, 18~19쪽.

국인이 함성을 지르고 반대 경우에는 2층의 일본인이 함성을 질러서 1, 2층 교대로 와와 소리를 질렀다고 한다. 마지막에는 위아래 층 싸움이 나서 고무신과 게다가 날아다니고 임석 경관이 호각을 불 지경이었다.[36]

또한 서구 영화와 일본 영화가 많이 수입되었음에도 불구하고 조선인이 출자한 영화가 상당한 흥행을 거두었다는 기록을 통해서도 확인할 수 있듯이, 서울을 중심으로 한 영화관은 식민지 시대 일본 제국주의에 대항해 민족적 정체성을 확인할 수 있는 저항적 공간으로 이용되기도 했다. 〈장화홍련전〉(1924)이나 〈아리랑〉처럼 민족적 감정에 호소하는 서사 구조는 관객들의 동일화를 극대화하는 장치로 보이는데, 〈아리랑〉의 수용에 대한 일화는 가히 전설적이다. 여기에 한국 영화사에서 항상 일정한 시간을 두고 반복해 등장하는 〈춘향전〉과 일제시대 엄청난 히트작이었던 〈장한몽〉(1926)은 당시 민중들이 민족적 감정을 바로 춘향과 심순애에 투사했음을 추측할 수 있게 한다. 즉, 지조와 절개의 화신 춘향이와, 돈 때문에 사랑을 버리는 여성에 대한 동일시 및 분노를 동반하는 반(半)동일시는 곧 애국자와 반역자에 대한 감정의 투사인 것이다.

일제에 의해 대부분의 공적 공간을 빼앗긴 조선인들은 영화관을 바로 저항 공간으로 사용했다. 일제 강점기에 그 수가 늘어났던 전라도 지방의 모정(茅亭)과 동일한 기능을 했다고 추정해볼 수 있다. 식민지 시대에 영화관이 하나의 저항적 공적 공간으로 기능했었다면 영화사를 다른 각도, 즉 영화관이라는 장치를 통해 식민지 근대화 시기에 공적 공간이 어떻게 형성되었는가를 살펴볼 수 있을 것이다.

또한 영화는 서울이라는 도시의 문화산업의 밑그림을 제공하기도 한다. 당시 미국 영화의 제작비는 조선의 큰 은행 자본금과 맞먹었고 일본

36. 이영일, 같은 책, 110쪽.

만 해도 편당 3만 원씩을 투자한 데 비해 조선 영화는 1천 원꼴이었다. 그 당시 상영 편수에 있어서도 1935년 한 극장에서만 1,230편이 상영되었고 (당시 영화들은 상영 시간이 30분 이내였음) 그중에서도 미국 영화가 압도적이었다. 식민지의 공통적인 현상이겠지만 독점자본주의적 산업화 과정을 거치지 않고 서구와 일본의 문화산업의 본령인 영화가 근대의 얼굴로 등장한 셈이다.

　1919년쯤이 되면 독자기별란에 "나는 본래 활동사진을 좋아하는 터에 단성사 신파 활동사진을 요새 가 보니까 참 조선에 처음되는 것으로 어찌 마음에 상쾌하고 좋은지 모르겠어요. 애활가"(《매일신보》 1919년 10월 31일자)라는 기사가 실린다. 또 신파 신극좌 김도산 일행이 경성에서 촬영한 대연쇄극이라는 제목으로 "이미 아시는 바와 같이 조선의 활동연쇄극이 없어서 항상 유감히 여기던 바 한번 신파 활동사진을 경성의 제일 명승지에서 박아 흥행할 작정으로 본인이 오천 원의 거액을 내어 본월 상순부터 경성 내외 좋은 곳에서 촬영하여 오는 이십칠일부터 본 단성사에서 봉절개연을 하고 대대적으로 상장하오니 우리 **애활가**(필자 강조)제씨는 한번 보실 만한 것이올시다. 단성사주 박승필 근고(《매일신보》 1919년 10월 26일자)"[37] 라는 광고가 게재된다.

　그러나 1919년 당시 《매일신보》 애활가를 시기적으로 앞서는 초창

기 애활가들의 활력은 앞서도 지적했듯이 "조선 민족의 한, 울분, 통분"[38]이라는 감정으로 금방 전화될 수 있는 것이기도 하다. 그 이유는 물론 이러한 영화에 대한 열기가 요원의 불길처럼 퍼져 나가는 사이, "열강들의 경쟁에서 승세를 굳힌 일본은 한반도의 심장에 비수를 겨냥하고 침략의 이빨을 점차로 드러내어가고 있었기 때문이다"[39]라는 표현에서 볼 수 있듯이 영화가 주는 즐거움은 당시 조선의 위기에 가득 찬 경악스러운 정치 상황과 극도의 대조를 이루는 것이었다.

당시 조선 영화 문화의 소구층이던 애활가들의 성(性)과 계급적·민족/인종적 구성, 그리고 거주지 등은 추론을 통해 짐작해 볼 수 있다. 우선 동시대의 서울이 강북, 강남으로 나뉘어져 있듯이 식민지 시대의 경성도 청계천을 경계로 남과 북으로, 즉 남촌과 북촌으로 분할되어 있다. 그리고 이것은 크게 식민과 피식민인의 거주 구분이기도 했다. 청계천 이남은 본정통(충무로), 명치정(명동) 같은 남산 기슭의 일본인 상가를 중심으로 한 남촌이 형성되고, 청계천 이북은 조선인 상가가 많았던 종로통을 중심으로 북촌이 발달해 있었다.[40]

이렇게 식민과 피식민으로 갈린 남촌, 북촌에 극장과 영화관들이 들어서기 시작했다. 영어로 theater를 극장이라고 일본에서 번역해서 쓰기 시작한 것이 1900년 초이며 극장은 개화기 문물의 하나로 조선에 소개된다.[41] 예컨대,

> 개화기 무렵의 한국(조선―인용자)에서 신문물로 모습을 보인 것 중의 하나가 극장이다. 고려시대나 조선시대의 놀이는 나희나 산대놀이가 주종을 이루었으

---

38. 주요섭의 〈임자없는 나룻배〉에 대한 영화평(김화, 51쪽).
39. 이영일, 『한국 영화전사』, 한국영화인협회, 1973, 43쪽.
40. 신명직, 『모던뽀이 경성을 거닐다』, 현실문화연구, 2003, 22쪽.
41. 이용남, 「해방 전 조선 영화 극장사 연구」, 『한국 영화사연구』, 새미, 2003, 95쪽.

나 이는 오늘날의 극장처럼 일정한 시설을 갖추고 있는 것이 아니라 필요할 때마다 천막을 치거나 놀이무대를 설치하는 가설무대의 형태를 유지하고 있었다. 따라서 극장의 등장은 개방된 공간에서 이루어지던 공연을 옥내로 끌어들임으로써 공연물의 형태와 내용에도 변화를 일으키게 된다.[42]

이용남은 초창기 극장에 대한 소개로 시작해 극장에서 영화 극장의 변화를 다섯 시기로 나눈다.

1. 극장의 탄생(1895~1902)[43]
2. 최초의 영화 상영장 등장과 그 이후(1903~1910)[44]
3. 북촌과 남촌의 상설관을 중심으로(1911~1920)
4. 조선 영화 극장 설립의 활성기(1921~1935)
5. 해방 전 조선 영화 극장의 변화(1936~1945)

조선에 극장이 등장하기 시작한 1895~1902년에는 무대공연(판소리, 창극 등)이 중심을 이루었을 뿐 아직 영화가 대중화되지는 못한 실정이었다. 공식적으로 조선 영화극장사의 기원인 '동대문 활동사진소'가 1903년 서울 동대문 오문수에 세워져 영화상영 및 전통 연희 공연을 한 것으로 알려져 있다. 원래는 서울 동대문 부근에 있던 한성전기회사의 공터였으나 미국인 콜브란(H. Collbran)과 보스트위크(H.R. Bostwick)가 1903년 6월 하순부터 영화를 유료 상영한 것을 계기로 영화상영장으로서

---

42. 이용남, 같은 책, 96쪽.

43. 이용남, "1899년 서울 아현에 설립된 '아현무동연희장(조희문, 88쪽) 그러나 본고는 '인천 광역시가 [협률사와 애관 극장]에서 밝히고 있는 1895년에 설립된 '협률사'를 새롭게 거론하면서 초창기 조선극장사의 새로운 기점에 대한 재연구의 필요성을 제기하는 바이다. 우리나라 최초의 극장 탄생은 개화기 시대인 인천의 '협률사'부터 시작된다."

44. 이용남, "공식적으로 조선 영화극장사의 기원인 '동대문 활동사진소'가 1903년 6월에 동대문 전차차고 겸 발전소 부지 안에 영화 상영 시절을 갖추고 영화를 상영함으로써 조선 최초의 영화 흥행장으로 등장하게 된다."

의 역할을 하게 되었다. '동대문 활동사진소'는 1907년 6월부터는 '광무대'라 하였고 1908년 9월부터 박승필에게 그 운영권이 넘어간다.

광무대에서 미국인 콜브란이 활동사진을 상영했을 때만 해도 사람들은 호적과 장구 소리에 끌려 담뱃갑 10장을 들고 가서 '사진이 나와서 노는' 모양을 구경할 수 있었다.[45]

뒤이어 1910년을 전후로 해서 다음 4~5년 사이에 급격하게 영화관이 들어선다. 고등연예관, 장안사, 연흥사 등이 1910년에 개관하였고 어성좌, 개성좌, 대정관, 황금연예관(1913년에 우미관으로 개칭), 제2대정관 등이 잇달아 개관하였다. 영화관의 신축 개관은 이어서 인천, 개성, 부산, 평양 등을 비롯한 지방 도시로 확산되어 전국적인 흥행이 시작되었다.[46]

이러한 영화관을 출입하는 '애활가', 관객들의 첫 번째 유형은 모던 걸과 모던 보이들이었다. 1920~1930년대에 식민지 조선의 현실을 그린 만문만화[47]에는 같은 모던 걸과 보이에 대한 풍자적 묘사와 함께 활동사진과 축음기가 이들에게 미친 영향에 대한 기술이 나온다.

서울 길거리의 한 모던 보이는 거미발 같은 손으로 금칠한 책을 움켜쥐고, 풀대님한 바지에 레인코트를 닙고, '사쿠라' 몽둥이를 든 괴이한 형상으로 중얼대며 걸어가고 있다. 작가는 "길을 똑바로 걸으라"라고 나무라지만, 연애시 문구를 외우며 비틀대는 모던 보이를 멈추게 할 수는 없다. 모던 걸의 짧은 치마와 작은 양산의 유행도 그렇지만, 모던 보이의 대모테 안경이나 '젬병모자'의 유행 또한 급속히 퍼져나갔다.

---

45. 김진송, 「서울에 딴스홀을 허하라」, 현실문화연구, 1999, 162쪽.
46. 이영일, 「한국영화주조사」, 한국영화진흥공사, 1988, 361~362쪽.
47. 만문만화란 1920년대~30년대 주로 신문과 잡지 등의 지면에 발표되었는데, 만문과 만화가 결합된 형태로 만문(漫文)이란 흐트러진 글이라는 뜻이며 석영 안석주가 1925년 동아일보에 〈허풍선이 모험기담〉을 그리면서부터 시작된다. 동아일보, 시대일보, 신문만화, 신동아, 조광, 제일선, 여성지 등에 실렸다. 신명직, 「모던뽀이 경성을 거닐다」, 현실문화연구, 2003, 6~9쪽.

유행의 형성에는 활동사진과 축음기의 역할이 절대적이었다. 활동사진과 축음기는 당대 모든 패션과 생각의 원천이었기 때문이다. 19세기 말 20세기 초 식민지 조선에 영화가 처음 소개되고 1921년 윤백남의 〈월하의 맹서〉로 한반도 최초의 본격 무성 영화가 시작된 이래, 영화는 모든 도시 문화와 유행을 선도해갔다.[48]

이렇게 축음기와 활동사진이 유행을 선도해가는 와중에, 영화 관객들은 "헌 구두", "고무신"[49], 그리고 "십전빵"[50] 등의 환유들로 범주화되거나 "무료한 세월에 소일거리를 삼고 극장으로 집중되는 유한실업자군이나 비속한 오락을 구하기 위하는 유한계급의 자제에 불과"[51]할 뿐이라는 비판을 받았다. 그러나 김소희의 해석대로 이들은 도시 조선 후기 이래 판소리, 신파극, 활동사진 등의 대중 예술을 가능케 했던 '대중'이기도 하다.

부인석

극장석이 성별로 나뉘어져 있어 부인석이라는 것이 있었고, 처음 극장이 생겼을 때는 한산했으나 1927~1928년 무렵에는 이 부인석에 노부인, 여염집 부녀, 기생, 여학생들이 들어차게 된다. 극장석과 같은 공공장소가 성차별로 분리된 관객을 수용했던 것은 인도나 대만의 경우에도 발견된다. 1896년 인도 봄베이시의 와트슨 호텔에서 처음 인도에 영화가 소개된 후 노벨티 호텔로 옮겨 상영이 계속 되었는데 〈기차의 도착〉, 〈해수욕객들〉,

---

48. 같은 책, 132쪽.

49. 이경손, "그들 구경꾼들은 지금 대강들 헌 구두가 아니면 고무신입니다." 〈영화만담〉, 동아일보, 1929, 총집, 1권, 362쪽; 김소희, 〈일제시대 영화의 수용과 전개과정〉, 서울대학교 대학원 국사학과 석사논문, 1994, 22쪽에서 재인용.

50. 김소희, "소위 십전빵이라고 불러서 손님만 극장에 뿌즘하면 흥행주의 기름기 끼인 뺨이 우그러지며 회색이 만면 … 십전이면 '마코'가 두갑이요 십전이며 몇 식구가 죽물이라도 흘려널터이니 이제 십전빵을 불러도 시원치 않은 모양이다."

51. 한고, 조선흥행계, 〈동아일보〉, 1932.

〈정원에 물주기〉 등의 프로그램이 공개되었으며 7월 말경에 새로운 프로그
램으로 교체되고 여성용 좌석과 가족석이 따로 마련되었다. 대만 역시 일
제 강점기 시기 남녀분리좌석이 검문석과 함께 마련되어 있었다.[52]

『모던뽀이 경성을 거닐다』라는 책에는 다음과 같은 정경이 소개되어
있다.

극장에는 부인석이 따로 마련되어 있어서 모던 걸, 모던 보이가 함께 나란히
앉을 수는 없었다. 부인석은 극장이 생긴 초기에는 한산했으나 점차 관객이 늘
기 시작했는데, 1927~28년 무렵에는 노부인, 여염집 부녀, 기생, 여학생들로
부인석은 거의 만석이 되고, 그중 '성에 갓 뜬 녀학생'이 부인석의 과반수를 차
지했다. 첫 인용문 (그림 96) 속 부인석에도 단발을 한 여학생들이 가득 차 있
다. 불량기 있어 보이는 남학생들은 한 달에 칠백 원 하는 학비로, 나 어린 아
가씨들을 마해로 건네이기 위해 함께 극장에 가자고 청한다.

대공황이 지나 1930년이 되면 극장의 양상은 완전히 달라진다. 극장은 소위
'십전빵을 부르는데'도 한산할 뿐이었다. 부인석의 경우는 특히 더했다. 하지
만 부인석에 여자 한 명이라도 나타나면, 극장은 곧 모던 걸, 모던 보이들의 사
랑의 공간으로 변한다. 영화는 보지 않고 위층 부인석에 앉은 모던 걸들을 보
느라 목을 쭉 빼고 앉은 모던 보이의 모습에서 당시 극장 공간의 풍속을 충분
히 읽을 수 있다.
모던 걸, 모던 보이의 사연이 극장에서 끝나지는 않는다. 극장은 단지 만남의
장소일 뿐이고 사랑은 영화가 끝나면서부터 시작된다. 모던 보이가 매일 밤 극
장에 가는 것은 부인석의 모던 걸을 보기 위한 것이다.

52. 리양치우홍, 〈자치시기 대만희원 '남녀분좌'의 역사적 고찰〉, 2003, 대만국제영화심포지엄
    발표문, 대만국립대. 2003.

부인석에 앉아 영사막에 시선을 보내는 여성 관객들과 그 여성 관객을 바라보는 남성들의 시선은, 일제 강점기 여성 관객들이 처해 있던 이중적 시선 구조, 즉 자신이 영화의 관객이면서 동시에 남성 관객의 '영화'가 되는 상황을 잘 보여주고 있다. 그리고 위의 인용문에는 빠져 있지만, 위에서 "종족적 공간"으로서의 영화관이 보여주는 것처럼 이들 관객들의 동태를 감시하는 일본 경찰의 시선을 더하면 당시 애활가들이 영사막을 향해 던지는 시선을 횡단하는 성차적, 인종적, 계급적(학생, 기생, 부녀) 특성들이 드러난다.[53]

결론

이상 한국 영화사를 조선, 해방, 남한, 한국형 블록버스터로 분절해 기술하고 작가와 제작 중심의 영화사를 탈중심화시키는 하나의 예로, 조선 영화사 부분을 애활가와 극장을 중심으로 살펴보았다. 이 글을 한국 영화사라는 기존의 배열을 어떻게 되감아 재구성할 것인가에 대한 일종의 작은 예이자 계기로 읽어주길 바란다.

---

53. 일제 강점기 이후 1950~60년대 여성 관객성에 대해선 변재란, 〈한국 영화사에서 여성 관객의 영화 관람 경험 연구〉, 중앙대학교 대학원 영화학과 박사학위 논문, 2000.

한국 영화사와 〈취화선〉

영화의 전사(前史)로서의 〈취화선〉

영화 〈취화선〉(2002)이 다루고 있는 시대는 조선에서 초창기 영화문화가
시작하는 지점으로부터 그리 멀리 않다. 〈취화선〉의 엔딩 컷 자막은 장승업
이 1897년에 죽었다고 전한다. 같은 해 1897년 10월 10일을 전후로 해 활
동사진이 조선에 들어온다. 《런던 타임즈》 1897년 10월 19일자 보도 기사
는 다음과 같이 그 소식을 다룬다.

> 극동 조선에서도 어느새 활동사진이 들어왔다. 1987년 10월 상순경 조선의 북
> 촌 진고개의 어느 허름한 중국인 바라크 한 개를 3일간 빌려서 가스를 사용하
> 여 영사하였는데 , 활동사진을 통해 비춰진 작품들은 모두 불란서 파테 회사의
> 단편들과 실사 등이 전부였다.[1]

---

1. 《런던 타임즈》 1897년 10월 19일자 보도 기사, 김종원 · 정중헌, 『우리 영화 100년』, 현암사,
   2001, 20쪽.
   이어 1903년 6월 23일자 《황성신문》은 "동대문 전기회사 기계창고에서 시술하는 활동사진
   을 일요일 음우를 제하는 외에는 매일 하오 8시부터 10시까지 설행되는데 대한 또는 구미
   각국의 생명도시 각종 극장의 절승한 광경이 구비하외다. 허입요금은 동화 십전." 이 인용
   은 『한국 영화 기획 70년사』, 25쪽.

영화 〈취화선〉에서 《한성신보》의 일본인 기자 카이우라는 장승업에게 조선 왕조가 몰락하고 있고, 이제 선생의 그림만이 조선 사람들에게 희망이라고 말한다. 진경과 대조적으로 선경으로 분류되는 — "뭇 백성이 기댈 만한 곳이 아무 것도 없습니다. 진경이 아닌 선경으로 그들에게 위안을 줄 수 있다면 그 또한 환쟁이들 천명이 아니겠습니까?" — 장승업 그림의 이러한 쓰임새는 사실 조선에 곧 도착할 영화의 그것과 크게 다르지 않다. 실제보다는 환상이 투사된 재현체계로서의 영화의 전사(前史)가 장승업의 "선경"을 통해 기술되는 셈이다. 또, 장승업은 검은 수석을 제자에게 보여주면서 죽어 있는 돌이 아니라 살아 움직이는 돌, 활석을 그려야 한다고 다음과 같이 강조한다. "화사들의 눈에는 하찮게 나뒹구는 돌멩이도 살아 움직여야 하느니 돌 같은 미물도 살아 있으면 활석이요. 죽어 있으면 완석이니라."

움직임을 중요한 동력으로 삼는 활동사진이라는 매체의 활기와 활력을 연상시키는 인식이다.[2] 예컨대, 〈취화선〉은 장승업이라는 화가를 빌어, 중국의 화풍과 그 모사로서의 조선 화풍에 대한 비판을 시도함과 동시에 초창기 영화문화의 전사를 쓰고 있는 셈이다. 장승업의 그림을 빗대어 "조선 영화" 그리고 "한국 영화"란 무엇인가를 묻는 질문으로 미끄러질 수 있는 잠재성을 가지고 있는 것이다. 예컨대, 김병문은 "너만의 그림

2. 《매일신보》에는 활동사진을 사랑하는 사람, 즉 오늘날의 시네필리아의 다음과 같은 기고문이 등장한다.
"독자기별 — 나는 본래 활동사진을 좋아하는 터에 단성사 신파 활동사진을 요새 가 보니까 참 조선에 처음되는 것으로 어찌 마음에 상쾌하고 좋은지 모르겠어요. 애활가", 《매일신보》 1919. 10. 31.
이러한 애활가들이 어떻게 활동사진과 조우했는지를 잡지 《별건곤》은 서울 동대문의 광무대에서 처음 영화가 상영되던 때의 활기찬 분위기를 빌어 다음과 같이 전한다. "전기회사의 임자인 美의 콜브란 씨가 서대문 외에서 호텔을 경영하는 마텔 씨의 기계를 빌려서 광무대에서 영화를 시작한 것인데 지금 그때의 일을 생각하면 참으로 딴 세상일 것 같은 느낌이 많다. 호적과 장구 소리에 끌려서 '사진이 나와 논다', '사진이 나와 논다' 하고 떠드는 틈에 끼여 담뱃갑 열장을 들고 드러가니 무대에 미국기와 묘선기를 그린 휘장을 처놓고 그 휘장 앞에 굵은 줄을 가로매여 놓고 맨 먼저는 소녀 광대가 나와서 줄을 타고 그 다음에 휘장을 거더치우더니 조선녀자가 춤을 몇 가지 추고 그리고 불이 꺼지는고로……". 《별건곤》, 1926년 12월호, 90쪽, 이중거, 「한국 영화사 연구」에서 재인용, 「한국 영화의 이해」, 도서출판 예니, 1992, 21쪽.

을 그리라"며 장승업을 질타한다. 그 차이를 만들어내기 위해 장승업은 물론 무엇보다도 중국화풍의 모방으로부터 벗어나야 한다. 또한 그 영향권 안에 있는 조선 양반들의 취향으로부터도 벗어나야 한다. 그러나 그 차이를 만들어낼 수 있는 장승업의 자원은 그리 많지 않다. "신기" 혹은 "천기"라고 알려진, 종종 만취한 상태에서 비자발적으로 표현되는 천재성이 거의 전부다. 귀족 가문에 속하지 못하는 교육받지 않은 자가 자신의 천재성만으로 첩첩산중의 봉건질서를 뛰어넘는 것에 대한 찬미야말로 근대성의 증후라고 할 때, 장승업의 이러한 신기에 대한 사회적 인증은 바로 그 장승업을 개화기의 근대적 인물로 읽게 해주는 단서다. 또한 이 맥락에서 보자면 장승업은 봉건적 질서의 주체 세력이 아닌 하층민이었기 때문에 구세계의 몰락이 역설적으로 불가피하게 열어놓을 수밖에 없는 신세계, 개화의 세상을 저 아래에서 특별한 시선으로 일별한다. 그리고 그것을 체화하며 그림으로 재현해낸다. 그러나 문제는 그 신세계 역시 약속으로 가득 찬 땅이 아니라는 것이다.

개화당은 일본에 기대어 조선의 구세력과 싸우고, 청과 러시아는 그러한 일본과 경쟁 관계에 있다. 개화파들이 조선 왕권의 쇠락을 재촉하는 사이 주권은 외세의 손에 넘어가고 있었던 것이다. 장승업은 이렇게 낡은 것은 죽어가나 새로운 것은 아직 태어나지 못하는 시기에, 새로운 화풍을 창조하려고 시도했다. 더 이상 진경산수화를 구하거나 보려하지 않는 당시 사람들(특히 중인들)은 바로 그 시도 안에서 희망을 읽었다. 여기서 김병문, 역관 등의 개화파들은 장승업의 번역자들이다. 그들은 영화 텍스트 안에서 장승업의 그림을 오늘날의 관객들이 이해할 수 있도록 설명해주며, 또한 그 당시 장승업과 양반을 이어주는 매개자들이다. 급하게 변화하는 세상, 취향 역시 변했고 장승업의 그림은 그 변화를 보여준다. 적어도 이것이 영화 〈취화선〉이 강조하는 부분이다. 하지만 예술에 투사된 희망이 정치적 희망으로 이어지진 않았다. 동학 혁명은 실패하고 자주적 개화 역시 실패하며 주권은 일본에게 넘어간다. 말하자면 이것이 〈취화선〉이 전하는 이야기다. 이제 이 글은 장승업에 의해 시도되는 새로움의 창조 과정에서 발견되는 역사적·맥락적 곤궁(패러독스와 아이러니)과 그 의미 생산에 주목하고, 그것을 한국 영화에 관계된 문제 틀과 연결시키고자 한다.

영화에서 재현된 방랑인 장승업은 물론 여러 평자들이나 감독 자신이 지적한 것처럼 임권택 감독 자신의 초상과 중첩되기도 하지만, 많은 부분 나운규의 신화와도 유사하다. 안석영이 쓴 나운규론 〈출색의 명감독들-고 나운규〉의 서두는 다음과 같이 시작한다.

> 나운규 군 〈아리랑〉, 〈들쥐〉, 〈오몽녀〉 기타 수많은 영화를 남겨놓고 간 나운규 군, 그는 영원히 방랑아였다. 이 방랑성이 큰 그릇을 못 만든 원인도 되지만 또 그의 성격의 소산인 영화들을 우리들에게 보여준 바도 된다. 가난을 달게 알면서 그는 반도에 영화의 씨를 뿌리고 갔다. 이것은 그를 영화라는 것을 두고 말함이요, 그의 영화의 내용에 있어서는 그 니힐리스틱한 것이 자신을 크게 오래 살도록 못한 감이 없지 않다. 만약 그가 그 테 밖을 떠나서 더 큰 세상을 보았던들 오늘날까지의 조선 영화에서 우울성을 일찍이 제거하게 되었는지 모른다.[3]

이들 사이에 발견되는 유사점 — 방랑과 천재성과 미완성 — 은 장승업이나 나운규 같은 인물의 특이성 속의 공통점이기도 하지만, 식민지와 후기 식민지 상황이 재구성해내는, 훼손되었으나 또 영웅적인 남성 인물

---

3. 안석영, 「출색의 명감독들-고 나운규」, 김갑의 편저, 『춘사 나운규 전집』, 집문당, 2001, 441쪽.

의 전형성에서 기인하는 면이 더 크다고 볼 수 있다.

나운규는 한국 영화라는 배열에서 보자면 일제 강점기의 "조선 영화"에 속한다. 그는 〈아리랑〉의 미친 영진이라는 페르소나를 연기함으로써 저항적 광기로 가득 찬 조선 영화의 영웅이 되었다. 일제 강점기, 가용 가능한 자원이 절대적으로 빈곤한 가운데 나운규가 이루어낸 성과는 비범하며 천재적인 것이다. 혹은, 나운규를 둘러싼 서사는 그렇게 쓰였다. 그 서사는 "꿈속처럼 아득하게만 바라보이던 전설의 '아리랑고개'를 이 나라 인민은 드디어 환희와 격정에 넘쳐 넘게 되었다. 조국 광복의 새 아침이 밝아왔던 것이다"라고 기술하는 『한국 영화사 : 나운규와 수난기 영화』에서 전설이 된다.[4] 나운규의 〈아리랑〉이 민족적 알레고리의 완벽한 예로 제시되는 것이다. 카프(KAPF)의 일원이며 나운규에게 이데올로기적으로 비판적이었던 서광제조차도 "조선 영화계에서 아직 것도 조선 영화 하면 〈아리랑〉이 입에 오르고 〈아리랑〉하면 나운규 군이 입에 오른다"고 나운규의 죽음을 애도하고 있다.[5]

식민지 시대 조선 영화사에 대한 기술은 어느 것이 최초의 영화인가 하는 "기점"과 민족주의적 영화 영웅 "나운규"(이영일, 최창호, 홍강성)의 위대함과 몰락, 그리고 나운규가 촉발한 민족주의 리얼리즘(그에 반하는 것으로서의 신파)에 대한 언급에 집중되어 있다. 이러한 한국 영화의 기점과 영웅의 탄생과 몰락이라는 서사는 평론가와 영화사가들에 의해 만들어졌으며 다른 한편으로는 공식적 담론이 되었다. 즉, "1991년에는 문화부가 '연극, 영화의 해'로 정하면서 나운규를 대표적 영화인으로 선정했고, 보훈처는 나운규와 윤봉춘을 독립유공자로 추천했다. 뿐만 아니라 1995년 4월에는 남양주시에 위치한 서울 종합촬영소 안에 나운규 동상을 세웠다."[6]

---

4. 최창호, 홍강성, 『한국 영화사 : 나운규와 수난기 영화』, 일월서각, 2003, 212쪽.
5. 서광제, 《조광》, 제24호, 1937년 10월호, 김갑의 편저, 『춘사 나운규 전집』 441쪽에서 재인용.

나운규의 동상이 그림자를 드리우는 곳은 임권택이다. 1950년대 후반과 60년대 유현목 감독은 〈오발탄〉이라는 기념비적인 작업에도 불구하고 한국 영화의 아버지라거나 국민 감독이라는 이미지를 갖고 있지 않다. 유현목은 오히려 나운규의 민족주의 리얼리즘의 계승이거나 부활이다.

임권택은 한국전쟁 이후 남한 영화의 두 시기인 충무로 영화와 한국형 블록버스터, 두 시기와 그 각각의 양식에 걸쳐 있다. 임권택의 대중적 페르소나는 나운규에 비하면 흐릿하다. 임권택은 다소 평범한 것처럼 보이는 아버지다. 그러나 그 평범은 물론 비범한 것으로 나아감으로써 성공담으로 변한다. 그는 일제 강점기와 한국전쟁을 거쳐 잔혹한 독재 시대를 생존해냈을 뿐만 아니라 그 생존에서 터득한 지혜로 한국 영화를 세계의 무대에 올려놓는다.

다음과 같은 독해를 들어보자.

'…고집 센 〈서편제〉 속의 아버지 상에서, 임권택은 엄격하고 비애에 젖어 있으면서 숭고한 자기 자신의 모습을 재현했다.' 더 나아가 그는 '포스트 모던 세계화와 서구 시장의 시선을 위해 스스로 유행화하고(self-fashioning) 스스로 동양적이 되는(self-orientalizing) 민족지학이 냉소적인 계략을 펼치는 시대에 대한 유혹을 뿌리친다.'[7]

〈서편제〉 이후 비평가들은 〈취화선〉에서 임권택의 영화적 자화상의 파편을 발견한다.[8] 또한 임권택 감독 역시 그렇게 말한다.

6. 조희문, 「"라운규와 수난기 영화"와 남북한의 나운규 연구」, 『한국 영화사 : 나운규와 수난기 영화』, 일월서각, 2003, 361쪽.
7. 롭 윌슨, 「세계화를 향한 길 위의 한국 영화 : 세계/지역적 역할을 추적하기, 혹은 왜 임권택은 이안이 아닌가」, 『한국형 블록버스터 : 아메리카 혹은 아틀란티스』, 김소영 편저, 현실문화연구, 2001, 258쪽.
8. 《리베라시옹》의 필립 아주리는 "장승업의 삶에서 직접적으로 영감을 받은 이 프레스코화에서 임권택 감독의 자화상을 발견하는 것은 어려운 일이 아니다"라고 쓴다. 《리베라시옹》, 2002.05.27.(《씨네 21》 2002년 355호에서 인용)

나는 김홍도로 영화로 담고 싶은 적이 있고, 정선이나 추사 같은 이런 화가들이 많잖아요. 그런데도 왜 장승업이냐 하면, 내가 그래도 가장 가깝게 닿을 수 있는 사람. 이거는 뭔 얘기냐 하면 삶의 행적이 같은 부분이 있는 거예요.[9]

〈서편제〉의 엄격, 비애, 숭고의 아버지와는 달리 〈취화선〉의 장승업은 아버지가 되기를 거부하거나 실패한 사람이다. 그는 술에 취해 사는 화가이며 그 술과 그림으로 선의 경지에 오르기를 욕망하는 사람이다. 나운규와 임권택의 장승업은 이렇게 해서 각각 조선 영화와 남한 영화의 어느 지점에서 광인과 취화선으로 만난다. 조선 영화와 남한 영화가 뫼비우스의 띠처럼 맞물리는 순간이다. 그 순간은 역설로 가득 차 있다. 조선과 남한의 영화의 아버지는 바로 그들로 하여금 아버지가 되지 못하게 하는 역사에 볼모 잡히고 그것을 앓아냄으로써 영화의 아버지가 된다. 그러나 이러한 등극은 그들의 대표작들이 훼손된 여성의 육체를 구원과 숭고의 순간으로 극적으로 치환함으로써 이루어진 것이다. 즉, 〈아리랑〉의 영진은 강간을 당하려는 여동생을 구출하고, 〈서편제〉의 아버지는 딸을 눈멀게 함으로써 민족의 정서적 한의 소리를 얻고자 한다. 민족의 역사는 딸과 누이의 피와 몸을 필요로 하지만, 바로 그것이 아버지와 오라비의 신체로 통합되는 순간 그는 여성이기를 멈추고 은유의 수사, 아버지의 언어가 된다.

플래시백

영화는 장승업이 그림 그리는 장면으로부터 시작한다. 그는 혼자 그림을 그리고 있는 것이 아니다. 양반들이 지켜보는 가운데 그림을 그리고 있다.

---

9. 정성일 대담, 『임권택이 임권택을 말하다 2』, 현실문화연구, 2003, 460쪽.

카메라는 이들 누구의 시점도 아닌 시점을 견지하면서 장승업과 양반들의 대화와 그 파국을 그리고 있다. 양반들은 장승업의 그림을 신필의 솜씨라 며 "법에 벗어난 듯하면서도 법에 척척 맞고"라며 칭찬하지만, 장승업은 여 기서 더 나가 "일획이 만획이요, 만획이 일획이나 내 일획을 두고 어찌 따로 법을 말하리오"라고 응수한다. 여기에 양반들은 장승업이 천민 출신 환쟁 이임을 상기시키며 천박한 붓끝 재주에 평생을 속아 살 놈이라고 질타한 다. 이어 저자로 뛰쳐나간 장승업의 모습을 뒤에서 보여주며 영화의 제작 진 소개와 함께 1882년 그가 살았던 시대가 외세의 침략과 관리들의 부패 에 시달리던 때였음을 밝힌다. 그 다음《한성신보》의 일인 기자 카이우라가 장승업을 찾아와 그림을 부탁하면서, 천한 신분으로 언제부터 그림을 잘 그리게 되었느냐고 물어본다. 저잣거리에 위치한 장승업의 집은 거리에서 들려오는 각설이 타령으로 소란하다. 바로 이 지점, 한편으로는 "대일본제 국"의 기자의 흠모를 받으면서, 각설이 타령이 울려 퍼지는 하층민들의 거 주지에서 작품을 생산하는 장승업의 모습은, 제국과 곧 식민화될 조선 하 층민의 신분 위계를 보여 준다기보다는, 그것을 조롱하는 화가의 모습을 보여준다. 카이우라의 그러한 질문에 장승업은 호쾌하게 될성부른 나무는 떡잎부터 알아본다며 일갈한다. 이 부분의 사운드 디자인은 실제 음과 각 설이 타령의 과장된 효과, 대사 등으로 이루어진 탁월한 오케스트레이션을 보여준다.

이후 영화는 플래시백 시퀀스로 들어가는데, 거기서 소년 장승업은 자신을 돌봐주던 여자를 괴롭히는 깡패 왕초를 담은 그림 때문에 그 깡패 왕초로부터 매를 맞고 있다. 이후 영화의 2/3가량이 이 플래시백 속에서 펼쳐지는데, 영화의 중요한 부분이 장승업과 일본인 카이우라의 대화로 야기되고 구성된다는 것은 사실은 매우 의미심장하다.

영화 전반부, 예의 양반의 시선들 속에서 그림을 그리고 있는 장승업의 모습과 일본인 기자 카이우라의 질문에 촉발된 플래시백으로 자신의 어린 시절로 돌아가는 영화의 구조는 조선 후기의 천민 화가 장승업의 위치와 상황을 절묘하게 담고 있다. 그의 화가로서의 위상은 바로 이 양자가 던지는 시선과 질문에 의해 자리매김되고 인정되고 승인되는 것이다. 한편 장승업과 그의 그림은 이들에 의해 전유되고 소유되지만, 그와 동시에 경제적/문화적 보호자인 이들의 시선에 저항하고, 그로부터 도주하려는 욕망이 장승업/취화선이라는 텍스트의 역학이 된다. 이 역학의 문지방에 있는 집단이 개화파 지식인들이다.

선비 김병문과 그의 동지인 다른 개화파 지식인들은 한편으로는 수구파 양반들의 취향과 다른 한국적인 무엇을 찾지만—김병문은 〈세한도〉를 모화사상에 깃든 것이라고 비판한다— 그들 개화당은 결국 일본에 의존함으로써 삼일천하를 얻는다. 장승업과 개화당의 "자생적 근대성"은 영화 속에서 존재한다고 해도 협상의 결과물보다는 타협된 형태의 맹아로 존재한다. 2000년대에 그 과거를 돌아보는 〈취화선〉은 물론 이중의 플래시백 기법을 사용하고 있는 것이다. 영화의 다이제시스적 플래시백이 일본인의 질문에 의해 야기된다면, 2000년대 이 시기를 플래시백 하는 이유는 여러 가지다. 또한 이러한 역사적 플래시백은 물론 영화 작업에만 국한된 것은 아니다.

1876년 이후, 보다 좁혀 말한다면 1894년 이후 1910년에 이르는 시기는 그동안 특별한 주목을 받아왔다. '개화기', '애국 계몽기', '개항기' 등 이 시기에 부여되었던 여러 가지 명칭 자체가 이 시기의 문제적 성격을 보여준다고 할 수 있겠거니와, 이 사정은 문학에서도 예외가 아니다. '근대'의 발원지라는 점에서, 한국의 '근대'를 어떻게 평가할 것인가 하는 태도가 직접 드러나기 쉬운 계기라는 점에서, 19세기 말에서 20세기 초에 이르는 이 시기는 중요한 의미를 갖고 있다.[10]

이러한 근대의 발원지에 응축된 계급과 민족, 국가로 얽혀진 배열은 임권택의 〈취화선〉과 〈개벽〉만이 아니라 박광수의 〈이재수의 난〉에서도 그 모습을 드러난다. 일명 신축교안(辛丑教案)이라고도 알려진 이 민란은 1901년에 일어났으며 프랑스와 일본의 경합만이 아니라 천주교와 무속, 그리고 관·토호 세력과 향리와 민중의 갈등이 서로 어긋난 층위를 이루며 폭발한 것이다. 〈이재수의 난〉이 주인공 이재수가 말 그대로 질주하는 역사의 주체로 탄생하는 과정을 담고 있다면, 〈취화선〉은 역사를 바라보는 관객으로서의 시점이 더 앞선다.

장승업은 개화당과 교류하며 김옥균을 만나고 녹두 장군 전봉준의 시신이 지나가는 것을 지켜보고, 바로 동학 혁명의 원인 제공자인 고부군수 조병갑의 집에서 기거한다. 그러나 개화당파와의 교분과 왕실과 양반들, 그리고 고부군수의 후원으로 그림을 그리는 에피소드에서 알 수 있듯이 그의 정치적 당파성의 실천은 애매모호한 것이다. 즉, 심정적으로는 개화당파에 손을 들어주고 있지만 그의 삶과 예술은 양반들의 후원이 없으면 불가능한 것이다. 다만 한 곳에 머물지 않고 이곳저곳을 떠돌며 자신의 후견자에 대한 의존을 일시적인 것으로 만드는 것만이 그가 탈 수 있는 탈주선이다.

역사에 대해선 관객이며 후원자로부터도 일정한 거리를 두고 있는 장승업의 도발성은 미적 성취도에 있다. 그러나 장승업의 정신적 후견인인 김병문의 그 성과에 대한 평가는 분명 상찬은 아니다. 다만 한 가지 분

10. 권보드래, 『한국 근대 소설의 기원』, 소명출판, 2000, 13쪽.

명한 것은 장승업의 성취는 문인화도 아니고, 중국화도, 또 민화도 아닌 자신만의 화풍을 욕망했고 노력했다는 것이다. 역사에 대한 관객으로서의 장승업의 위상을 수정하는 것이 고부군수의 집에 머물면서 그린 매에게 쫓겨 가는 되새들이다. 그러나 폭정에 시달리는 민중을 상징화한 이 그림은 실제로 장승업의 그림이 아니라 감독 임권택의 결정에 의해 외삽된 것이다.

근대의 발원지로서의 특별한 시간성을 갖는 포스트—1876년에서 1910년에 이르는 시간대에서 〈취화선〉은 1897년에 끝난다. 플래시백 속에 담겨 있는 시간은 그의 유년에서 녹두 장군이 처형되던 시기쯤에서 끝난다. 그리고 또 한 번 일본인 카이우라가 장승업을 칭송하는 말—선생의 그림만이 꺼져 가는 조선의 유일한 불꽃—로 화가로서의 그의 정체성을 확인시킨다. 동학군에 의해 망신을 당하고 고부군수 집에서 쫓겨난 장승업은 도자기 가마에서 지내다가 마치 스스로 다비식을 치르듯 불가마에 들어가 죽음을 맞는다.

19세기 말 무렵을 플래시백으로 불러내는 시선은 근대의 발원지에 대한 앎의 욕망에서도 기원하지만, 또한 국제영화제나 배급 등이 포함되는 전 지구적 시선이기도 하다. 즉, 영화 내에서는 카이우라에 의해 플래시백이 인도되지만, 그의 시선과 질문은 현재의 전 지구적 시선과 질문을 대리하는 것이기도 하다. 한국 영화에 작용하는 역사의 짐들과 트라우마, 그리고 독재 정권의 검열로 인한 표현의 휴지기 등이 사실 투명하게 잘 전달되지 못하는 여러 증후들을 발생시킨다고 할 때, 영화의 좋은 귀, 즉 이상적 관객을 카이우라와 같은 외국인으로 설정해, 그의 질문과 확인으로 텍스트의 절반 이상을 끌고 가는 것은 텍스트 내부로 외국인 관객의 시선을 통합시킨 것에 다름 아니다.[11] 이것은 스스로 오리엔탈리즘화 하기로 볼 수 있지만, 비한국적 관객을 텍스트 안으로 끌어들임으로서 그의 시선 자체를 텍스트 신체의 일부로 다형화하는 것으로 간주할 수도 있다. 장승업의 시대가 근대의 발원 시점으로서 조선이 일본, 청나라, 러시아, 프랑스 등 외국 세력과의 긴장 상태에 있었고 또 그들을 통해 세계와 접촉할 수 있었음을 생각할 때, 현재 전 지구화의 상황 속에 있는 남한의 문제를 견주어 생각할 수 있는 틀을 제공할 수 있음은 주지의 사실이다. 또한 세계화의 실험장으로서의 국제영화제의 정치학을 생각할 때, 중국화가 아닌 조선의 그림, 또 그 이전의 문인화도 아닌 자신만의 그림을 그리려 했던 장승업은 임권택의 거울이 된다(〈만다라〉, 1981). 이후 임권택의 영화들은 남한을 넘어 유럽의 영화제 등에서 상영되었고, 그 이후 영화를 만드는 과정에 타자의 시선이 삽입되는 것은 오히려 예측 가능한 일이다. 다만 그 시선에 복속하지 않고 상대적 자율성과 성찰성, 그리고 비판적 거리를 둔 의미화 작업을 하고 있느냐에 주목하는 것이 더 생산적일 것 같다.

무국적, 초국적, 그리고 국민 영화

근대화 이후 스스로 오리엔탈화 하기는 세계의 철저한 상품화만큼이나 자명한 것이기 때문이다. 그 자명성을 해체하는 비평적 작업이 물론 필요하지만 스스로 오리엔탈화 하기라는 비평적 범주의 반복된 사용은 오리엔탈리즘의 폐쇄회로에 물구나무 선 채 갇혀버리는 결과를 낳을 수도 있다.

사실 1962년대에서 2000년대를 가로지르는 임권택의 영화가 서구의 시선과 얽혀 있는 간텍스트성은 〈만다라〉 이전으로 거슬러 올라간다.

11. 한국 영화에 작용하는 장애나 봉쇄에 관해서는 Paul Willemen, "Detouring through Korea Cinema", *Inter-Asia Cultural Studies*, vol.3. no.3, 2002, Routledge.

2003년 출간된 『임권택이 임권택을 말하다 1, 2』라는 두 권의 책은 그 횡단의 좋은 동반자다. 반세기를 향해 가는 그 40여년의 시간은 한국 영화사에서 "한국 영화"란 과연 무엇인가를 다시 생각하도록 자극한다. 예컨대, 그의 60년대 "무국적" 영화 〈애꾸눈 박〉이나 〈황야의 독수리〉가 "한국"과, 그리고 한국 영화와 맺는 관계란 어떠한 것인가? 그리고 '세계화'의 시대, 신토불이 "한국적" 영화 〈서편제〉는 과연 그렇게 한국적인가? 또 능동적 세계화가 글로벌화로 자리바꿈하던 90년대 후반, 미국 시장과 칸영화제를 찾은 〈춘향전〉과 〈취화선〉과 같은 영화는 어떻게 한국을 글로벌로, 또 그 역으로 글로벌을 한국으로 어떻게 번역해내고 있는가? 과연 무국적과 초국적, 그리고 한국적인 것의 연속성과 차이는 무엇인가? 먼저 정성일과 임권택의 대담을 들어보자. 문맥을 위해 긴 인용을 한다.

정성일   〈애꾸눈 박〉도 그렇고 〈황야의 독수리〉도 그렇고 이 장르 영화들을 찍으면서 한편으로는 **무국적 영화**(필자 방점)라고 불리는 영화들에 끌리는 면도 없지 않아 있었던 것 같습니다. 한국 영화라고 불리는 것이, 한국이라는 것에 방점을 찍고 영화를 찍는 게 지겹다는 생각도 이 시절에 함께 있었던 것 같습니다. 그러니까 어떻게 해서든지 영화에서 한국적인 것을 좀 털어버리고 싶은 생각이 있지 않았습니까?

임권택   한국적이라는 것이 영화로 담겨져서 영화로서 성공할 가망성이 없다는 생각을 했겠지요. (중략) 그렇게 시절을 보낸 그 다음에 내가 내 삶에 애정을 갖기 시작하면서부터 다시 한국적인 것이 소중한 것으로 들어오기 시작했지. 그때는 내가 살려고 우선 차별화를 생각한 거요.

(중략)

정성일   〈뢰검〉을 만들었을 때는 호금전의 〈방랑의 결투〉에 끌렸고, 〈황야의 독수리〉는 세르지오 레오네의 이탈리아 스파게티 웨스턴에 끌렸습니다. 말하자면 이 나이의 시기에 그런 새로운 장르 영화들에 대한 일정한 경도가 있었던 것 같습니다.

(중략)

임권택　　그때는 할리우드 영화가 영화를 만드는 점에서는 최고의 영화라고 생각하던 시기였어요.[12]

대담자인 정성일은 이렇게 설명한다.

임권택은 이 시기에 할리우드 영화에 자기의 방법으로 저항하기 시작했다. 왜 할리우드 고전 영화들은 한국 영화 안에서 성립되지 않는가? 그는 여전히 할리우드 고전 영화들을 숭배했지만, 동시에 세르지오 레오네의 스파게티 웨스턴 〈황야의 무법자〉를 흥미진진하게 보았다. 그것은 그에게 〈황야의 독수리〉라는 전무후무한 '한국적' 서부극의 모습으로 나타났다.[13]

　　임권택의 "무국적" 남한 영화는 남한뿐만 아니라, 할리우드나 홍콩 같은 산업화된 (초)국적 영화와의 접촉 지대 안에서 영화를 생산해야 하는, 소규모 영화 생산 시스템을 가진 국가들의 영화를 새롭게 지도화 할 수 있는 흥미로운 범주다. 〈방랑의 결투〉나 〈황야의 독수리〉 같은 영화들이 자국의 관객을 넘어서는 소구 양식(mode of address－발화자와 수화자의 관계가 텍스트 안에서 구성되어 있고, 어떠한 텍스트의 생산자든 그러한 의도된 독자를 추정하게 되는 양식)을 가지고 있는가는 차치하고라도, 그 영화들이 초국적으로 유통되는 것은 분명하다. 반면 당시 임권택의 영화 수용은 자국에 머물러 있었다. 이러한 상황에서 장르를 빌어 무국적

12. 정성일 대담, 『임권택이 임권택을 말하다 1』, 현실문화연구, 2003, 160~161, 170쪽.
13. 정성일 대담, 『임권택이 임권택을 말하다 1』, 현실문화연구, 2003, 130쪽.

영화를 만든 것은, 정성일의 표현을 조금 비틀어 말하면, 한국 영화에 대한 무의식적 저항과도 같은 것이다. 하지만 〈황야의 독수리〉가 "전무후무한 '한국적' 서부극"은 아니다. 60년대의 대륙 활극(〈소만국경〉 등)과 70년대의 활극(〈쇠사슬을 끊어라〉) 등에서 한국적 서부극은 만주 등을 배경으로 거듭 재연된다. 문제는 당시 영화의 생산자나 수용자가 이러한 무국적 영화를 만들고 보면서 무엇을 욕망하고 있지 했는가 하는 것인데, 이 부분에 대한 분석은 그 틀을 확장해 만주나 홍콩을 배경으로 한 활극 영화들이나 한홍 합작 영화들에 대한 관찰로부터 보다 명징하게 추론할 수 있다. 즉,

> 프로파간다, 스릴러의 혼합물인 이 두 영화는 1970년대 초반에 널리 퍼져 있던 불안을 있는 그대로 드러낸다. 한국영상자료원 데이터베이스를 따르자면 〈황금70 홍콩작전〉은 단순히 반공 활극이라는 범주로, 〈엑스포70 동경전선〉은 반공 프로파간다라는 범주로 분류되어 있다. 1967년 국가 주도의 국토종합개발 5개년 계획은 두 번째 시기를 맞는다. 인프라 구조를 근대화하기 위해 군사 정권은 해외 투자자본 유치에 힘쓰며, 해외여행을 제한하면서도 국제화를 갈망했다. 국제화와 봉쇄 사이의 긴장은 〈황금70 홍콩작전〉과 〈팔도사나이〉에 각각 번역되어 있다.[14]

당시 냉전 체제로 인한 남한의 봉쇄적 상황과 수출 주도형 경제 구조에 따른 국제화의 필요성 사이, 그 닫힘과 열림의 틈새에서 출현한 것이 이러한 무국적 영화라는 범주인 셈인데 액션 장르가 외부 세계와 일종의 콘택트 존을 만들면서 의미화 협상이 일어난 것이다.

---

14. 김소영, "Genre as contact zone", 2003년 홍콩의 링난 대학에서 열렸던 학술회의 Hong Kong Connection : Transnational Hong Kong Action Cinema에서 처음 발표했고 개정판이, Meaghan Morris(ed.)로 같은 제명의 책에 한 챕터로 실렸다(Hong Kong University Press, Dulce University Press, 2006). 그리고 한글판은 한국영상자료원의 2003년 여름 영화 강좌 및 연세대에서 열린 한국 영화 국제 심포지엄 자료집에 실려 있다.

이후 〈만다라〉(1981) 같은 영화가 세계영화제 등에서 한국 영화로 자리매김되고, 〈서편제〉(1993)로 임권택 감독이 소위 '국민 감독'으로, 그리고 〈춘향뎐〉(2000)이 미국 극장가에 소개되면서 임권택의 영화들은 무국적이 아닌 한국적이고 잠재적으로 초국적 영화로 재배열된다. 이러한 배열에서 보자면 남한 영화사의 소위 '무국적' 영화는 그 존재 자체가 민망스러운 역사적 망각의 대상이 아니라, 한국적 초국적 영화 사이의 실험적 범주로 콘택트 존에서 일어나는 의미의 협상과 강제의 산물로 재고될 수 있다. 바로 정창화 감독은 이러한 무국적 영화를 만들다가 홍콩으로 건너가 〈천년마녀〉, 〈아랑곡〉 등을 만들고 1972년 〈철인〉으로 한국 감독으로서는 드물게 미국에서 흥행을 거두었다. 임권택이 정창화 감독의 연출부를 하면서 영화를 시작했다는 것을 생각하면 1960년대 무국적 영화의 작은 계보를 그릴 수 있다.[15]

그리고 범주적으로 한국적, 초국적 영화 어딘가에 무국적 영화를 삽입하는 경우 어떤 내셔널 시네마가 민족-국가 단위를 둘러싸고 벌이는 내셔널과 트랜스 내셔널한 긴장만이 아니라, 소위 국경 안의 비교적 동질적인 관객들에게 말 건네는 방식으로서의 소구 양식이라는 내셔널/트랜스 내셔널의 외부이기도 하고 그 범주 간의 문지방이기도 한 무국적 영화라는 범주를 얻게 된다.

이 범주를 삽입해 임권택의 영화를 다시 돌아보면, 〈취화선〉에 작용하는 다양한 타자의 시선들(영화 속 시선의 담지자로서의 일본인 카이우라, 상영시 외국 관객 등이나 평자의 시선)을 무국적 영화에서 스스로 내재화한 비한국적 시선의 (비)연속성 상에서 착잡하고 복잡하게 움직이는 동학을 읽을 수 있다. 〈취화선〉의 텍스트 구조적인 특성과 한국 화가 장승업

---

15. 『임권택이 임권택을 말하다』는 다음과 같이 임권택의 정창화 연출부 생활을 밝히고 있다. 1957년 〈풍운의 궁전〉소품, 1958년 〈비련의 섬〉 연출부, 1959년 〈후라이보이 박사 소동〉 〈사랑이 가기 전에〉 연출부, 1960년 〈햇빛 쏟아지는 벌판〉 조감독, 〈지평선〉 〈노다지〉 〈장희빈〉 조감독, 35쪽.

의 위치, 그리고 영화가 한국 밖에 나가 유통되는 과정은, 임권택의 영화적 삶의 참조와 더불어 이 동학을 읽을 수 있는 지반을 마련해준다.

그래서 한국 영화사를 민족적인 한국 영화 혹은 국민 영화로 향해가는 선형적 과정이라고 설정하고 각각의 단계를 한국 영화의 완성을 향해가는 미성숙한 단계로 보는 발전론적 시각보다는(前史, 모방기, 황금기, 무국적, 스스로 동양화하는 초국적 한국 영화 등), 한국 영화의 유예성에 주목하고 그 유예성이 낳을 수 있는 생산적 긴장과 창의성에 정교한 관심을 기울일 것을 요구하는 것이 "국민" 감독 임권택의 한국 영화가 역설적으로 드러내는 것이다.[16] 이때의 한국 영화사는 "한국 영화"에 대한 역사적·통사적 접근의 의미보다는 일반적으로 한국 영화라고 불리는 대상의 역사적 배열을 새롭게, 이질적으로 재현해내는 이론적 실천이다. 이때 "유예"라는 것은 차연, 보충과 상보적 의미다. 그리고 이 유예된 한국 영화는 긴장의 동학 속에 존재한다. 즉, 늘 한국 영화가 되지 못하는데 한국 영화(조선 영화와 남한 영화 등)의 역사적·텍스트적 긴장이 존재하는 것이다.

늘 민족—국가 단위의 영화로서의 한국 영화라는 범주와 역사적으로 구성된 간극이 있거나 그로부터 미끄러져 나가는 차연의 단위들인 조선 영화(식민지), 해방 영화(미군정), 무국적 영화, 남한 영화(분단), 초국적(세계화) 영화들의 단위야말로 한국 영화가 민족—국가(제도, 검열 등의 영화적 장치를 발생시키는)의 강제와 맞서 전개하는 의미화를 둘러싼 대항 힘의 흔적인 것이다. 국민 감독, 국민 영화로 호명되는 그 순간, 그 정점을 빠져나갈 때 임권택의 영화는 유예된 한국 영화로서의 생산성을 갖게 될 것이다.

---

16. 유예된 한국 영화가 가질 수 있는 생산성에 대해서는 1970년대 김기영의 〈이어도〉에 대한 분석인 〈유예된 모더니티 : 한국 영화들 속에서의 페티시즘의 논리〉 참조, 《흔적》 1호, 문화과학사, 2001.

유예된 모더니티*

한국 영화들 속에서의 페티시즘의 논리

IMF가 남한사회를 뒤덮고 있다. 언제나 그러하듯 문제는 외채와 실업이다. IMF 총재는 공영방송 모니터 앞에서 논리에 가득 찬 언어로 해고의 필요성을 말한다. 그러나 엄청나게 부푼 달러 지폐가 기자회견실 벽 위를 뒤덮고 있는 하나의 이미지 아니, 이미지들은 그의 언설이 지니는 합리성을 가로막는다. 달러는 합리성의 언어인 동시에 마술의 언어이다. 남한 국민들은 나라를 구하기 위해 금붙이를 팔았고, 그 금붙이는 전통적인 페티시의 역할을 수행한 것이지만 미국 달러 지폐의 크기와 수 역시 페티시의 역할, 즉 일종의 열정적 복종을 요구함을 환기시킨다. 이것이 환율의 변화가 가져온 결과다. 안정된 미국 통화가치 앞에서 남한은 열정에 찬 복종적인 태도를 취할 수밖에 없다. OECD의 새롭고도 능동적인 회원국임을 자랑한 남한에게 궁극적으로 요구되는 역할은 수동적인 것에 지나지 않는다. 결국 글로벌화를 수행한다기보다 글로벌화 된 셈이다.

남한의 상상계에서 산업자본에 대한 금융자본의 승리(IMF로 알려진)

---

* 이 글은 *Traces : a multilingual journal of culture theory and translation*(New York : Traces Publication), 2001, pp. 301~318에 영문으로, 《흔적》 1호(문화과학사, 2001)에 한글로 번역되어 실렸다.

는 제국주의와 식민주의의 승리라는 익숙한 배경을 통해 이해된다. 심지어 글로벌 질서가 표명한 가장 "발전된" 양식의 승리가 예상되고 있다. 금융자본이 승리하는 것처럼 보이자, 열강들이 당시 한반도를 통치하던 조선의 지배권을 쥐려고 했던 19세기 말의 이미지가 재현된다. 비록 시대착오적인 것이라 할지라도 그 이미지가 환기되는 이유는 국가의 상상계에서 그것이 바로 근대성의 도래를 가리키기 때문이다. 그것은 전근대(조선)와 근대(한국) 사이의 경계선이다. 그렇지만 이런 방식으로 남한이라는 국가의 근대성에 대해 말하는 것은 쉬운 일이 아니다. 이 국가는 늘 근대라는 힘, 근대적 제국주의에 의해 포획되거나 조작되고 당연히 분열된 국가라고 이해된다. 남한은 근대성—서구의 근대성—과 일정 정도 긴장관계에 놓여 있으며, 그 결과 근대성은 늘 다른 어딘가에 존재하는, 도달할 수 없지만 이상적인 상태로 상상된다. 그런 까닭에 괴물과 같은 달러라는 IMF의 스펙터클이 남한 국민이 겪는 고통의 장면을 쉽게 대치할 수 있는 것이다.

　과거에는 겪지 않았던 이 같은 복잡한 위기에 직면해 현재 상황을 다룰 수 있는 개념적 틀의 부재를 느낀다. 그러나 동시에 근대성이라는 질문을 추적해야 한다고 느낀다. 한국 영화, 특히 포스트식민 시기(아시아 태평양이나 제2차 세계대전의 종결로 이해되기도 하는) 한국 영화를 연구하는 사람으로서 나는 식민주의와 근대화의 힘을 전략적으로 다룬 영화에 관심을 가지고 있다. 특히 유령과 유령적 성격을 지닌 영화들에 관심이 있다. 그 영화들에서 근대성은 끔찍한 위협이기만 한 것이 아니라 우리를 미지의 섬으로 인도하는 사이렌의 노래와 같은 매혹과 경이의 원천으로 간주된다. 그런 영화에서 페티시의 논리는 남한을 전근대와 근대 사이에 유예시키는 수많은 이항대립을 교란하는 일종의 열정적인 복종으로 표면에 떠오른다. 그럼으로써 한국 영화와 한국의 근대성을 사유할 수 있는 새로운 방식들을 제안하거나 혹은 한국의 영화와 한국의 근대성을 사유할 수 있게 해줄 것이다.

나는 페티시라는 개념을 다소 상이한 관찰들을 연결시키는 데 사용한다. 페티시의 개념은 전근대적인 유령이 출몰하는 한국 근대성을 다루는 영화적 내러티브 내에서뿐만 아니라 자본주의와 식민주의에 의해 설정된 이분법적인 분할을 연결하는 임시적인 출발점이 될 수 있다. 이때 페티시 개념이 식민적 상황에서 출현했다는 점이 중요하다. 특히, 서구의 보잘것없는 물건들을 얻기 위해 금을 내준 유럽인들과 서아프리카인들 사이의 교환들을 예로 들 수 있다. 분명히 식민지인들은 근대적인 가치를 모른 채 물신주의자가 되었다. 그러나 맑스는 자본주의 역시 페티시의 성격을 지닌다는 점을 상기시킨다.

자본주의에 대한 마술적인 이야기들이 있으며, 서구(the west)와 나머지 세계(the rest)를 분리시키고, 근대적인 사회와 나머지 사회를 분리시키는 이야기가 있다. 그러나 우리가 서구의 나머지(서구의 보잘것없지만 이상하게도 매혹적인 상품들 사로잡힌 쪽)를 위해 마련된 입장을 선택하면, 바로 그때 우리는 다른 이야기를 발견하게 된다. 식민지 국민들에게 근대 자본주의의 출현은 마술이나 마법, 그리고 일반적인 악행의 형태로 존재하는 것으로 생각된다. 그 주술은 어떤 저항도 안도감도 낳지 않는다. 이러한 식민지인들의 이야기는 우리가 거의 듣지 못한, 그리고 동시에 너무나 많이 들은 이야기이다—서구에 열정적으로, 그리고 고통스럽게 복종하는 식민지인들의 이야기. 이러한 이야기가 뭔가 잘못되었다고 느낀다면, 거기에는 식민지인들이 페티시에 대해 일방향적인 관계, 즉 식민지인들의 일반화된 경험에 관계해 순수한 상태로 남아 있다는 전제가 깔려 있기 때문이다. 사실 혼합적(composites) 방식이 넘쳐난다. 그러한 층들은 페티시라는 용어가 한국어로 번역되면서 그 복잡성을 드러낸다. 주물, 물신, 그리고 연물이라는 번역어들이 그것이다. 샤머니즘적 대상을 가리키는 주물은 전근대적인 아우라를 불러낸다. 그러나 이것은 이미 숙고된 전근대성이다. 이 용어는 일제 강점기 기간에 인류학의 소개와 더불어 처음으로 나타났다. 물신은 "상품"에 가장 가까운 용어이다. 이를테면 루카치의 개념인 물화와 비슷한 맥락에서 사용될 수 있다. 마지막으로 연물은 프로이트와 라캉의 저작과 함께 정신분석학이 한글로 번역되기 시작하면서 사용되기 시작했고, 욕망의 대상이나 애정-대상으로 해석될 수 있다.

번역에 있어서의 이러한 복잡성은 처음부터 페티시즘이 서구와 나머지 세계에 대해 우리가 일반적으로 받아들인 단순한 이분법 이상의 어떤 것과 언제나 연관되어 있다는 것을 말할 수 있게 해준다. 근대성에는 문화들과 경험들이란 깔끔한 분기점 이상의 무엇이 있다. 문화적 특정성의 층을 가진 페티시즘의 논리는 이러한 복잡성을 탐험할 수 있게 해주며, 근대 대 전근대, 혹은 근대 대 전통 같은 근대적인 이분법의 필연성에 도전하게 해준다.[1]

초기 영화와 한국

로라 멀비(Laura Mulvey)는 『페티시즘과 호기심*Fetishism and Curiosity*』에서 영화의 환상을 페티시의 원리와 연결시킨다. 멀비는 이 책에서 "영화적 환상은 믿음에서 오는 쾌락, 아니 오히려 '알려고' 하는, 그리고 동

---

1. Emily Apter, *Fetishism As Cultural Discourse*(Ithaca : Cornell University Press, 1993) 역시 이 문제를 다루고 있으며 서구 문화적 담론으로서의 페티시즘과 관계된 논쟁의 세 가지 연구영역, 즉 젠더화된 정체성의 역사적 구성, 자본의 사회생활, 영상문화에서 살아 있는 이데올로기에 대한 정보를 제공한다.

시에 '불신을 유예하려고' 하는 인간정신의 능력이나 욕망 위에서 계속 꽃을 피운다"라고 쓴다. 이런 관점에서 "영화는 '페티시즘'이라는 용어의 근원에 속해 있는 믿기 쉬움이라는 죄목으로 이성적 세계를 다시 한 번 고발한다."[2] 그녀의 논지는 한국에 영화가 수용되면서 벌어진 몇몇 교환을 설명해준다. 그 교환은 믿음과 불신을 서로 연결하며, 진실과 환상에 대한 페티시한 욕망을 제시한다.

여행 체험을 바탕으로 많은 여행기를 저술한 미국인 여행가 버튼 홈즈(Burton Holmes)는 1899년 조선을 방문한 적이 있다. 홈즈는 소형 카메라와 영사기를 조선으로 가지고 들어와 당시 서울의 모습을 담았다.[3] 두말할 나위 없이 영화의 신속한 도입은 조선인들에게 영화의 발명과 보급이 제국주의의 절정과 때를 같이 한다는 점을 상기시킨다. 제국주의 쟁탈전 속에서 일본이나 러시아, 독일, 미합중국 같은 열강들은 한국에게 (그것보다는 조선에게) 개항의 압력을 가했다.

홈즈와 그의 동료들이 왕궁에 초대받았을 때 가이드 겸 통역관인 박기호는 왕자가 이 장비를 가지려 할까 봐 근심했다. 홈즈가 왕자에게 그 장비를 선물했고 홈즈의 기계에 왕실은 큰 관심을 보였으며, 특히 어린 왕자는 이 마술 장난감을 너무도 좋아해서 자신이 소유할 수 있기를 바랐다. 그러나 왕자는 며칠 뒤 장난감을 돌려주면서 홈즈와 그의 동료에게 귀중한 비단과 부채가 들어 있는 상자를 선물했다. 또 다른 놀라운 이야기가 있다. 왕실 기녀들이 궁중무용을 선보였는데, 그 공연은 카메라가 왕실을 감동시켰던 만큼 그 세계 여행가를 감동시켰다. 궁중의 공연과 영화적 장비를 가로지르는 이와 같은 초기 교환에서 전통과 근대적 양식 간의 교환이나 상호작용의 전반적인 방식이 예시된 것이 아닌가? 이러한

---

2. Laura Mulvey, *Fetishism and Curiosity*(London : BFI, 1996), p. 7.

3. 조희문의 박사논문인 〈초창기 한국영화사 연구 : 1896~1923 사이의 영화의 소개와 수용에 관한 초창기 한국영화 연구〉 (중앙대학교, 1993)를 보시오.

교환의 패턴 속에서 전통과 근대가 상품의 영역으로 도입된 것은 아닌 가? 한국의 무성영화 시기에 기녀들이 공연자와 관객으로 동시에 참여한 사실은 전혀 새로운 일이 아니다.[4] 양갓집 규수들이 배우가 되는 것을 완강히 거절했기 때문에 기녀들이 전문 여배우가 되었다. 한국 초기 영화 중의 하나인 〈춘향전〉(1923)에는 유명한 기녀가 주연을 맡았다.[5] 기녀배우가 나오는 영화에 도달하기 위해서는 홈즈와 왕실 간에 이루어진 교환의 사이클을 종결시키기만 하면 되는 것이다.

그런 교환 사이클의 종결은 이전 상품과 영화의 융합에 의해 가속화되었다. 예를 들면, 1890년대 영미 담배회사와 영미 전기회사는 자사 상품인 담배와 전차를 선전하기 위한 수단으로 대중들에게 영화를 보여주기 시작했다. '올드 골드 담배'라는 이름이 붙여진 10개의 빈 갑과 '드럼 헤드 담배' 빈 갑 20개를 가져오면 극장 입장이 가능했다. 따라서 이중의 매혹과 소비자로서의 관객이라는 이중의 속박이 시작되었다. 그리고 한국의 식민적 근대성이 시작되었다. 교환의 양식으로서 모던하지만 그것은 식민적 생산 양식을 동반하고 있었다. 하지만 생산양식이라는 관점에서 보자면 모든 근대성은 식민적이라고 말할 수 있을 것이다. 단지 정도의 차이로 말이다.

일본이 1910년에 조선을 제국에 합병하고 1945년까지 지배했기 때문에, 한국의 무성영화 시기는 일본의 식민주의에 종속되어 있었지만 일제에 의존해 있으면서도 동시에 어떤 면에선 저항적이었다. 조선에 대한 일본의 정책이 군사적 점령과 착취에서 이른바 "문화 정책"으로 전환하는 1910년대 후반부터 1920년대까지 조선 영화는 더욱 번성했고, 직접적

---

4. 졸저 『시네마 : 테크노 문화의 푸른 꽃』(열화당, 1996), 102~123쪽을 보시오.

5. 한국영화와 여성관객 사이의 관계에 관한 것은 졸고 "Question of Women's Film : The Maid, Madame Freedom, and Women", in Chung-moo Choi ed., *Post-Colonial Classical of Korean Cinema*(Irvine : Korean Film Festival Committee at the University of California, 1998), pp. 13~21.

으로 화폐 문제와 연결되기 시작한다. 이 시기 〈월하의 맹서〉(1923)는 체신 당국에서 저축 장려를 위해 제작한 선전영화이다. 이 영화의 주인공인 월하가 자신의 저축금으로 남편의 노름빚을 갚는다는 내용으로, 다가올 위기를 대비해 돈을 저축하기로 결심을 다지면서 끝을 맺는다. 이와 같은 아내의 미덕(노름빚을 지불하기 위한 저축)은 선전영화임을 감안하더라도 지금의 우리에겐 낯설게 보일 수도 있지만, 이 영화는 전환의 시기에 다른 가치 체계 사이의 동요를 특이한 방식으로 표현하고 있다는 점을 상기할 필요가 있다.

유사한 예로 로버트 제이 포스터(Robert J. Foster)는 호주 예금 은행이 어떻게 뉴기니아 원주민들에게 호주 은행에 저축하도록 독려해서 지역 발전의 재정을 위한 자본을 마련하기 위한 전략을 세웠는지를 설명하고 있다. 돈의 물신화를 조장하기 위해 특별히 고안된 영화와 팸플릿으로 은행은 근대적인 개인들을 위한 일정한 패러다임을 강요했다. 포스터는 다음과 같이 쓰고 있다.

> 돈의 페티시화는 진보적이고, 자기 절제적인 개인이라는 이미지 투사를 활용했다. 그 이미지는 저축 은행의 프로그램에 함축된 일종의 도덕적 교훈으로 우리를 인도한다.[6]

이러한 예에서 우리는 관객, 소비자, 은행 예금(자본)의 빠르고 낯설지만 동시에 익숙한 수렴을 목격한다. 영화적 경험이 하나의 중심을 제공하는 일종의 근대적 정체성의 출현을. 더구나 이러한 예들은 아내나 원주민과 같은 인물을 둘러싼 새로운 종류의 경제적 불평등의 등장과 함께 근대적 정체성이 늘 식민화와 같은 과정을 암시한다는 사실을 상기시킨다.

---

6. Robert J. Foster, "Your Money, Our Money, the Government's Money : Finance and Fetishism in Melanesia," in *Border Fetishism*, ed. Patricia Spyer(New York : Routledge, 1998), pp. 68~69.

이것은 근대적 형식의 불평등(그리고 식민지 관계들 자체)이 결코 완전히 국가 밖에 있지 않다는 것을 강조한다. 그것들이 국가를 분할했다면 또한 결속력도 준다. 따라서 잔여적인 힘, 즉 이른바 사회의, 이른바 전근대가 반드시 저항적인 형태는 아니다. 그들은 근대성 자체의 한 부분일수도 있다.

한국에서 영화가 제작되기 시작하면서 관객과 제작자는 너무나 친숙한 것과 새로운 것 사이를 배회하는 재현양식에 참여했다. 색다름을 암시하는 "키노-드라마" 같은 양식은 한국에서 연쇄극(kino drama)이 된다. 다시 말해서 그것은 짧은 영화와 신파 드라마의 연극 공연을 결합한 혼합양식이었다. 19세기 말에 유럽 연극에 반응해서 나타난 일본의 신파극 연극의 "새로운 파"인 신파가 나타났다. 사실 일본 신파는 시대에 뒤떨어진 전통적인 가부키극에 반대해 서구화되거나 근대적 스타일로 당대의 드라마를 만들겠다는 목표를 가진 것으로, 그 상황 자체가 또다시 근대적 이종성과 식민적 불평등의 교차를 상기시킨다.

키노드라마는 〈의리적 구토〉(1919) 같은 이야기를 가져왔다. 장남이 가족의 질서를 복원시키기 위해 계모와 싸운다는 이야기는 소설에 등장하는 가장 전통적인 이야기이다. 키노드라마는 이런 방식으로 연극 공연에 익숙한 관객들의 기대를 기계적으로 재생산된 영화의 이미지에 적용시켰다. 그것의 효과는 미리암 한센(Miriam Hansen)이 "공적 영역의 오버랩되는 형태, 문화 조직의 '비-동시적인' 층"이라고 말한 니클로데온(nickelodeon)과 다르지 않았다. 그녀는 "이러한 비동시성이 기존의 문화적 전통에 대한 영화의 기생적 관계와, 부상하는 제도 안에서 생산, 분배, 상영 양식의 불평등한 발전 그 양자를 결정짓는 것처럼 보인다"[7]라고 주장한다. 한센의 설명에서 비록 "기생적인 관계"라는 표현은 불평등한 관

---

7. Miriam Hansen, *Babel and Babylon*(Cambridge : Harvard University Press, 1991), p. 93.

계가 하나의 방향으로 나아간다고, 단지 새로운 매체가 전통적인 매체라는 숙주에 기생한다고 오도할 수는 있지만, 그럼에도 불구하고 한국에서 키노드라마의 효과를 설명하기에 적절한 것으로 보인다. 그와 반대로 불균형은 일종의 공생을 가져오고, 그 안에서 관계의 불균형에도 불구하고 상호 이익이 얻어진다. 한국에서 영화에 골반되는 비동시적인 층들은 신파와 심파의 상호작용 내에서 일본과 한국 간의 식민적 관계를 분명히 내포한다. 그뿐 아니라 니클로데온 역시 식민지적 불평등에 연루되어 있지 않은가 하는 질문을 던질 수 있게 한다. 최초의 장편 영화 〈국경〉(1923)의 등장, 제작의 활성화와 영화관의 확산과 더불어 키노드라마는 점차 새로운 형식의 영화적 표현과 수용의 길을 열었다. 그러나 관객은 여전히 영화라는 매체를 경이의 기원으로 대했으며, 움직이는 이미지보다도 영화 기계 장치에 지속적인 흥미를 가졌다는 기록이 있다. 영사기사들은 영사기 안에 축소된 세계가 들어 있다고 믿도록 관객을 부추겼다. 만일 필름이 끊기면 그들은 영사기에 대고 "수리수리마수리"나 "아브라카타브라"라고 마술적인 주문을 외웠다. 그러나 일본 초기 영화사 역시 유럽이나 북미에 존재한 유사한 관계에 대한 언급은 하지 않고 기계에 대한 매혹을 강조하면서 종종 관객의 "원시적" 성격을 주장한다. 그것은 마치 비서구권 국가 영화의 역사들이 필연적으로 서구의 도래에 다시 주술을 걸기 위해 노력하는 것 같다. 비서구 원주민들의 속기 쉬움이 기술을 지배하기보다는 페티시화하는 쪽으로 설정함으로써. 그러나 누가 이 시나리오에서 페티시스트인지 묻기 위해서는 멀비의 페티시를 환기하면 된다. 그것은 믿음에 대한 욕망이거나 불신에 대한 유예와 관계되어 있다.

월리엄 피에츠(William Pietz)는 페티시가 "너무 달라서 상호 이해불가능한 문화들"[8] 사이의 관계들이라는 선례가 없는 상황에 반응하기 위

---

8. William Pietz, "Fetishism and Materialism : The Limits of Theory in Marx", in *Fetishism as Cultural Discourse*, p. 138.

해 만들어진 단어라고 주장한다. 영화가 한국에 도래한 것이 비동시성의 형식으로 제시된 것은 사실이다. 유럽이나 북미에서 존재했던 것보다 훨씬 더 근본적인 것이었기에 결과적으로 한국인들이 서구인들보다 영화적 장치를 더 물신화했던 경향이 있다고 할 수 있다. 따라서 영화는 "저개발" 사회의 산업적 인프라의 틈을 가릴 수 있었던 것이다. 이런 시각에서 보자면 한국적인 차이는 범주적이라기보다는 그 정도에 있다. 새로운 글로벌 연속체 안에서의 강도 차이인 것이다. 그리고 영화가 "마술적으로" 관객들을 산업적 문화로 호명함에 따라, 이에 저항했던 지식인들조차도 마르크시즘, 민족주의, 계몽주의에 대한 믿음에 기반해 영화 쪽으로 관심을 기울였다. 페티시의 일종("전통적인" 주물)이 다른 것(근대적 상품 페티시인 물신)과 조우함으로써 식민화와 탈식민화 세력들 간의 근대적 장을 구성했으며, 그 장은 초창기 한국 영화에서 가시화된 후 식민 이후의 영화에서도 이어지고 있다. 남한에서 식민 이후의 시기가 진정한 탈식민화에 이른 적이 없다는 주장이 있다.[9] 물론 이것은 식민시기와 후기 식민시기 사이의 연속성이라는 관점에서 설명될 수 있다. 하지만 여기서 다른 질문이 제기된다. 그것은 항상 탈식민화의 재집결으로서의 국가가 서구가 돌아오는 장소가 아닌가 하는 것이다. 이것이 국가의 영화로서의 한국 영화에 빈번하게 출몰하는 유령이다.

프리즈!

프리즈 프레임은 한국 영화의 마지막 장면에 자주 등장해 서사를 종결짓는 데 사용된다. 이미지들이 풀어지고, 멈추어 선다. 한국 관객들에게는

9. Chungmoo Choi, "The Discourse of Decolonization and Popular Memory : South Korea", in *Formations of Colonial Modernity*, ed. Tani E. Barlow (Durham : Duke University Press, 1997), pp. 349~372.

너무나도 자연스러운 이 엔딩은 그들의 감정 구조를 영화적으로 직접 표현하고 있는 것처럼 보인다.[10] 프리즈—프레임의 편재성을 식민주의 권력들, 분단, 응축된 과정으로서의 산업 자본주의 등의 층위로 이루어진 한국 근대사가 갇혀 있음, 움직이지 못함, 유동성 없음, 영구한 유예 등과 같은 느낌으로 해석하는 것은 그리 어려운 일도 아니다. 프리즈 프레임이 폭력과 유예의 이런 경험을 나타내는 것처럼 보인다. 이것은 벤야민의 정지된 순간—과거가 분출되기 위해 기다리고 있는 순간—의 결정화된 이미지 또는 변증법적인 이미지에 대한 설명을 떠올리게 한다. 그에 의하면 "사고하는 것은 사고의 흐름뿐 아니라 정지도 포함한다. 사고가 긴장을 잉태한 배열 안에서 갑자기 멈추는 그곳에서 사고는 그 배열에 충격을 주고, 이로 인해 개열은 모나드로 결정화된다."[11]

사실 이미지의 얼어붙은 표면은 벤야민이 일련의 변증법적 이미지들 속에서 간파한 "석화된 불안"이 연상시키는 긴장을 무심코 드러낸다. 이런 석화된 불안은 알레고리의 가능성을 제공하는데, 알레고리는 일상적 가변성에서 이미지를 강력하게 비틀어 떼버림으로써 경험이라는 새로운 구조가 시대에 뒤떨어진 미학 아래 기념비화되는 것을 막는다. 이런 점에서 한국 영화 안에서 해결되지 않은 위기들은 막다른 골목이라기보다는 미래로 열린 가능성들이며, 근대성의 부인이라기보다는 이것을 깨서 열어보려는 시도이다. 편재하는 프리즈 프레임은 석화되어 있는 것이 아니라 새로운 사회를 위한 난폭한 욕망일까? 그렇지 않으면 단지 노스탤지어나, 갇혀 있음의 두려움(폐쇄 공포증), 시대착오적인 과거에 대한 격세유전적인 귀속의 표현인가?

한국의 로드무비인 〈나그네는 길에서도 쉬지 않는다〉(1987)는 프리

---

10. 폴 윌먼은 1997년 봄 학기에 한국예술종합학교 영상원에서 강의할 당시 이 양식에 대해 언급하였다.

11. Walter Benjamin, "These on the Philosophy of History", in *Illuminations*, ed. Hannah Arendt (New York : Schoken Books, 1969), pp. 262~263.

즈 프레임으로 끝난다. 그 영화에서 분단 상황은 주인공이 비무장지대를 가로질러 목적지에 다다르는 것을 방해한다. 김경현은 이 로드무비에 대한 설명에서 어떻게 여성의 몸이 과거를 판타지화하는 장소로써 그 결절점이 되는지에 주목한다.[12] 이 영화에서 노인은 보물처럼 간직한 아내의 빛바랜 사진을 응시하는데, 그 사진의 이미지는 그를 보살펴준 젊은 간호사의 이미지로 디졸브된다. 그것은 들뢰즈가 상징과 구별하면서 설명한 페티시에 가깝다. 그에 의하면 "동결되고 정지된 두 차원의 이미지, 사진은 운동의 위험한 결과, 탐색에서 나온 해로운 발견들을 추방하기 위해 반복적으로 회귀한다. 그것은 그래도 아직 믿음의 가능성이 있었던 최후의 지점을 재현한다."[13] 일반적으로 프리즈 프레임에는 페티시 같은 것이 존재한다. 프리즈 프레임은 액션을 과거로 되돌리는 경향이 있고, 그럼으로써 실제로 과거에 살도록 하기 때문이다. 그러나 명백한 단절이 반드시 이상화된 과거나 통일된, 그리고 유토피아적인 국가/민족의 이미지로의 회귀를 나타내는 것은 아니다.

가령 〈장미빛 인생〉(1994)에서 깡패 두 명(동팔과 뺑코)의 모험은 남한에서 서울 올림픽이라는 새로운 시대를 여는 전환점이라 과대 광고된 순간 혹은 실제로 세계적 질서로 편입되는 순간인 1988년의 프리즈 프레임으로 막을 내린다. 김경현은 이 영화에서 압도적인 부동 감각을 설명한다. 그러한 영화의 장르적 전제—길 위에서 무엇인가를 추구하는—는 완수되지 못한 것으로 남아 있고, 인물들은 종종 공산주의 북한과 자본주의 남한 사이에 스스로가 묶여 있음을 발견한다. 남과 북의 국경을 건너려는 매우 사소한 가리킴도 어떤 이상한 논리에 의해 주인공들에게 죽음을 요구하고 있는 것 같다. 김경현은 이러한 가정을 통해 로드무비에서의

12. Kyung Hyun Kim, "Korean Cinema on the Road", in *Post-colonial Classics of Korean Cinema*, pp. 24~25.

13. Gilles Deleuze, *Coldness and Cruelty* (New York : Zone Books, 1989), p. 31.

이동이 단지 순수한 민족 정체성이라는 개념으로 회귀하는 것은 아니라는 점을 주장한다. 탐색을 끝내지 못하게 만드는 반어적 뒤틀림은 그의 구절을 빌자면 "국가/민족의 역사에 대한 다중적인 문화적 의미를 생산한다"고 말할 수 있다. 그는 결론에서 "로드무비는 민족/국가라는 담론에 들러붙어 있는 위협적이며 양가적인 성격을 해결하기 위한 대안을 제공하지 않은 채 담론적 효과를 허용한다."[14]

만일 우리가 이러한 민족적/국가적, 역사적 양가성을 염두에 둔 채 정지된 이미지로 돌아온다면, 그러한 프리즈 프레임이 어떻게 벤야민적 의미에서의 알레고리처럼 작동하는지를 쉽게 알 수 있다. 그에 의하면 "상징에서 해체는 이상화되고, 자연의 변형된 얼굴이 구원의 빛 속에서 덧없이 드러난다면, 관찰자는 알레고리에서 석화된 시원의 풍경처럼 역사의 위선적 안면(facies hippocratica)을 맞닥뜨린다."[15] 프리즈 프레임은 민족/국가의 전통이나 이상화된 경험으로의 노스탤지어적인 회귀를 넘어선, 벤야민이 말한 알레고리를 깨는 "섬광"을 닮은 순간이며 이때 관객들은 미래를 여는 역사와 만난다. 롤프 티더만(Rolf Tiedermann)이 집약적으로 알레고리의 중요성을 언급하는 데서 프리즈 프레임에 대한 조망을 얻을 수 있다.

응시는, 시간으로부터 폭파되어 풀려 나온 이미지를 추방하는 고르곤(Gorgon)이 '역사의 위선적 안면', 신화의 '석화된 시원적 풍경'을 응시하는 것이다. 그러나 과거와 현재가 성운 속으로 번개처럼 들어가는 신비적 순간— 과거의 진정한 이미지가 '현재의 인지가능성' 속으로 빛을 내며 들어가는 순간—에 이미지는 변증법적으로 변화하는 이미지가 되며, 마치 스스로 구원자

14. Kyung Hyun Kim, 같은 책, p. 30.

15. Walter Benjamin, *The Origin of German Tragic Drama* (London and New York : Verso, 1985). 이 글을 환기시켜준 Walter Lew에게 감사드린다.

의 전망, 혹은 (유물론적인 용어로 말하자면) 혁명의 전망으로 자신을 드러낸
다.[16]

그러나 그것은 프리즈 프레임 그 자체보다는 프리즈 프레임에 현존
하는 알레고리적 가능성을 보여준 김기영의 동요를 야기하는 영화 속에
있다.

김기영

최정무는 탈식민지 남한에 대한 논의에서 안토니오 그람시(Antonio
Gramsci)의 휴지(interregnum)라는 개념을 환기시킨다. 다양한 병리적 증
후가 표면화되는 사이(in-between) 시간인 휴지는 이미 종결된 것과 아
직 도착하지 않는 것 사이에 존재한다. 또한 이 휴지라는 개념은 김기영
의 초기 영화 경력을 적절하게 설명해주는 것 같다. 김기영의 반공 선전
영화인 〈죽음의 상자〉(1955)는 한국전쟁 기간에 미군에 의해 설립된 공보
원(film unit)에 의해 제작되었다. 그때까지 미군은 새롭게 분할된 한반도
의 남쪽 반을 점령하고 있었으며, 일제의 뒤를 이어 새로운 식민적 지배
를 감행하고 있었다. 김기영은 그 당시부터 1998년 사망하기 전까지 31
편의 영화를 만들었다.

김기영은 소름끼치고 그로테스크한 이미지를 만들어내는 데 있어 탁
월하다. 사실 그의 영화제작 시기와 섬뜩한 묘사의 과잉을 고려해 본다
면, 그는 "휴지" 영화감독으로서 최고의 자리에 있다.

〈하녀〉(1961), 〈화녀〉(1971), 〈충녀〉(1972)로 구성된 그의 대표작 '하
녀 3부작'을 통해 김기영은 다소 전형적인 두 인물들을 대결시킴으로써

---

16. Rolf Tiedermann, "Dialectics at a Standstill", in *On Walter Benjamin*, ed. Gary Smith
(Cambridge : MIT Press, 1988), pp. 287~288.

근대성의 이중적 속박을 탐험한다. 즉, 부르주아적 야망과 허세를 지닌 남성과 그의 권위를 위협하기 위해 자신의 매력을 작동시키는 하층 계급의 팜므 파탈이다. 크리스 베리(Chris Berry)가 〈하녀〉와 〈충녀〉 속에 서구적 가옥과 근대적 가전제품들이 넘쳐나는 것에 주목하면서 언급하듯이, 하층 계급 출신의 여성은 — 전형적으로 하녀나 매춘부인데 — 비이성적이고, 관습적이며, 생물학적인 것과 관계된 반면, 부상하는 중간 계급에 속하는 남성은 서구의 상품들에 둘러싸여 있다.[17]

따라서 여성들은 남자 주인을 유혹함으로써 중간 계급의 부상을 막는데, 결과적으로 유혹에 관계된 인물들을 통해 전통과 근대 사이의 일종의 알레고리적 대결이 드러난다. 로맨스는 재빨리 공포의 원천이 되고, 김기영은 공포 장르의 관습을 채택함으로써 전통과 근대의 힘 사이의 긴장을 탐색할 수 있게 된다.

그렇다면 공포는 어디에서 오는 것일까? 그리고 어떻게 멈추는가? 그러한 질문들의 답을 구하는 우리를 놀리기라도 하듯 김기영은 이성적 질문의 실타래에 스릴러를 곁들이면서 영화 안으로(〈충녀〉, 〈화녀〉에서 그러했던 것처럼) 탐색해 들어간다. 권위적 남성 인물들 — 형사, 기자, 의사 — 이 동반자살을 조사하게 된다. 그리고 그에 대한 답은 이를테면 성적인 완성을 향한 남성의 본능과 재생산을 향한 여성의 본능 사이의 충돌 같은 생물학적 설명을 재확인시키는 것처럼 보인다. (제목의 동물적인 이중의미로 중층결정된다.) 도덕적 경고가 제시되지만 너무나 쉽고 교활하게 전달되기 때문에 설득력을 갖지 못한다. 남성적 권위는 이 이야기들의 복잡함과 역동성을 생물적이고 본질화된 담론으로 환원시키려 한다. 그

17. Chris Berry, "Introducing 'Mr. Monster : Kim Ki-young and the Critical Economy of the Globalized Art-House Cinema", in *Post-Colonial Classics of Korean Cinema*, ed. Chungmoo Choi(Irvine : Korean Film Festival Committee, University of California, 1998), pp. 39~47.

러나 그의 설명은 긴장을 완화하지 못하고, 텍스트 전반에 흐르는 상처들을 치유하지 못한다. 상처들은 쉽게 사라지지 않는다. 상처가 이러한 영화들에 출몰하는 이유는, 그들이 빠르고 강도 높은 근대화 시기에 탄생한 갈등과 공명을 일으키면서 영화적 텍스트를 넘어서고 있기 때문이다.

빈곤한 농촌 출신의 여성들은 탈식민적 '복원'에서 이중적 고통에 시달린다. 그들은 농촌 생활의 가부장적 권위뿐 아니라 고도의 자본주의의 힘으로부터 착취당했다. 김기영의 영화에서 그러한 여성들은 제어 불가능의 힘을 가진 유혹녀가 되어 돌아온다. 그들은 근대화의 장면, 즉 자신들의 비참한 조건들을 망각하게 하거나 덮어버리려는 시도에도 불구하고 정말 떠날 수 밖에 없었던 그 장면에 등장하기 위해서 되돌아온다. 김기영이 '하녀'라는 용어를 사용한 것은 그 당시에는 이미 구식이 된 여성상을 환기시킨다. 하녀는 '식모'라는 단어로 대체되었는데, 이는 부엌을 책임지는 여성이라는 뜻이다. 식모는 근대화의 물결 속에서 살아갈 능력이 없는 까닭에, 부엌일을 해나갈 기술적 능력이 있다고 주장할 수조차 없다. 대신 여성으로서의 생물학적 본능을 가졌다고 간주되는데, 바로 이것을 통해 그녀의 사회적 신분 상승이 실험된다.

김기영의 영화에서 남자들은 다양하게 재현된다. 그에 비해 여성들에게 주어진 사회적 상승의 수단은 재생산을 위한 위험한 본능으로 그것에만 전적으로 매달려 있다. 그러나 마치 전근대의 힘이 근대성의 틀 안에서만 윤곽 지워지고 개념화될 수 있는 것처럼, 잔존하는 것들이 지니는 위협은 무시무시한 방식으로 혹은 완벽하게 딱 들어맞는 방식으로 근대화의 틀 안에서만 그 자취를 드러낸다. 이와 같은 전근대 괴물과 근대 상품의 명백한 융합과 더불어, 김기영의 견해에 따르면 인간 조건을 특징짓는 치명적인 본능을 활성화하기 위해 여성을 어떤 식으로 다루었는지에 대한 의문이 제기된다. 그는 여성을 어느 지점에 위치시켰는가? 여성들은 과거의 잔재로, 혹은 인간성에 잠복해 있는 악마성을 환기시키는 자로 근대성의 반대쪽에 서 있는 것일까? 그렇지 않으면 근대성과 전통 양자의 희생자로 이중적으로 삭제되어 있는 것인가?

최근에 폴 윌먼(Paul Willemen)은 한국 문화와 영화 전반의 근대화에 대한 질문을 제기한 바 있다. 그는 남한 사회가 역사적으로나 문화적으로 특정한 복합적 장애물을 가지고 있다고 지적하면서 "전통으로 회귀하는 길, 그리고 근대성으로 나아가는 길 양쪽 모두가 막혀 있고, 양쪽 모두 반(反)—근대적이고 절대주의적이며 부패한 사회체를 향해 열려 있는 것처럼 보인다"[18]라고 말한다.

〈살인나비를 쫓는 여자〉(1978)는 공상과학물과 공포물, 그리고 스릴러의 혼합으로 사학도가 일생동안 겪은 세 가지 에피소드를 보여준다. "역사적" 탐험의 두 번째 이야기는 2000년이나 된 해골이 살아온다는 것인데, 그 해골은 사학도를 유혹하는 아름다운 젊은 여성으로 변한다. 이 영화는 사건들을 과학적 용어로 설명하고 있지만 전반적으로 과거와 근대 사이의 차이를 급격히 붕괴시킨다. 시대와 관계없이 여성과 남성은 가부장제의 억압과 그에 따른 여성의 히스테릭하고 광적인 연쇄고리에 포박되어 있다. 만일 근대성에 대한 선형적이고 과학적인 비평 기준을 채택한다면(근대성 이론의 방식으로), 더 이상 나아갈 곳이 없다. 윌먼이 지적한 대로 모두 것이 부패했고, 아마도 이것은 반근대적 정서의 실행일지도 모른다. 그러나 김기영의 다른 영화들처럼 이 영화에서 선형적 역사들을 가로막는 끔찍한 장애물은 근대성이라는 용어를 다시 생각할 수 있도록 해준다.

18. Paul Willemen, "Questions of Modernization and Korean Cinema", p. 5.

영화 〈하녀〉에서 근대화의 힘은 하녀의 신분 상승 기회를 막는다. 그러나 〈양산도〉(1955)는 조선시대 농촌 여성의 이야기로, 사회적 계층의 이동에 있어서 〈하녀〉와 유사하게 적대적인 신분 제도를 드러낸다. 주인공 여성은 같은 계급의 애인이 있음에도 불구하고 아버지를 구하기 위해 양반과 강제로 결혼하게 되고, 그녀의 애인은 그 소식을 들은 후 자살하고 만다. 그러나 죽음은 그녀를 기다리고 있다. 죽은 남자의 어머니는 시집가는 그녀를 죽인 후 "내 아들 결혼시켰다"를 외친다. 죽은 아들을 애인의 영혼과 맺어주기 위해 그녀를 살해한 것이다. 이러한 영화들이 작동하는 법칙은 매우 유사하지만 그래도 김기영의 근대 영화의 여성들이 조금은 나아 보인다. '하녀' 3부작이나 〈육식동물〉(1984)의 하층 여성들은 남자 주인을 자신과 함께 지옥으로 끌고 간다. 하층 계급과 중산층의 악몽 같은 소름끼치는 대결이 표현되는 영화들은 그 당시 막 부상했지만 20, 30년 후에나 공공연하게 드러나는 사회적 대결구도를 앞서 예견한다.

김기영의 영화에서 나타난 선형적 역사를 가로막는 장애물에 대한 질문으로 돌아가면서, 나는 이러한 영화들을 결정짓는 배급과 유통이라는 실제적 문제를 지적하고 싶다. 이를테면 정부에 의해 조직된 한국영화진흥공사는 그 이름에도 불구하고 해외에 한국 영화를 알리는 노력을 거의 하지 않았다. 한국영화산업이 지난 50년 동안 몇 년간에 걸쳐 매년 200편 (그 이상)의 영화를 제작했지만 시장은 국내에만 한정되어 있었다. 아마도 그 이유는 윌먼이 말한 것처럼 "한국의 문화적 성운"과 관계된 것인지도 모르겠지만, 중첩적인 문제인 것만은 분명하다. 어쨌든 한국 영화가 어떻게 국제 예술 영화 배급망 속을 뚫고 들어갈 수 있는가의 질문에 대해 크리스 베리는 김기영이 그 가능성을 열어줄 것이라고 말한다.

김기영의 영화들은 작가적 요구를 충족시키며, 예술 영화관이나 여러 영화제를 통해 이미 통용된 다른 영화들과는 분명히 구별되는 스타일이 있다.[19]

그럼에도 불구하고 그의 영화들은 세계적인 주목을 받지 못하고 있다. 하지만 김기영의 영화들은 영화와 근대성에 관한 너무도 근본적인 문제를 다루고 있으며, 선형적 진보에 관계된 장애물과 대안적인 근대성을 돌파하기 위한 한 방식으로 페티시즘을 동원하고 있기 때문에 주목받을 충분한 가치가 있다. 그러나 한국 외부에 드러난 적 없는 영화, 그것도 국민/국가 영화라고 여겨온 영화를 어떤 식으로 소개하고 장려할지 난감한 것은 사실이다. 영화에서의 근대성과 페티시즘이라는 질문에 말을 걸 때마다 근대성의 유령은 자주 출몰해서, 나의 관찰을 이끌고 또한 근대국가를 세계적인 장에 투사한다.

로라 멀비는 "프로이트와 맑스는 각각 사회적 그리고 정신분석적 공간 내에 가치의 상징적 체계 이해에 필요한 가공할만한 심리적 무력감 혹은 지력의 거부나 장애를 설명하기 위해 페티시즘이라는 개념을 사용한다"[20]는 점을 밝힌다. 영화에서 페티시즘의 정신적 영역과 사회적 영역 사이를 움직이면서, 국가 문화에 도달하게 되는 것은 거의 불가피한 일인 것 같다. 나 역시도 약간 망설이면서도 그곳에 도착하게 된다. 그것은 다시 우리로 하여금 김기영의 영화들로(로부터) 번역된 한국 문화의 불가능한 긴장들이라고 결론내릴 수밖에 없게 한다. 하지만 이러한 국가 문화와 국가 영화로의 불가피한 전환은 심리사회적인 장애들과 열정적인 복종의 페티시즘으로 복잡하게 얽혀 있다.

만일 김기영의 영화들이 국내적으로나 세계적으로 하나의 돌파구로 판명된다면 그 영화들은 단지 남한 사회의 근대성을 읽는 새로운 독해방

---

19. Chris Berry, 같은 책, p. 46.
20. Laura Mulvey, 같은 책, p. 2.

식만이 아니라, 그것에 말을 거는 전략적인 방법을 제공할 수도 있다. 1990년대 후반의 젊은 관객과 더불어 1960~1970년대 그와 동시대인들 사이에서 획득된 김기영 영화의 대중성은 해결되지 않은 사회적 대결들이 탈식민지 시기 내내 관객들에게 여전히 관련되어 있는 것으로 남아 있음을 제시하는 것이다. 김기영의 비전은 유현목의 〈오발탄〉(1961)처럼 리얼리즘이라는 방식으로 민족주의를 건설하려 했던 남한의 탈식민주의적이고 지적인 영화감독과 비평가들의 관심으로부터 멀리 떨어져 있다. 그 결과 그의 대중성에도 불구하고 (혹은 그 때문에) 1990년대 중반 이전 대부분의 비평가와 영화감독들은 김기영의 작품을 비역사적이고 인위적이며, 성적으로 과잉된 작품으로 가치절하했다. 그러나 역설적이게도 그런 특성으로 오늘날 그는 국내뿐만 아니라 세계적으로 주목받기 시작한다. 예를 들면 베를린 국제 영화제에서 에리카 그레고(Erica Gregor)는 그를 라이너 베르너 파스빈더(R. W. Fassbinder)나 더글라스 서크(Douglas Sirk)와 비교했다. 제2회 부산 국제 영화제 김기영 회고전 당시 〈육식동물〉 상영 후 가진 토론회에서 나온 평가이다.

어떤 면에서 비교는 간단하다. 왜냐하면 그들의 영화가 미국의 상품 문화의 에로틱한 점에 과도하게 주목하는 경향, 다시 말해서 그것을 물신화하는 경향을 보이기 때문이다. 그러나 물신화의 법칙은 과도한 관심을 뛰어넘어 과잉의 스펙터클을 만들며 사물들에 삶과 목적, 그리고 관객에게 권위를 부여하고, 그럼으로써 항상 그 동일한 대상을 탈-물신화하는 경계에 있다.

대상들로 가득 찬 미장센, 잔인한 양육자로서의 어머니상, 고기 그물과 베일 등 김기영의 영화들은 멀비가 이야기한 조셉 폰 스턴버그(Josef von sternderg)의 페티시적 절시증과 미학적 유사성을 보인다. 물론 멀비의 시각적 쾌락에 대한 고전적인 설명에는 페티시즘과 마조히즘 간의 관계를 강조하고 있으며, 바로 정확히는 이러한 마조히스트적 가능성이 "전근대적 어머니"에 대해 근대적 남성들이 보이는 열정적인 복종에 대한 심리를 경제적이고 사회적인 관심으로 확장한다. 따라서 김기영의 영화들은 근대와 전근대, 이성과 비이성, 문명과 원시, 신성과 이단, 과학적인 것과 미신적인 것 사이의 비판적인 동요를 구축한다. 영화들은 젠더가 경계로 설정된 이러한 이분법적인 연속성 속에서 도착적인 짝들을 만든다. 김기영은 이러한 짝들의 진동을 유예시키는, 다른 한국 영화들에 편재하는 프리즈 프레임을 차용하는 대신 짝들이 상호 침투하게 만들어 서로가 서로를 소멸하게 하는 경향이 있다. 이것은 남성과 여성의 최종적인 죽음에서 가장 명백히 재현된다. 가부장과 여주인은 대결구도에서 모두 소멸되며, 심지어 유교적 가부장제의 총아인 장남은 죽거나 무력하거나 불합리하거나 혹은 무능한 사람으로 판명된다. 이분법적인 축이 상호 침투되고 붕괴될 때 그들이 애초에 서 있던 근대성의 근거가 뒤흔들리며 표면으로 솟아난다. 분석적인 과잉이나 강도 높은 아이러니와 더불어 김기영은 남한의 응축적 근대화의 압력에 의해 표면으로 부상한 나선을 추적한다. 그리고 그 흔적 그 자체가 근대성의 실제화다.

다른 세계(섬) 상상하기

김기영의 작품 중 가장 수수께끼 같은 영화 중 하나가 〈이어도〉(1977)이다. 〈이어도〉는 〈살인나비를 쫓는 여자〉처럼 페미니즘비평이나 작가비평, 장르비평을 통해 밝혀진 반복된 주제를 가진 '하녀 3부작'이나 그 종류의 영화들과는 태생적 연관성도, 상호텍스트성도 없다. 멜로드라마나 공포물, 여성영화나 공상과학물이라는 장르적 분류를 거부하는 이 영화에는 오히려 이 모든 것이 혼합되어 있다. 영화는 근대로부터 전근대적 요소들을 축출하기 위해서만 샤머니즘을 소환하는 임권택의 〈불의 딸〉(1983)과 같은 "샤머니즘 영화"와도 또다시 분리된다. 〈이어도〉는 실제로 근대적 도시 공간을 벗어난다. 이어도는 상상의 섬으로, 한반도의 최남단인 제주도에서 어느 정도 떨어져 있다고 여겨지는 섬이다.

〈이어도〉에는 상상의 섬 이어도와 제주도 외에도 섬 하나가 추가된다(이청준의 소설에는 등장하지 않는다). 그것은 바로 원시적 여성들의 섬인 파랑도다. 제주도와 이어도 사이에 위치한 파랑도는 현실계와 상상계 사이에 불확정적인 공간을 구성한다. 파랑도는 가족을 부양하기 위한 해녀들의 노동이 있는 까닭에 여성들의 섬이라 할 수 있다. 파랑도가 재현되는 방식은 해녀, 파도에 부딪히는 암석 해안, 바람이 부는 거친 절벽 등으로 제주도의 모습과 닮아 있다.

중요한 것은 관광산업이 영화를 이끌어간다는 사실이다. 제주도와는 달리 파랑도는 기업형 관광이 거의 닿지 않은 곳으로 재현된다. 제주도에 고급 호텔이 건설되면서 모든 것, 특히 모계 사회가 가지는 환상적인 이미지와 관계된 것이 변화하기 시작하고 가치들이 변형된다. 남자 주인공인 천남석은 제주도에 들어서는 고급 호텔이 상상의 섬 이어도를 따서 이어도라는 이름이 붙여지게 될 것을 알자, 이에 반대한다. 소위 천남석의 여자인 민자가 바로 자신이 이어도임을 고백하면서 이어도와 파랑도, 그리고 신비스러운 여성 존재가 연결되고 그것은 남성을 위로하고 보호하는 일에 사용된다. 전설에 따르면 이어도의 이미지는 바다에서 실종되거나 익사한 어부들의 영혼을 달래주는 것처럼 보인다. 이어도에서 그 남성들은 평화롭고 풍요로운 삶을 구가할 수 있다. 그러나 우리는 이 영화를 통해 이어도가, 어부들이 거친 바다에서 위험을 무릅쓰도록 하기 위해 창안된 것임을 알게 된다. 따라서 이 영화는 안개에 덮인 성스러운 영역 내에 이어도를 위치시키는 대신, 그 아래 흐르는 현실적인 이단의 논리를 드러내 보인다. 이런 점에서 파랑도의 남자들은 해녀들 덕분에 편히 살 수 있다는 천남석의 노래를 들게 될 때, 다른 힘들이 작동함을 이해할 수 있다.

동일한 계략으로 여주인공 민자는 자신이 원하는 것을 얻기 위해 술집 여자로 정체를 위장한다. 반면 천남석은 아이를 가질 수 없다는 과부 박여사와 살기로 결심한다. 그 이유는 파랑도에서 출생한 아이의 아버지가 되는 것을 피하기 위해서다. 또한 술집 여자로 변장한 민자는 이어도의 유령이 그를 붙잡기 전에 파랑도를 떠날 것을 간청하기 위해, 천남석에게 접근한다. 천남석이 죽고, 시신을 둘러싼 소유권 쟁탈전이 진행되어서야 민자가 자신의 정체를 밝힌다. 그러나 그녀와 이미 시신이 된 천남석과의 조우로 문제는 한층 더 복잡해진다. 여성 무당의 강신술을 통해 민자는 천남석의 시신과 관계를 갖게 되는데, 이것은 사실 선우현이라는 다른 남성과 성관계를 갖기 위한 위장 행위다. 민자는 결국 그 관계로부터 아들을 얻는다. 마치 영화가 샤머니즘적인 매개체가 된 것처럼 말이다.

이 영화는 미래에서 시작되며 관광회사 기획부장 선우현과 민자의 만남이 이루어진다(그는 그녀와 그녀의 아들을 보기 위해서 파랑도를 방문한다). 그는 파랑도를 두 번째 방문하면서 아이를 낳지 못하고 죽은 전처에 대한 통한을 느낀다. 플래시백은 그의 발기 불능이 불임의 원인임을 보여준다. 그의 처는 남편에게 정자를 은행에 기증하고 가라고 부탁한다. 그러나 승리를 거둔 것은 정자은행이 아니다. 영화 말미에 우리는 선우현과 민자의 사이에 난 아이가 과학에 의해서가 아니라 강신술 때문임을 알게 된다. 예언이 준비되고—천남석이 민자에게 자신이 죽은 후 한 남자가 와서 아이의 아버지가 될 거라고 하는—그 후에 모든 과정을 신비화한 민자의 유혹이 성공을 거둔다.

영화는 탐사와 해결의 약속으로 시작된다. 파랑도를 두 번째로 방문한 기자는 수수께끼를 푸는 데 열중한다. 우리는 4년 전에 벌어진 사건으로 돌아가는데, 그때 천남석은 제주도에 이어도의 이름을 딴 새로운 고급 호텔을 짓는 것이 이어도의 성스러운 전설을 모독하는 것이라며 선우현을 추궁한다. 천남석이 그에게 공개적인 위협을 가한 후에 행방불명되자, 선우현은 살인범으로 몰린다. 사실 천남석은 이어도를 찾아 떠난 것이었다는 것이 섬사람들의 생각이다. 그 후 선우현이 파랑도로 찾았을 때 섬 주민들은 이어도 귀신이 천남석에게 붙었으며, 천남석의 전 5세대 가족들이 저주를 받았다고 말한다. 이 지점에서 특수 효과로 천남석 아버지의 불가사의한 실종이 재현된다. 나중에 민자는 무당을 이용해 천남석의 시체를 파랑도로 끌고 오고 선우현을 유혹한다.

한편 영화는 전설, 귀신, 영혼, 사라짐과 나타남의 속임수, 강신술 등을 구동시킴으로써 파랑도와 이어도에 마치 안개에 뒤덮인 듯한 분위기를 만들어낸다. 하지만 다른 한편으로 영화는 근대적 담론에 의존하고 있다. 처음에는 믿음의 영역을 전근대에, 지식의 영역을 근대에 배치한다. 이를테면 인간과 비인간의 생식에 관계된 생물학적 지식, 관광 산업에 의한 자연의 상품화, 전복 양식업에서 보이는 천남석의 기업가적 성향, 결국 천남석의 양식장을 파멸시키는 화학 폐수에 의한 생태계의 파괴 등이 그것이다. 그러나 영화가 진행되면서 두 영역 간의 경계는 처음에는 허물어지다가 결국은 사라진다. 그 이분법은 혼란으로 끝난다. 선우현 역시 자신의 아들이라고 생각되는 아이가 자신으로부터 엄청나게 떨어져 있음에 당황한다. 결국 그는 아이의 정체성을 확인할 수도 없을 뿐 아니라, 천남석의 죽음과 실종에 대한 단서도 발견하지 못한다. 또한 민자의 유혹에 대한 설명도 없다. 그의 관점에서 이 모든 것은 미스터리이며 추정이다. 그의 보이스오버는 고대의 타부와 금지의 무게에 짓눌린 태곳적부터 변화하지 않는 섬에 대해 말한다. 그러나 영화는 완전히 다른 것을 보여준다. 한낮 섬의 바위조차 역사적 변화의 힘으로 침식된다는 사실을 말이다.

요약하자면 영화는 두 개의 서로 다른 영화적 시각(혹은 영역) 사이의 긴장을 설정한다. 한편으로는 "미개발된" 그리고 내지 사회에 대한 관광의 시각이라고 할 수 있는 것을 분명히 채택하고 있는 것처럼 보인다. 그것은 최정무의 〈서편제〉에 대한 언급을 환기시킨다. 최정무는 관광의 논리가 어떻게 과거를 향한 향수적인 욕망을 동원하고 있는지를 보여준다. 그 속에서 과거는 산업 사회라는 뿌리 없는 존재에 의해 위협받는 가정이나 안정이라는 개념을 제공하는 것처럼 보인다.[21]

한 층위에서 김기영이 〈이어도〉를 통해 이러한 것들을 제공하는 것이다. 파랑도를 시네마스코프 양식으로 촬영했으며, 줌 렌즈의 잦은 조작으로 거대한 풍경에 비해 파랑도 주민들의 크기는 왜소해 보인다. 그것에는 비도시적 한국에 대한 향수적 시선의 가능성뿐만 아니라 파노라마적 풍경에 대한 유토피아적 소유라는 아우라가 포함된다. 그러나 영화에서 재현되는 풍경은 〈서편제〉의 풍경과는 달리 그다지 위안적이지 못하다. 바람은 땅을 씻어내리고, 파도는 바위를 부수고, 심지어 해녀들의 육체도 관광 책자에 있는 것과는 달리 남성 관객들의 에로틱한 기대에 부응하지 않는다. 오히려 영화는 절시증적 스펙터클의 원천으로서(제주도 엽서에서 흔히 볼 수 있는 것처럼) 이러한 육체들에 머무는 것이 아니라, 재생산의

---

21. Chungmoo Choi, "Nationalism and Construction of Gender in Korea", in *Dangerous Women : Gender and Korean Nationalism*, ed. Elaine H. Kim and Chungmoo Choi(New York : Routledge, 1998).

짐을 지탱할 수도 없는 지치고 피곤한 육체를 제시한다. 사실 이것이 영화의 주제가 되며, 한 등장인물이 말하는 것처럼 해녀들이 특별히 유혹적인 존재가 아닌 것은 그들의 육체가 거친 노동으로 나이에 비해 훨씬 노쇠했기 때문이다. 다시 말해서 관광 산업이라는 시각적 영역과 착취당한 자연의 황량하고 심지어 그로테스크한 이미지 간에는 지속적인 긴장이 있다(두 영역 사이의 매개체로서 특수 효과가 존재한다).

이러한 시각적인 긴장에서 부분적으로 문제가 되는 것은 여성 주체성 그 자체이다. 한 층위에서 그 문제는 직접적인 것으로 보인다. 원주민 남성이 여성들을 근대성의 원시적 타자로 만드는 자기−원시화 과정이 있으며 그것은 관광객적 시각의 잠재성에 기반을 두고 있다. 가령 파랑도의 원주민인 천남석은 가능한 한 많은 돈을 해녀들로부터 뜯어내려는 의도를 지니고 섬 여성들을 착취하기 위해 돌아온다. 사실 그는 이전에 섬을 떠나면서 민자의 돈을 강탈하고 강간했다. 그러나 처음에 천남석은 자신을 희생자이자 외부인으로서 제시하며, 그의 행동은 두 축(내부자/외부자, 원주민/외부인, 가해자/희생자)의 명백한 분리나 해소와 반대된다. 게다가 민자는 특별한 방식으로 근대적 주체성을 부여받는다. 그녀는 섬에서 신문을 읽는 유일한 사람이기 때문에 "신문광"이라는 별칭을 갖게 된다. 그리고 그녀는 천남석을 강박적으로 쫓아다니기 때문에 이상적인 여성에 대한 남성 환상의 투사라는 관점으로 두 사람의 관계를 해독할 수도 없다. 민자에게 이런 강박적인 태도를 심어준 것은 바로 천남석의 어머니이기 때문이다. 그녀는 자신의 시어머니가 그녀에게 했던 것처럼 민자에게 문신을 새긴다. 천남석의 어머니는 문신을 여성들 사이에만 교환되는 징표라 여긴다. 말할 필요도 없이 아들의 자식을 낳기 위한 계약이기 때문에, 이것을 여성들 간의 공동 유대로 보기는 어렵다. 그럼에도 불구하고 영화에서 아들의 출산이 강조되긴 하지만, 특히 1960년대 가족 멜로드라마에서 흔히 볼 수 있는 아버지가 마치지 못한 책임을 떠맡게 될 수밖에 없는 장남을 통해 유교적 가부장제의 이상이 구현되는 일은 결코 발생하지 않는다. 민자의 아들은 심지어 천남석이라고 설정된 아버지의 혈통도 계승하지 않는다. 영화는 한국 영화에서 가장 소중히 여기는 여성적 미덕, 즉 여주인공의 처녀성과 남자 아이의 성공적인 출생을 조롱한다. 술집 여자인 민자가 주장하는 자신의 처녀성은 계속 의심받고 놀림당하며, 그녀가 파랑도에서 아들을 낳게 된 것도 여성들의 섬에 내재된 어떤 갈등도 해결하지 못한다.

〈서편제〉처럼 전근대, 즉 과거로의 향수를 느끼는 여행의 중심요소인 순수하고 때 묻지 않은 농촌의 자연이 〈이어도〉에서 불가능한 것은 당연하다. 〈이어도〉의 전근대적 공간은 그로테스크한 병적 상태가 등장하는 장소이며, 통제 불가능한 변형과 혼성의 장소이다. 페티시가 한국에서 다의적으로 번역되는 것처럼(주술적 대상, 성적-대상, 상품), 이 영화도 양극적 이분법을 작동시키는 것처럼 보이지만, 다중적이고 서로 상충하는 이미지의 영역들 속으로 갈라져 들어간다. 이런 점에서 〈이어도〉는 한국에서 영화적 근대성을 관통하는 장애의 또 하나의 예가 되지만, 동시에 근대성을 통과해 전통주의를 상상할 수 없음을 넘어 운동한다. 그리고 〈이어도〉는 대안적인 근대성으로서의 역사적 전화와 문화적 혼성을 설정하는 데 따르는 발화의 어려움과 함께 작동하고 있다. 파랑도는 마치 1970년대의 근대화, 즉 전근대의 잔재를 일소하기 위한 군사정부의 전국적인 캠페인, 즉 전통적인 가옥들이 무너져 나가고 마을 무당들이 쫓겨나가던 것의 왜곡된 축소판처럼 보인다.

〈이어도〉는 그 충동을 이야기하지만 그러한 이분법적인 경향들로 나가는 방향성을 뒤죽박죽 만들어버리는 수많은 페티시들을 발생시킨다. 그런 점에서 김기영의 어둡고 소위 악마적인 작업은 미래의 관객을 위해서 현실에 대한 일종의 플래시-포워드(flash-forward)인 헤테로코즘을 구축하면서 영원히 시기상조로 남아 있다. 여전히 그의 영화는 미래의 관객을 기다리고 있다.

감사의 글

이 글의 초판은 1998년 캘리포니아 대학에서 열린 심포지엄 "한국영화의 탈식민지적 고전들"에서 발표된 것이다. 이 글에 대해 여러 가지 논평을 해 준 폴 윌먼과 메간 모리스, 류규승(월터 류)에게 감사드린다. 특히 이 논문을 꼼꼼히 읽어준 크리스 베리에게 고마움을 전하며, 1999년 6월 북경에서의 "서구의 유령들"에 대한 흔적들(traces) 워크숍에 참여한 모든 분들에게 감사한다.

제2장

한국 사회의 트라우마와 젠더

운명의 손?

역사적 트라우마와 한국의 남성성

운명의 손 : 트라우마와 환상 사지

한국의 남성성은 역사적 트라우마라는 집 안에 거주한다. 혹은 그렇다고
한다. 일제 식민지와 분단, 미군의 반영구적 지배와 맞물린 끝나지 않은 냉
전, 군사 독재, IMF 위기로 시작된 "본격적" 세계화, 그리고 북한과 미국의
위협 속에서 남한의 주권은 유예되어 늘 어딘가 다른 곳에 존재하는 것으로
표상된다. 예컨대, 한국의 운명을 좌우하는 손은 누구의 것인가라는 질문
에 남한 정부를 단독으로 떠올리는 사람은 그리 많지 않을 것이다. 물론 이
질문 자체가 고답적이고 결정주의로 빠지는 오류를 담고 있긴 하다. 그럼
에도 이 방식으로 질문하는 이유는 한국전쟁 직후 만들어진 영화가 〈운명
의 손〉이라는 이름으로 그렇게 묻고 있기 때문이다.

　　훼손된 주권과 더불어 남성성 역시 손상된 것으로 제시된다. 이러한
역사적 트라우마에 포획된 남성성은 스스로를 여성화된 그 어떤 것으로
자기 재현하는 경향이 있다. 그러나 동시에 이 여성화된 상태는 극복의
대상이다. 남성들은 더 '본질적'인 여자, 따라서 극복 가능성이 원천 봉쇄

된 여성들과의 만남으로 보다 바람직한 남성성을 회복한다. 〈은폐와 투사―남성 섹슈얼리티의 두 가지 존재 방식〉에서 심진경은 김소월이나 이상 같은 작가만이 아니라 대부분의 남성 작가들이 1930년대의 식민지 현실 속에서 스스로를 여성화된 타자로 인식하면서, "건강하고 영웅적인 남성 육체를 포기하고 여성화된 앓는 육체, 예컨대 매독이나 결핵 같은 질병으로 훼손된 육체"를 선택해 "'수동성', '탈성화', '매저키즘', '성적 타락' 등 그동안 여성성과 결부되었던 표지들과 결합시키고 있음"을 지적한다.[1] 이렇게 여성화되고 훼손된 몸 이미지를 갖고 있는 1930년대의 식민지 남성성은 한국전쟁 이후에는, 미군의 주둔과 분단의 문제와 맞물려 보다 복잡하고 판독하기 힘든 형상을 하게 된다.

이 글은 해방 이후 한국 영화에 대한 국지적 계보학이며 그것은 어떻게 남성성이 구성되어 왔는가를 묻기 위한 것이다. 그래서 한국 영화사의 행로를 바꿔 1950년대의 〈운명의 손〉(1954)에서 출발해 〈나그네는 길에서도 쉬지 않는다〉(1987)를 거쳐 〈쉬리〉(1998)로 쉼표를 찍고자 한다. "여성 영화"로 계보학을 만드는 경우 남한 영화 산업의 비약적 성장을 가져온 〈춘향전〉(1955)과 〈자유부인〉(1956)으로 시작할 수 있으나,[2] 역사적 트

---

1. 그리고 여성의 성적 욕망과 육체가 새로운 남성 주체 확립을 가능하게 하는 매개물로 타자화되는 유진오 「수난의 기록」과 이효석의 「화분」의 예를 들고 있다.
심진경, 〈은폐와 투사―남성 섹슈얼리티의 두 가지 존재 방식〉, 《여/성이론》 88호, 여성문화이론연구소, 2003, 81~102쪽.

2. 이 점에서 대해서는 졸저 「여성 영화에 대한 몇 가지 질문」, 「여성 영화, 여성 섹슈얼리티」, 「근대성의 유령들」, 씨앗을 뿌리는 사람들, 2000 참고.
"현재 우리가 '한국 영화'라고 부르는 영화 범주가 하나의 국가 단위의 영화로 생성되기 시작한 것은 바로 1950년대이다. 특히 한국 영화가 대중 관객들과 폭발적으로 만나게 되는 계기를 만들어 준 것이 1955년 이규환 감독의 〈춘향전〉과 1956년 한형모 감독의 〈자유부인〉이다. (중략) 한국 영화의 성장기 혹은 중흥기라고 불리는 1955년 이후, 한국 영화가 대중성을 획득한 공간이 〈춘향전〉이라는 점은 상당히 흥미롭다. 왜냐하면 이 영화는 유교 질서 속에서 가치평가된 여성 덕목인 정절을 재주장하고 재인가하는 작품이기 때문이다. 또한 위의 〈춘향전〉과 더불어 〈자유부인〉이라는 영화가 한국 영화 산업의 기폭제가 되었다는 사실 역시 매우 흥미로운 부분이다. 한국전쟁 이후 미국의 경제·군사적 원조 아래 건설되기 시작한 사회구성체의 새로운 여성 주체로서 '자유부인'이 가정되고 있음에도 불구하고, 영화는 역시 그녀의 성적 욕망을 질의하고 처벌하기 때문이다. 특히 여성주의적으로 영화 속에 기입된 여성의 성애를 해석하려는 관점에서 보자면 두 영화는 더욱 흥미로울 것이다." 「근대성의 유령들」, 씨앗을 뿌리는 사람들, 2000, 171쪽.
그 당시의 여성 관객성에 대한 상세한 실증적 연구로는 변재란(2000), 〈한국 영화사에서 여성 관객의 영화 관람 경험 연구 : 1950년대 중반에서 1960년대 초반을 중심으로〉, 중앙대학교 영화학과 박사 학위 논문 참조.

라우마와 관계된 남성성이라는 젠더 정치학의 경우는 그보다 2년 앞선 〈운명의 손〉으로부터 시작하는 편이 좋을 것 같다.

〈운명의 손〉이라는 영화는 한국전쟁 이후 〈춘향전〉, 〈자유부인〉으로 한국 영화의 부흥기가 시작되기 바로 직전인 1954년에 만들어진 영화다.[3] 1953년, 휴전 후 바로 1년 뒤에 만들어졌다. 감독은 2년 후 〈자유부인〉으로 "혁명"[4]을 몰고 온 한형모다. 이 영화는 손의 클로즈업으로 시작한다. 담배 파이프를 쥔 남자의 손인데, '운명의 손'이라는 자막이 획 지나간 후에도 약 1분 10초에 걸친 긴 시간의 클로즈업이 진행된다. 이후, 이 손은 동일한 프레임의 뒤쪽으로 빠져 나무문을 두드린다. 카메라는 이 손의 주인의 전체 모습을 보여주는 대신 계단을 빠져나가는 그의 발을 보여준다. 주인을 알 수 없는 손의 클로즈업은 이후 여러 번 손(파이프를 쥔 손, 단장을 든 손, 반지를 낀 손)으로 바뀌는데, 〈운명의 손〉의 텍스트적 강박은 바로 이 신체의 일부인 손에 대한 클로즈업이다. 서구 초창기 영화(1895~1920)에서 클로즈업은 신체의 파편화, 절단, 훼손, 거세를 연상시키면서 사람들에게 충격과 공포를 주었다. 신체 일부의 클로즈업, 몸 이미지는 그 자체가 일종의 시각적 폭력이었다. 한국전쟁 직후 만들어진 이 영화의 첫 시퀀스 손 클로즈업은 그 당시 남한의 관객들에게도 시각적 폭력이라기보다는 신기함 정도였으리라고 추정된다. 그러나 1분 10여초에 걸친 고정된 클로즈업 숏 이후, 프레임 안에서 손이 뒤로 움직여 문을 두드리는 것은 지금 보아도 '과잉'이다. 그리고 다리와 발에 대한 클로즈업

---

3. 이 영화의 간단한 내용은 다음과 같다. 마가렛은 바걸로 보이지만 사실은 북한 공작원이다. 그녀는 능수능란한 공작원이지만 남한 방첩 장교인 영철과 사랑에 빠지면서 상관으로부터 의심을 받는다. 그 의혹에서 벗어나기 위해 그녀는 영철을 납치해 죽일 것을 요구받는다. 그러나 마지막 순간 그녀는 영철을 구하고 자신이 상관의 총에 맞아 죽는다.

4. 『이영일의 한국영화사 강의록』(소도, 2002)에서 이영일 선생은 다음과 같이 〈자유부인〉을 평가한다.
"지금 보기에는 뒤떨어져 보이지만 당시에 이 자체가 한국인의 생활의식에 가져온 변화가 거의 혁명적이었다…이 영화에서 보여주는 몸에 꼭 붙는 의상, 댄스홀, 맥주와 같은 기표는 영화가 관객에게 주는 또 관객이 영화로부터 받는 의미 형성에 있어서 일차적인 역할을 한다. 그런데 지금까지의 논의는 이와 같은 기표의 문제를 논외의 것으로 간주하면서 이데올로기에 비중을 두었다."

도 넘쳐난다. 이 과잉은 사실 증후다. 이것을 증후로 만드는 역사적 조건은 이 영화가 한국전쟁 직후, 곧 분단이 반(半)영구화되는 상황에서 만들어졌다는 것이다. 이 '운명의 손'의 주인공의 모습은 영화의 마지막 시퀀스에 가서야 드러난다. 그는 북한 간첩단의 두목이다. 〈운명의 손〉은 당시에는 반공 프로파간다 영화로 만들어졌지만, 이 영화를 남한 영화사에 남게 한 것은 한국 영화 최초의 키스신이다. 대중적 기억 속에서 이 영화의 이데올로기는 지워지고, 섹슈얼리티가 남은 것이다. 그렇게 된다면 〈운명의 손〉은 섹슈얼리티가 연행되는 몸에 관한 영화, 몸 이미지를 담은 영화로 좀 더 확대될 수 있다.

파이프를 든 손의 긴 클로즈업이라는 과잉을 증후로 읽기 위해 "몸 이미지"와 "환상 사지"라는 개념을 소개하고자 한다. 엘리자베스 그로츠(Elizabeth Grosz)는 『뫼비우스 띠로서 몸』[5]이라는 책에서 이집트에서 "카"라는 단어가 인체의 복사판을 의미했으며, 이 영혼과 흡사한 더블(double)은 영혼 혹은 마음과 같은 데카르트식 개념의 무정형성과는 달리 몸 이미지를 가지고 있으며, 주체의 유령과 같은 도상이라고 소개한다. 이렇게 고대인들이 의학의 입장에서 철학적·종교적·제의적 맥락을 제공했다면, 몸 이미지에 관한 기술적인 언급은 16세기의 유명한 외과 의사인 앙브루아즈 파레(Ambroise Paré)의 저술이다. 몸 이미지에 관한 파레의 작업은 주로 전쟁터에서 부상자들을 치료하다가 발견한 것으로, 그는 전쟁으로 엄청난 절단 시술을 경험하게 된다. 그 경험으로 환상 사지(Phantom Limb)에 대해 최초로 기술하는데, "괴저(훼저)" 이후에 발생하는 환상 사지의 경험을 죽은 부위가 산 부위와의 연속성과 "일관성"을 유지하고자 함으로써 발생하는 현상으로 설명했다.

미국 남북전쟁 때 부상당한 환자들을 치료했던 의사 위어 미첼(Silas

5. 엘리자베스 그로츠, 『뫼비우스 띠로서 몸』, 여이연, 2001, 151~196쪽.

Weir Mitchell)은 환상 사지 현상을 부상자에게서 빈번하게 관찰했다. 그는 움직일 수 있고 기능하고 있는 말단 부위를 절단하고 난 뒤에 나타나는 환상 사지는 거의 100%에 가까운 환자들이 경험하는 환상이라고 진단한다. 이때 몸 환상은 사실상 더 이상 부재하는 사지의 이미지가 아니라 대단히 왜곡되어 있는 것이다. 예를 들어 잃어버린 말단 부위의 경우, 환상 사지는 실제 사지보다 어김없이 짧다. 종종 환상에 인접한 부위는 상실되어 있다. 그리고 이 환상 사지는 시간이 흘러감에 따라 대단히 극적으로 변한다. 그로츠는 이런 환상이 절단 환자가 인조 대체물인 인조 사지를 사용하기 위한 전제 조건인 것처럼 보인다고 말한다.

이런 몸 이미지와 환상 사지라는 틀로 한국 영화를 보면 해방 후보다는 한국전쟁 이후, 반영구인 분단이 지속되는 상황 자체가 환상 사지라는 몸 이미지를 야기시킬 수 있다는 알레고리적 확장을 시도할 수 있다. 한국전 이후, 실제로 많은 상이군인들이 있었고 분단으로 많은 이산가족이 발생했다. 개인적 · 집단적으로 잃어버린 사지를 그리워하는 환상 사지화 현상이 예측되는 상황일 수 있다.

분단과 함께 진행된 미국의 군사 지배가 시작되는 상황은 〈운명의 손〉에서 기존의 뉴스릴과 직접 촬영한 장면들에서 제시된다. 미군들이 항구에 도착해 배에서 내리는 장면은 남녀 주인공들의 시선에 의해 크로스 커팅으로 포착된다. 영철은 방첩 장교다. 첩보 활동을 위해 (혹은 북한의 첩보 활동을 감시하게 위해) 하역꾼으로 가장하고 부두에 있다. 그가 시선을 돌리자 행진곡 풍의 음악이 배경으로 깔리면서 미군들이 배에서 내리는 장면이 펼쳐진다(10초가량). 그의 얼굴에는 착잡한 표정이 어린다. 그와 동일한 장소(인천 항구)에 있는 여주인공 일명 '마가렛' 정애는 북한 공작원이다. 그녀의 시선으로 다시 위의 장면이 더 길게 보여지는데(15초가

량), 그녀의 표정은 영철보다 더 적대적이다. 그리고 시선을 돌리다가 영철을 발견하게 된다. 이 둘은 이전에 마가렛이 우연히 곤경에 처한 영철을 도와준 것을 계기로 서로에게 막연한 애정을 느끼고 있다. 남한 방첩 장교와 북한 공작원은 이렇게 주둔 미군이 남한에 입성하는 장면에서 서로를 다시 발견한다. 남한이라는 국가체(the national body)를 보면 잘려나간, 절단된 북한은 공작원 마가렛이라는 환상 사지로 돌아오고, 미군은 대체물인 인조 사지로 이 장면에 새겨진다.[6]

그로츠의 논의로 돌아오자면, 환상 감각의 "실재"와 다른 한편으로 남은 팔뚝이 경험한 지각적 실재로 환자는 당황하게 되는데, 이 두 가지 "사지"는 동일한 시간과 공간을 차지하면서 하나가 다른 하나의 부재하는 유령 같은 더블이 된다.[7]

흥미롭게도 〈운명의 손〉 초반부에 방첩 장교 영철은 도둑으로 몰려 매를 맞은 비천한 모습(피를 흘리고 있고 옷차림도 엉망이다)으로 등장하고, 스스로를 굶주린 고학생으로 소개한다. 공작원이면서 고급 바에서 일하는 바걸, 마가렛은 이런 영철을 씻게 해준 후 치료하고 커피와 위스키 등을 대접한다. 그리고 다음에 이어지는 데이트 도중 영철에게 양복을 사주는 것도 마가렛이다. 그 당시 소비문화에 대해 더 잘 알고 그것을 즐기는 데도 능수능란한 공작원 마가렛이 남한 방첩 장교 영철을 변신시키는 것이다. 그런 의미에서 마가렛은 2년 후 "장안의 화제"를 몰고 온 〈자유부인〉의 정임의 1954년 버전이다. 프로파간다 영화임에도 불구하고 영화 속에서 북한에 대한 남한의 우월적 지위는 잘 보이지 않는다. 미군이 항

---

6. 남한 방첩 장교와 북한 여자공작원의 사랑, 그리고 여자가 남자에게 총을 겨누지만 결국 죽이지 못하는 〈운명의 손〉의 플롯은 이후 1970년대 〈70 홍콩황금작전〉이라는 프로파간다 영화의 신성일과 윤정희에서 반복되고, 물론 〈쉬리〉에서 그 정점에 이른다. 이후 〈이중간첩〉에서도 한석규와 고소영의 관계로 반복되지만 사실 한석규가 맡은 역할이 이중간첩이라 남남북녀의 쌍이 성립하지 않으며, 한석규는 나중에 정부살해당한다. 하지만 〈운명의 손〉에서 마가렛이 음악을 듣고 악보로 난수표를 그리고, 음악 방송을 통해 교신하는 것은 〈이중간첩〉에서도 동일한 모티브로 나타난다. 위 4편의 영화에서 남한 공작원과 관계를 맺는 여자들이 다 북한 여성이라는 것은 물론 북한-타자-여성이라는 공식화의 결과다.

7. 엘리자베스 그로츠, 같은 책, 168쪽.

구에 내리는 모습을 쳐다보는 영철과 마가렛의 시선이 함의하는 바도 당황스러움과 경멸이다. 물론 마지막에 가선 영철이 마가렛의 희생으로 살아남지만 남한 남성 영철은 그 어떤 기준으로 보아도 이상적인 남성상과는 거리가 멀다. 영화의 마지막 숏은 마가렛을 잃은 영철의 뒤에 버티고 선 동굴이다. 영화의 초반부가 북한 공작원 손의 클로즈업으로 시작되고 마지막이 소위 동굴이라는 여성적 상징으로 끝나면서, 결국 이 영화의 전반적인 톤을 지배하게 되는 것은 지각적 실재보다 환상 감각의 실재다. 그러나 이 환상 감각의 실재가 봉사하는 것은 남성 비체가 주체로 형성될 수 있도록 돕는 것이다. 피 흘리던 구차한 행색의 남한 남성 영철은, 북한 공작원 마가렛의 희생으로 남한 방첩 장교로서의 임무를 수행한다. 남한 영화 최초의 키스신이 북한 공작원과 남한 방첩 장교 사이에 일어난다는 것은 이러한 개인적인 차원의 봉합을 국가적 단위의 알레고리로 읽을 수 있게 해준다. 그리고 소위 그 당시 미국식 문화의 적극적인 대행자인 바걸(그녀는 늘 위스키와 커피를 따라주고, 서양 드레스를 입고 있다)이면서 북한 공작원(라디오에서 들리는 음악을 악보로 기입해 난수표로 암호화는 작업을 무척 즐긴다)인 마가렛은 그 당시 남한 남성들이 위협적으로 느낄 만한 이중의 역할을 수행하다가 영철을 위해 죽는다. 『주변부의 남성 주체성Male Subjectivity at the Margins』에서 카자 실버만(Kaja Silverman)은 2차 세계 대전을 기점으로 하는 역사적 트라우마와 남성 주체성의 문제를 다루면서 당시 할리우드 영화가 여성 주체를 소환해 남성 주체의 거세를 부인하는 역할을 하게 한다고 주장한다. 눈보다는 "상상력"으로 그를 바라보게 함으로써 남근적 만족을 증여한다는 것이다. 마가렛 역시 처음 만났을 때 영철의 비천한 모습 그 이상을 보고 애정을 느낀다. 그리고 그를 "양복 입은 신사"로 바꾸고 또 역설적으로 방첩 장교로서의 역할을 수행하게 한다. 그러나 마가렛이 죽은 후 영철의 고통에 찬 얼굴 뒤로 이어지는 동굴 숏은 영철의 남성 주체성이 아직도 불안에 차 있는 것임을 보여준다. 영철의 비체와 주체 위치 사이의 진동은 마가렛에 의해 진행되고, 그의 존재는 "잘려진 손", 운명의 손에 의해 내내 위협받는다. 이렇게 클로즈업된 '운명의 손'의 주인공은 마지막엔 제거되지만, 스릴러/액션 영화의 느슨한 장르적 구조와 코드들은 남한 사회와 그 사회 구성원의 불안을 진단하고 다룰 만한 재현 체계 역시 불안정한 상태임을 가리킨다.[8] 말하자면 어디에 문제가 있다고 가리키고는 있지만, 아직 진단적 이해에 이른 단계는 아닌 것이다.

세 개의 관을 진 남자 : 〈나그네는 길에서도 쉬지 않는다〉

영화 〈나그네는 길에서도 쉬지 않는다〉의 마지막 장면은 "운명의 손"으로 끝난다. 영화의 여주인공인 미세스 최(이하 '최')는 지난 3년간 자신이 돌보아 온 재벌 회장(이하 '회장')이 들고 다니던, 북한에 두고 온 가족이 담긴 사진을 찢어 눈밭에 버리며 "이제 필요 없는 사진이 되었군요"라고 말한다. 눈밭 위로 사진이 흩날리는 숏은 짙은 안개가 위로 피어오르는 바다를 왼쪽에서 오른쪽으로 빠르게 지나는 배의 전경을 보여주는 다음 숏으로 이어진다. 그리고 이제껏 이야기를 나누며 걷던 '최'와 주인공 남자(이하 '남자')의 뒤를 따르며 장난치던 아이들의 얼굴에 탈이 씌워진다. 이제까지 비현실적

---

8. 〈운명의 손〉에서 영철과 마가렛의 이러한 관계는(남한-미국식/자유주의-북한) 이후 〈자유부인〉에서 점점 '미국화/근대화/성적 자유주의'에 포섭되어 가는 아내 오선영(오마담)을 바라보는 장 교수의 시선으로 이어진다. 즉, 주창규는 〈백색 식민지의 위험한 여성들 : 충무로 여성관객성에 대한 시론〉(2003)에서 "오선영은 부패한 도시의 상징으로서 토착 엘리트 남성의 시선을 통해서 상품을 물신화하는 존재로 이미지화되고 결국 처벌받는다"라고 기술한다. 그러나 주창규는 이러한 처벌의 서사에도 불구하고 충무로 여성 관객은 〈자유부인〉의 관람 경험을 통해서 한국의 근대화, 즉 민족적 오이디푸스화를 일시중지시킨다고 주장한다. 즉, "식민적 근대화에 대해 충무로 영화는 젠더에 따른 상이한 반응을 보여주었으니, 〈오발탄〉의 무기력하고 수동적인 남성의 거세된 모더니즘과 〈자유부인〉의 활달하고 능동적인 여성의 통속적 모더니즘은 징후적으로 좋은 대조를 이룬다"는 것이다.

인 장면들이 플래시 불빛처럼 삽입되던 영화의 특성상 갑작스런 일은 아니지만, 이러한 아이들의 등장은 영화의 지배적 톤을 주술적인 방향으로 재조정한다.

영화의 마지막 시퀀스, 무당이 '최'에게 시선을 보내자 그녀는 접신한 듯 몸을 떨고 무당의 무구를 넘겨받아 춤을 춘다. 배를 타고 떠나던 남자는 신 내린 양 춤추는 그녀를 쳐다본다. 그리고 돌연 하늘에 손이 환영처럼 나타난다. 손목 부분이 너덜거리고 손금이 선명한 손을 쳐다보다가, '남자'는 비명을 지르며 물고 있던 담배를 떨어뜨린다. 영화의 이런 마지막 두 컷은 재현의 '파열'이다. 즉, 〈운명의 손〉의 신체 부위 클로즈업이 과잉이라면, 〈나그네는 길에서도 쉬지 않는다〉의 절단된 손은 도무지 불가능한 재현, 즉 재현의 이음새, 그 봉합이 끊어지는 부분이다. 〈운명의 손〉의 손 클로즈업이라는 과잉 재현의 반복을 잃어버린 반쪽 몸(북한)에 대한 부분적 치환이며, 또 위협적이고 과장된 귀환으로 가정한다면, 〈나그네는 길에서도 쉬지 않는다〉의 손의 클로즈업은 보다 모호하고 다층적이다. 영화에서 손이 언급되는 부분은 '최'가 '남자'를 만나 "서른에 물가에서 관 셋을 짊어진 사람을 반드시 만난다"라는 무당/점쟁이의 말을 상기시킬 때이다. 그러면서 그녀는 이런 손금을 본 적이 있느냐며 자신의 손을 보여주는데, '남자'는 그럼 내가 관 셋을 짊어진 사람이냐고 반문한다. 이때 관객이 보게 되는 '최'의 손금의 특징과 영화의 마지막 장면, 하늘에 저주받은 무지개처럼 나타나는 손금의 그것과는 외관상 사실 별 관계가 없다. '남자'가 경악하며 물고 있던 담배를 떨어뜨리듯, 관객에게도 이 장면은 불가해하다. 영화 후반부에 응축적으로 마련된 주술적·샤머니즘적 톤 속에서 제시되지만 이것을 해석할 수 있는 명시적인 참조물은 영화 텍스트 안에는 '최'의 언급을 제외하곤 존재하지 않는다. 하지만 이 영화의 두 서사 축의 핵 한 부분을 차지하는 북한에 두고 온 가족의 사진을 들고 월산까지라도 가려고 하는 전신이 마비된 노인, '회장'과 이 영화의 주 공간이 휴전선에 가까운 속초, 강릉, 양양, 원통 부근이라는 점을 생각하면 이러한 재현의 연속성에 돌연 구멍을 내는 이 절단된 손을 분단과 이산, 그리고 환상 사지라는 몸 이미지와 연결시켜 볼 수 있다. 예컨대, 이렇게 신체로부터 절단되어 하늘에 떠 있는 손, 분리된 손은 한편 '최'가 앞서 보여주던 손과 연결되고 또 다른 한편 '최'가 지난 3년간 '특별' 간호원(자신의 몸을 핫 팩으로 사용하는) 노릇을 하며 똥, 오줌을 갈아주던 '회장'의 비체 같은 범주에 속한다. 다시 엘리자베스 그로츠의 논의로 돌아가면 그녀는 라캉의 오브제 아(objet a)와 크리스테바의 비체(abject)를 비유기적인 대상과 유기적인 몸 사이를 '매개하는' 중간 범주로 보면서 이런 것들을 "분리될 수 있는" 몸의 일부라고 지적한다. 바로 배설물, 폐기물, 육체적 부산물들이 그것이다. 그런데 문제는 이런 대상들이 한때 주체의 몸과 몸 이미지의 일부이며 주체의 몸으로부터 그렇게 분명히 분리된 적이 없다는 것이다.[2] 말하자면 영화 전반부에 '최'에 의해 처리되었던 '회장'의 비체가 손이라는 몸의 일부로 치환되어 과장해서 돌아오는 것으로 읽는 것이다. 이때 '최'의 손이나 점술과 연결된 부분은 보다 지시적인 것이며, 그녀가 돌보던 '회장'과 이 잘린 손의 관계는 환유적인 것이다.

우선 전자의 지시적인 관계에서 추론할 수 있는 것은 다음과 같다. '최'가 자신의 손금을 보여주며, "서른에 물가에서 관 셋을 짊어진 사람을 반드시 만나며" 또 바로 그 남자가 전생의 남편이었다는 무당의 말을 전하는 시퀀스에서, 그 말에 대한 '남자'의 반응은 유보적이다. 하지만 '남자'는 바다에 3년 전 죽은 아내의 아내의 뼛가루를 뿌리러 강원도를 배회하면서 자신과 잠깐 관계한 여자가 각각 심장마비와 교통사고로 죽는 것

9. 엘리자베스 그로츠, 같은 책, 182쪽.

을 목격한 바 있다. 그냥 관이 아니라 여자 시신이 든 관 셋을 짊어진 셈인데, 실제로 그가 들고 다니는 것은 아내의 뼛가루다.

아내에 대한 애도가 완전히 끝나지 않은 상태에서 그가 만나는 여자 두 명(주막에서 어설프게 매매춘하는 여자와 '최')은 모두 이보희에 의해 연기됨으로써 유사한 모습을 하게 된다. 아내의 역할을 할 때의 이보희는 두껍고 어색해 보이는 안경을 끼고 있고, 이보희가 연기하는 세 명의 여자 중 가장 부자연스럽다. 매매춘 여성을 연기할 때의 이보희는 오히려 가정주부가 입을 법한 평범한 니트를 입고 있다. 또 '최'를 연기할 때 이보희의 얼굴 왼쪽엔 푸르스름한 얼룩이 덮여 있다. 한 남자가 다른 두 명의 여자에게 아내 이미지를 투사하고 그들의 차이를 무화시켜 아내와 유사하게 보는 것인데 매매춘 여성은 오히려 아내보다 더 가정적으로 그려지고(이 둘의 성관계는 그와 아내와의 관계와 동일한 방식으로 재연된다) '최'에게는 오점(얼룩)이 있다. 하지만 둘 다 직간접적으로 "갈보"로 불린다. 그의 죽은 아내가 시장에서 물건을 파는 모습의 플래시백은 마치 무당이 굿을 하는 듯 재현된다. 아내가 아파서 기침을 할 때 그가 보이는 태도는 "나가서 죽으라"며 냉담하기 짝이 없다. 그래서 그의 애도는 상실한 대상에 대한 그리움과, 자신이 경멸하여 죽인 것에 대한 죄의식이 뒤섞여 있다. '남자'는 이 양가적 정서로 아내와 유사한 이미지의 여자를 거듭 만들어내 죽인다. 그녀들은 유사하지만 동일하진 않다. 동시에 그가 들고 다니는 아내의 뼛가루는 환상 사지처럼 아내가 죽기 이전 삶의 통합성에 대한 향수를 표현한다. '남자'의 이러한 분열적 상태가 발생시키는 환상과 '최'가 환기시켰던 손금이 융합되어 만들어내는 것이 마지막 장면의 하늘에 걸린 초현실적인 기괴한 손이다. '최'와의 정사를 미완의 상태로 남겨둠으로써, 자기 충족적 예언을 벗어나려던 '남자'는 아내의 또 다른 측면(무당처럼 표현된)을 마침내 실연하는 '최'의 모습을 보게 되고 "운명의 손"을 보게 되는 것이다.

'남자'의 애도에서 출발한 개별화된 차원의 이러한 환상은, 또 다른 역사적이고 개별화된 사건과 맞물려 있다. 몸을 쓰지 못하는 '회장'이 북한에 남은 가족의 사진(이 사진에는 적어도 2명 이상의 여자가 있다)을 손에 쥔 채 간호원 '최'의 도움을 받아 월산이라는 곳으로 가려고 한다. 영화에는 '최'가 그의 대소변을 받아주고 몸을 닦아주는 장면이 나오는데, '회장'의 이러한 비체는 한쪽이 푸르스름하게 물든 얼굴의 '최'와 함께 월산으로 가지 못하고 강원도의 여관에 묶여 있다. '남자'는 '회장'을 업고 가달라는 청을 거절하고, 결국 '회장'은 아들이 보낸 사람들에게 붙잡혀 다시 서울로 돌아간다. 물론 DMZ는 넘지 못하고 최대한 고향 가까이라도 가보려는 시도가 실패하면서, 그는 내내 손에 쥐고 있던 사진을 놓아버린다. 그 후 이 사진은 '최'의 손에 쥐어진다. 이 사진은 "동결된 정지된 이차원적 이미지"라는 페티시며, 이 사진 속 여성들의 육체는 과거를 환기하는 장소가 된다.[10] 그 사진의 여자가 주는 환상적인 위안과 간호원의 역할이 겹쳐지면서 '최'는 '회장'에게 그야말로 특별한 간호원(고용주 측에서는 300만 원의 수고비를 치르고 그녀를 '갈보'라고 부른다)으로 고용되어 있었다.

다시, 예의 "운명의 손" 장면으로 돌아가자면, 이 운명의 손이 하늘에 뜨는 순간은 '최'가 접신되었을 때다. 전신마비의 '회장' 다음으로 진혼제를 지내는 무당이 '최'의 몸을 장악한 것이다. '남자'는 '최'의 몸에 아내의 이미지와 아내의 더블 이미지(매매춘 여성)를 투사했고, '회장'은 300만 원을 주고 3년간 '최'를 소유했었다. 이제 그녀의 몸은 무당이 진혼하고 있는 죽은 자에게 사로잡힌다. "운명의 손" 이미지라는 이해/판독

---

10. 페티쉬에 대한 이러한 문제는 졸고 〈유예된 모더니티 : 한국 영화들 속에서의 페티시즘의 논리〉, 《흔적》 1호 , 문화과학사, 2001을 참고할 것.

불가능한 재현의 파국이 오는 것은 그녀의 몸이 분단이라는 국가적 알레
고리, 환상 사지(아내를 잃은 '남자'가 애도를 그치고 재활성화 할 수 있도
록)라는 몸 이미지, 그리고 그 모두를 해원해야 하는 영매, 그 모두로 기
능해야 하기 때문이다. 그녀에게 부가된 이 불가능한 짐이 재현의 불가능
성 혹은 파국, 잘해야 신비주의(샤머니즘)로 해석될 수 있는 그로테스크한
이미지로 하늘에 프로젝트되는 것이다. '수상학'의 도움을 받아 읽어낼
수 있는 손금이 그 손에 분명히 나타난다 해도 누가 그것으로 분단 상황
과 그에 맞물린 개인의 운명을 읽을 수 있겠는가? 또 그러한 판독 가능성
에 대한 믿음은 신비주의와 운명 결정주의에 다름 아니다. 그런 의미에서
이 영화는 역사적 트라우마의 인식과 재현의 불가능성을 역설적으로 드
러낸다. 또한 그 불가능성의 많은 부분은 남자 주인공이 자신의 상실감,
환상화된 절단(역사적·정신적 거세에 다름 아닌)을 여성의 몸에 투사함으
로써 그 결핍을 보상받으려 하는 데 있다. 즉, 남성적 환상 사지가 "몸의
통합성, 총체성, 완전성에 대한 향수를 표현하는 것"이라면, 그 환상 사지
를 여성화함으로써 (즉, 여성의 몸 어딘가에 그가 잃어버린 남근(phallus)이
있으리라는 전도된 페티쉬화) 복구를 시도하지만, 성적 차이를 봉합하여
전유하려는 이러한 도착적 프로젝트는 실패할 수밖에 없다. 도착성을 통
해 유토피아의 (불)가능성을 알리기 위해서는 거세 시나리오 자체를 전복
시킬 수 있는 픽션을 다시 쓰는 것이 필요하다. 김기영 감독의 〈이어도〉
(1978)가 바로 그 도착과 유토피아의 이야기다.[11]

〈나그네는 길에서도 쉬지 않는다〉는 1985년 이상 문학상을 받은 동
명의 소설을 1987년에 영화로 만들었다. 1980년대 민중 운동에 의해 희
망과 절망이 급격하게 교차되는 시기, "세 개의 관을 짊어진 남자"(영문판

---

11. 김기영의 〈이어도〉 분석이 제1장 근대의 원초경 중 〈유예된 모더니티〉에 실려 있다.   **142**

제목)와 북에 두고 온 가족들 사진을 움켜 쥔 노인이 한 여자에게 모든 짐을 부가하고 또 그 무게에 의해 재현의 파국을 맞는 영화는 그 당시 시대 정신으로부터 그로테스크하게 어긋나 보이기도 한다. 이 영화 전반을 지배하고 있는 매우 결정론적이고 주술적인 샤머니즘과 그에 감염된 불교적 세계관 역시 그러한 정조를 더한다. 그러나 1954년 〈운명의 손〉이라는 영화적 재현 속에서 발아된 역사적 트라우마에 포획된 남성성과, 그것이 여성의 몸 이미지에 투사되고 치환되는 깊은 불안을 다룬다는 의미에서 보자면 한국전쟁 이후라는 상대적으로 긴 시간 속에서 파악되어야 할 텍스트이기도 하다.

〈쉬리〉(1998) 역시 〈운명의 손〉과 〈나그네는 길에서도 쉬지 않는다〉의 계보 속에서 보자면 분단 상황 속 남한 남성들의 불안이 북에서 온 여공작원에게 투사된 영화다. 한국형 블록버스터라는 양식 속에서 1954년의 〈운명의 손〉보다 그 과정이 치밀해지고 그럴듯함을 높였지만, 남북 분단의 모순을 온몸으로 감싸 안고 수십 발의 총을 맞고 죽어가는 것은 이방희/이명현이다. 히드라라는, 괴물이면서 동시에 아름답고 사랑스러운 여자로 등장하는 이방희/이명현은 〈운명의 손〉의 마가렛이 〈나그네는 길에서도 쉬지 않는다〉의 '최'처럼 텍스트 안에서 그녀에게 지워진 무게를 견디지 못하고 추락한다.[12] 마가렛이 바걸과 북한 공작원으로서의 이중 생활을 치러낸다면, 이방희/이명현은 '쉬리' 등의 관상용 물고기를 파는 트렌디 드라마의 주인공처럼 보이지만 북한 최고의 사격 요원이다. 그녀는 남한의 OP요원 유중원의 아이를 가진 채, 총탄을 맞는다. 그녀가 죽은 후 음성 사서함에 남겨진 그녀의 목소리로 전해지는 것은 이방희/이명현의 몸이 재현하고 있는 남과 북의 '불가능한 결합, 잉태'다. 다음 장면에

12. 한국형 블록버스터의 젠더 정치학과 전반적인 문제에 대해서는 『한국형 블록버스터 : 아틀란티스 혹은 아메리카』, 김소영 편, 현실문화연구, 2001 참조.
〈쉬리〉에 대한 분석은 이경은, 「한 민족, 두 국가의 비극적 서사를 노래하라!」, 『한국형 블록버스터 : 아틀란티스 혹은 아메리카』, 김소영 편, 현실문화연구, 2001 참조.

등장하는 것이 제주도에서 요양하고 있는 이명현을 방문 중인 유중원인데, 이방희는 바로 이명현의 신원과 얼굴을 빌어 활동했었다. 동일한 얼굴 모습을 한 이명현이 제주도 바다를 배경으로 이방희를 회상할 때 우리는 이 더블 이미지가 이명현의 것도 또 이방희의 것도 아니라는 것을 안다. "환상 사지가 잃어버린 사지에 대한 애도이며 제자리에 서 있으려는 정신적 사절단"이고 그래서 환상 사지가 "사지의 상실이나 육체적 통일성의 상실에 대한 성가신 나르시시즘적 보상"[13]이라고 한다면 미군 지배, 분단이라는 냉전의 지속, IMF 위기로 촉발된 세계화의 "투명한" 과정 속에서 비체화되었다고 느끼는 남성은 자기애에 기반해 여성을 남성의 환상 사지, 비체로 구성하고 투사해냄으로써[14] 당면한 현실을 대신해 줄 수 있는 과거의 몸 이미지를 복원하려고 한다. 그러나 정치적·정신분석학적으로 불가능한 이러한 과정의 프로젝트는 실패할 수밖에 없다.[15]

이러한 일련의 시도와 실패의 강박적 반복을 가능하게 하는 영화라는 재현 장치 자체가, 전체적으로 보자면 일종의 환상 사지라는 이데올로기적 장치다. 남한 전체의 관객 수에 비해 한국 영화는 1980년대 후반을 제외하곤 대부분 늘 과다 공급 상태인데, 이렇게 영화적 사회, 또 사회적

---

13. 엘리자베스 그로츠, 같은 책, 169쪽.

14. 생각해보라. 〈서편제〉에서 송화의 한의 깊이가 모자란다고 그녀의 눈을 멀게 한 아버지. 의붓아비에 가난에 천민, 기생 취급을 받으며 떠도는 송화가 어떻게 한이 모자랄 수가 있겠는가? 그러나 그녀에게 비천성을 더해 승화되고 숭고한 소리를 끌어내려는 아버지의 시도 끝에 눈이 먼 송화가 〈심청전〉의 〈아버지 아직 눈을 못 뜨셨소〉를 부르는 영화의 후반부는 도착적 비극성의 결정판이다. 그렇다면 2000년대 초반부는 어떠한가? 2000년대엔 성 정치학의 지형이 바뀌었다. 소위 세계화 시대, 한국형 블록버스터에서 남한 여성들이 사라지면서, 그녀를 통해 말하는 대신 남성과 남성 간의 동성 사회적 관계가 많아졌다. 〈친구〉처럼 남자들의 우정과 사랑, 배신의 이야기가 지배적이다. 한 편의 영화, 한 편의 작품으로 희대의 스캔들 속 문제 인물로 떠오른 여주인공은 아직 없다. 나는 남한의 영화가 〈서편제〉로 일종의 "숭고"한 전 국민적 제의를 치르고, 세계화의 길로 떠나갔다고 생각한다. 〈서편제〉의 송화라는 눈먼 딸이 아버지 이제 눈을 뜨시라는 〈심청전〉의 한 대목을 들으며 남한 국가 단위의 한의 눈물을 흘리고 난 후, 세계화/한국형 블록버스터라는 신대륙으로 가버린 것이다. 그러니 그 신대륙 역시 과거의 유령들이 출몰하는 장소다. 〈쉬리〉의 이방희/이명현, 〈이중간첩〉의 윤수미, 그리고 체코제 권총을 들고 브라질에서 죽어가는 이중간첩 림병호 등이 그들이다.

15. 왜 남성 작가는 여성 화자, 인물을 통해 말하기를 즐기는가? 왜 텍스트의 저자로서 일종의 트랜스젠더적 가로지르기를 감행하는가? 이러한 여성 인물로 변장하기를 통해 남성 작가는 어떤 것을 성취하는가? 그리고 이것을 수용하는 남성들은 이러한 가면무도회에 어떤 성(gender) 역할로 참여하는가? 1929년에 발표된 「가면무도회로서의 여성성」이라는 짧은 글에서 조앤 리비에르는 한 전문직 여자의 예를 들어 여성성이 사실은 가면무도회 같은 것이

영화를 이루는 국가 단위의 영화 산업 단위는 사실 세계적으로 보아도 많지 않다. 예컨대, 영화라는 특정한 매체가 남한 사회에 제공할 수 있는 것이 있다는 것이다. 정비석 원작, 한형모 감독의 〈자유부인〉의 자유부인, 1960년대 김기영의 〈하녀〉의 하녀, 1970년대 〈별들의 고향〉의 경아와 〈겨울 여자〉의 겨울 여자, 1980년대 〈애마부인〉시리즈의 많은 애마들, 그리고 1990년대의 〈서편제〉의 송화. 남자 작가들이 창조한 이 여자들로 한국의 현대사와 근대성, 섹슈얼리티가 서로 얽혀 만들어내는 궤적을 상상하는 일은 그리 어렵지 않다. 그리고 다른 한편으로 〈운명의 손〉이나 〈나그네는 길에서도 쉬지 않는다〉, 〈쉬리〉처럼 분단과 남성의 환상이 투사된 여성 비체(환상 사지)라는 틀로 볼 수 있는 영화들이 있다. 글의 앞에서 논의했던 식민지 시대의 문학이 "표면적으로 남성 섹슈얼리티는 거세되거나 승화되지만, 이면적으로는 이러한 거세와 승화를 가능하게 했던 여성 섹슈얼리티를 악마화하거나 심미화함으로써 상실된 남성 주체성을 '허구적인' 방식으로나마 재확립할 수 있게"[16] 하는 역할을 했다고 한다면, 거론된 한국전쟁 이후의 영화들에서 여성은 남성의 환상이 투사된 더블, 삼중의 이미지로 나타나지만 그 과정을 통해 남성 주체성이 재확립되지는 않는다. 위의 세 편의 영화가 드러내듯 영화의 마지막 프레임은 재현

라고 설명한다. 그 전문직 여성은 매우 공적이고 객관적 태도, 즉 '남성적'인 태도로 강의를 마친 후 동참한 남자들에게 성적으로 매력적이라는 인상을 주려고 애교를 떤다. 리비에르는 이 여성의 이러한 '이중적 행동'이 진정한 여성성과 '가면무도회' 사이의 간극을 보여주는 것이 아니라 사실은 동일한 것이라는 점을 지적한다. 여자답게 구는 것, 그 굴종을 통해 그녀는 남자들에게 사실은 자신이 하고 있는 '남자의 일이 남자에게 위협이 되지 않을 뿐만 아니라 남자를 위해 하는 것이라고 가장한다. 여성성은 본질이 아니라 바로 이러한 가장이며 변장이다. 그런데 이 반대의 경우 남성이 여성화되는 순간, 즉 여성 주인공을 통해서만이 아니라 텍스트의 정조, 정감 등을 통해 여성화되는 가면무도회에선 무슨 일이 일어나는가? 예컨대, 최원식은 이렇게 지적한다. 고려 노래인 「정과정곡」, 정철의 두 「미인곡」, 김소월과 한용운의 시에서 '님에 대한 수동성, 질투, 그리고 자기도취와 일종의 매저키즘 등에서 여성주의적 증후가 현저'(334쪽)하다고. (심진경의 글에서 재인용) 그러나 여자로 말하는 남성 작가들이나 남성 수용자에 대한 연구는 많지 않다. 작가와 텍스트 수용자에 이르는 정치한 분석에서 남자 작가가 여자를 주인공으로 선택했을 경우, 그 세 가지 층위에 대한 효과와 그 과정에 대한 것은 그리 인기 있는 연구 토픽이 아니다. 이유는 자명하다. 남자가 여자를 대변하고 재현하는 것이 자연스럽게 받아들여지기 때문이다.

16. 심진경, 같은 글, 102쪽.

의 파열(〈나그네는 길에서도 쉬지 않는다〉)이거나 다시 자연화된 기표(전통적으로 여성성과 맞닿아 있는)로 돌아간다. 〈운명의 손〉의 동굴이 그렇고 〈쉬리〉의 푸른 바다가 그렇다. 남성적 재활성화가 일어나는 것이 아니라, 시원적이거나 고대의 어머니 이미지로 되돌아가는 것이다. 이데올로기나 성적인 면에서 불온한 여성과 시원적 어머니, 이 두 개의 이미지 사이를 진동하는 셈이다. 한국전쟁 이후 한국 영화는 한편으로는 인식적으로나 정치적으로 해결 불가능해 보이고, 다른 한편으로는 여성화되는 "운명의 손"이 거세한 환상 사지의 환영에 시달리는 남성성을 강박적으로 반복 재현해 왔다. 어떻게 이 강박에서 벗어날 것인가. "결핍이나 거세의 모델에 정초해 있는 환상 사지에 보내는 절단 환자의 애도를 멈춤"으로써? 물론 그렇다. 그리고 정치적으로 미국에 대한 반(半)식민 상태를 벗어나 상대적 자율권과 협상력을 갖추는 것이 필요할 것이다. 그러한 인식론적·정치적 이중의 과정을 통해 근대성의 도래(일제 식민화와 미국 지배와 중첩되는) 이후 남성성의 여성화를 가정한 후, 상실을 애도하고, 동시에 그 상실의 체화인 환상 사지로서의 여성을 처벌한 후 시원/신화적 어머니로 되돌아가는 이 재현의 곤궁/젠더 정치학의 폐쇄회로를 단락시킬 수 있을 것이다.

한국 사회의 트라우마와 젠더[*]

〈박하사탕〉, 〈살인의 추억〉, 그리고〈숨결〉

서론

1990년대 한국 영화는 1992년과 1993년을 기점으로 전환의 계기를 마련한다. 〈결혼 이야기〉(1992)와 〈서편제〉(1993)가 그것이다. 〈결혼 이야기〉는 소위 '기획 영화'의 전범을 마련한 영화로, 기존 영화 제작의 관행에서 보면 선－제작(pre-production) 단계와 홍보에 많은 노력을 기울인 영화다. 이 영화를 만들고 흥행시킨 신씨네는 〈단지 그대가 여자라는 이유만으로〉(1990), 〈미스터 맘마〉(1992), 〈은행나무 침대〉(1995) 등 기획과 마케팅에 노력을 기울인 영화들을 생산했다. 이러한 기획 영화들은 1960년대의 중년 여성 관객이나 1970년대의 중년 남성 관객들과는 다른 젊은 세대 관객들에게 말을 걸었다. 〈서편제〉는 개봉관에서 100만 명이 넘는 관객을 동원해 사회적 이벤트가 되었다. 민족 영화라는 신화적 위치를 차지하고 있는 〈아리랑〉(1926), "중공군 50만 명에 해당하는 조국의 적"이라고 비판받고

* 이 글에서 〈박하사탕〉에 관계된 것은 《문학수첩》(2003년 여름호)에 실린 것을 수정한 것이며 〈살인의 추억〉은 《키노》(2003년 6월호)에 실린 것이다. 위의 두 개의 글을 더해 '한국 사회의 트라우마와 젠더'로 다시 묶고 여기에 종군 위안부 3부작 다큐멘터리 〈낮은 목소리 1, 2〉와 〈숨결〉에 대한 부분을 넣었음을 밝힌다. 이렇게 통합된 논문은 2004년 여성학회에서 발표되었다. 〈박하사탕〉 논문은 일본 가쿠슈인대 동양학과 창설 기념 학술회의에서 기조 논문으로 발표했고, 이후 영문으로 번역되어 《Korea Journal》(2006)에 실렸다.

성과 젠더 정치학에 큰 파장을 몰고 온 소설 『자유부인』(1954)을 각색한 영화 〈자유부인〉(1956)에 이어 〈서편제〉는 '국민 영화'로 자리 잡는다. 〈결혼이야기〉의 신씨네처럼 마케팅과 사전 관리 공정을 영화 제작 과정에 들여온 영화들은 기존의 충무로식 제작에 적극적인 관리 방식을 도입했고, 이것은 이후 한국형 블록버스터라는 새로운 유형으로 이어지게 된다. 또한 신씨네를 비롯한 기획사에서 배출된 인력들은 보다 체계적으로 영화 연출 공부를 한 한국영화아카데미 출신의 감독들과 대학 영화과들과 더불어 영화계에 질적으로 우수한 노동력을 제공하게 된다. 그리고 〈서편제〉가 불러일으킨 한국 영화에 대한 사회적 관심과 파장은 이후 30, 40%가 넘는 국내 시장 한국 영화 점유율에 직간접적인 영향을 주게 된다.

제도와 정책의 측면에서 보자면 공연윤리위원회가 사전 검열을 헌법 위반이라고 판결한, 1996년 광주 항쟁을 알레고리적으로 다룬 장선우 감독의 〈꽃잎〉이 개봉되어 한국 영화가 일제시대부터 시작된 사전 검열의 오랜 족쇄에서 벗어나고 있음을 보여주었다. 박광수 감독과 함께 뉴코리안 시네마를 만들어온 장선우 감독의 영화와 더불어 1996년 이후 한국 영화에 어떤 특이성을 1995년부터 대기업 주도의 영화 제작이 활성화되었으나 1997년 아시아 금융 위기, 즉 IMF 사태가 일어나면서 영화계는 대기업의 출자 중단으로 위기를 맞게 된다. 이때 영화진흥공사는 긴급진흥자금을 풀어 제작 지원을 하게 된다. 편당 3억 원씩 모두 60억 원을 출자했으며 20편 정도의 제작 자금을 내놓았다.

IMF 위기 중인 1997년에도 〈접속〉과 〈편지〉 같은 멜로드라마가 흥행에 성공하고 장선우 감독의 〈나쁜 영화〉는 청소년들의 삶을 사실적이며 충격적으로 다루었고, 다큐멘터리 감독 변영주는 1995년 종군 위안부 다큐멘터리 〈낮은 목소리〉를 만들고 1996년에 그 두 번째 편을, 그리고

2000년에 〈숨결〉로 그 3부작을 완성한다. 1999년 〈쉬리〉는 〈타이타닉〉보다 국내 흥행에서 수위에 서고, 〈퇴마록〉(1998) 이후 한국형 블록버스터의 본격적인 등장을 알렸다.

왜 트라우마인가?

중요한 역사적 사건과 관계된 트라우마의 문제는 근대의 사유 속에서, 그리고 특히 2차 세계대전 이후 홀로코스트와 관계되어 핵심적인 것이 되었다.[1] 『트라우마*Trauma*』라는 책의 서문에서 캐시 커루스(Cathy Caruth)는 트라우마를 명료하게 정의하기보다 그것의 놀라운 충격을 이해하려 한다고 밝혔다. 즉, 트라우마는 강렬한 개인적 고통일뿐만 아니라, 트라우마를 겪지 않은 사람이 그 트라우마의 생존자가 전달하고자 하는 것을 이해하는 과정에서 미처 직면하지 못했던 현실을 인지하게 되고, 동시에 이해와 재현의 한계를 깨닫게 된다는 것이다. 홀로코스트의 생존자, 전쟁의 생존자, 그리고 성폭행의 생존자들은 PTSD(외상 후 스트레스 장애, Post-Traumatic Stress Disorder)라고 명명되는 증후를 앓게 되는데, PTSD에 대한 정확한 규정은 아직 논란거리지만 자신을 압도했던 사건에 대한 지연된, 그리고 반복적인 강박을 느끼면서 하나의 이미지에 사로잡히는 것이다.[2]

증언집 『강제로 끌려간 조선인 군위안부들 4 : 기억으로 다시 쓰는 역사』의 증언팀은 종군 위안부 생존자의 '증언'이 기억과 침묵을 포함하는 비언어적 감각의 차원, 울림의 영역에 자리하고 있음을 지적하면서,

---

1. Dominick LaCapra, *Writing History, Writing Trauma*(The Johns Hopkins University Press : Baltimore and London, 2001), 서문 ix.
   또 지그문트 바우만은 홀로코스트 같은 트라우마적 사건은 과거의 사건이 아니라 오늘날 우리의 근대적 삶 속에 숨어 있는 잠재적인 위험이며, 도구적 이성의 발전, 과학과 도덕의 결합이라는 근대성의 바깥에는 존재할 수 없는 근대의 현상이라고 지적한다. 〈 '악의 평범성'에서 '악의 합리성'으로 — 지그문트 바우만, 임지현의 대담〉, 《당대비평》 2003 봄호.

2. Cathy Caruth, *Trauma*(The Johns Hopkins University Press : Baltimore and London, 1995), p. 3.

이러한 증언집이 "집합적 울림과 혼과 기억 언어를 역사 쓰기의 자원으로 삼고자 하는 하나의 시도"라고 밝힌다. 더 나아가 종군 위안부의 증언집은 "세계 체제와 한국사(national history) 속에서, 하위 주체(the subaltern)인 생존자 여성을 통해 역사적 지식을 복원, 생산, 확장하고자 하는 작업이라고 할 수 있다. 이러한 노력은 식민지 경험을 가진 사회들의 역사가 누구의 잣대에 의해, 누구의 입장에서 서술되어 왔는가 하는 후기 식민주의적(post-colonial) 성찰과 같은 선상에 있다"고 맥락화하고 있다.[3]

　　트라우마라는 문제 틀이 불러일으키는 이러한 사유와 실천의 영역 속에서 소위 한국 근대사의 질곡이 동시대의 영화에 어떻게 일종의 PTSD적 성격을 가진 이미지로 출현하는가, 혹은 동시대의 영화가 한국 근대사의 트라우마를 어떻게 재현하고 있는가 또는 하지 못하는가, 그럼으로써 트라우마와 그것의 증후적인 후유증이 역사적 재현과 이해에 던지는 질문은 어떤 것인가? 또, 그것의 인식론적·광학적·무의식적 발현은 어떻게 드러나는가 등을 세 편의 영화를 통해 살펴보고자 한다. 각각 광주항쟁, 1980년 화성 살인 사건, 그리고 일제 강점기의 종군 위안부 문제에 영화적 트라우마의 핵을 위치시키고 있는 〈박하사탕〉, 〈살인의 추억〉, 그리고 〈숨결〉은 현재 한국 사회가 지고 있는 역사적 짐을 보여주는 대표적 텍스트들이다. 또한 미처 부려놓지 못한 그 짐들이 어떻게 영화적 재현 양식을 압박하는가 혹은 대안적 재현 양식을 찾도록 만드는가에 대한 분석을 통해, 특히 〈박하사탕〉과 〈살인의 추억〉이 구성하는 시대적 트라우마가 한국 사회의 보편적 트라우마가 아니라 남성화된 트라우마, 젠더화된 것임을 밝히고자 한다. 그리고 이렇게 젠더화된 트라우마는 보편적·역사적인 것으로 스스로를 가장함으로써 한편으로는 여성의 외상과 그 압도적 외상의 지배에 의해 주변화된 외상의 발화를 막는다. 또 다른 한편으로는 동성 사회적 방식으로 가해자와 피해자의 구분을 흐릿하게 하여 트라우마의 재현이 제기할 수 있는 새로운 역사 인식을 의미의 제로 지점, 실천의 불능 지대로 근접시킨다. 〈박하사탕〉, 〈살인의 추억〉, 〈낮은 목소리 1, 2, 3〉 세 개의 텍스트를 트라우마라는 문제 틀로 접근하고 있지만 그 분석과 기술 방식은 조금씩 다르다.

〈박하사탕〉에 대해 분석적 접근을 시도했다면, 〈살인의 추억〉에 대한 부분은 영화의 핵심적 이미지를 선택해 그것에 대한 다른 작업 — 전체주의에 대한 비판에 여성의 몸을 재현 대상으로 삼는 것과 관계된 — 을 환기시키는 방식으로 기존 〈살인의 추억〉의 이미지의 핵을 치환시키는 브리콜라지의 작업을 했다. 다큐멘터리인 〈낮은 목소리 1, 2〉와 〈숨결〉의 경우 다큐멘터리적 장치인 인터뷰어의 위치와 나눔의 집을 중심으로 한 종군 위안부 공동체와 감독과의 관계를 통해 트라우마가 기술되는 방식에 주목했다. 말하자면 차마 하지 못할 이야기를 〈숨결〉이 이야기하고 있는 방식을 분석하고자 한다.

냉전과 군사 독재로 빚어진 가부장적이고 전체주의적인 사유 구조의 오랜 지속은 이미 여러 평자들에 의해 비평된 바 있다. 이 글은 소위 '진보적'인 것으로 간주되는 영화 텍스트들이 어떻게 거꾸로 뒤집힌 거울 이미지처럼 가부장적이며 전체주의적 사유를 모방하고 있는가를 밝히고자 한다. 그리고 종군 위안부를 다룬 〈숨결〉이 종군 위안부의 트라우마를 어떠한 양상으로 재현하는지를 살펴봄으로써 〈박하사탕〉이나 〈살인의 추억〉의 남성화된 트라우마의 재현이 부딪힌 막다른 골목 또는 딜레마와 비교하고자 한다.

이것은 페미니즘의 이름으로 한국 사회의 트라우마를 다시 사유하고자 하는 것이며, 또한 역사적·개인적 트라우마가 남성적 마조히즘과 자기애로 구조화된 동시대 한국 영화의 전범적 텍스트들을 해체함으로써, 현재 유사한 종류의 영화들에 대한 비판의 틀을 마련하려는 것이다.

늪, 친밀하고 낯선

이창동의 영화는 친밀한 낯섦, 그리고 억압된 친밀함이 들끓는 늪 같은 곳이다. 예컨대, 〈오아시스〉(2002)를 보자. 충무로 영화의 통속성을 핍진성에 근접시켜 일상처럼 보이게 하고, 그것을 다시 한 번 리얼리즘이라고 알려진 태도와 스타일, 충동에 근접시킨 이 영화는 충무로를 환골탈태하게 한다. 그래서 그 늪에서 공주는 〈아다다〉(1987)에서 〈서편제〉로 이어지는 충무로 영화의 비체 여성들만이 아니라 전적으로 남자들에게 의존함으로써만 외부로의 동선을 가질 수 있는 수많은 여자 주인공들을 인용한다. 과거 충무로 영화에 대한 인용과 협상, 연행 과정을 거쳐 〈오아시스〉는 충무로의 통속성과 리얼리즘이라고 알려진 것의 긴장, 그리고 금융자본이 지배하는 포스트 충무로의 세계화 안에서 그 경향들을 절묘하게 교차시킨다. 〈바람 불어 좋은 날〉(1980)의 중국집 배달부 덕배를 통해 표상되던 1960년대 〈오발탄〉 이후의 갱신된 리얼리즘은 〈오아시스〉의 중국집 배달부 종두와 간텍스트성을 갖는다. 이것은 1970년대 후반 이후의 리얼리즘 소설의 서사가 2002년 영화라는 장에서 '통속적'으로 구현되는 것이기도 하다. 또한 〈오아시스〉는 남한 지역의 대중적 감성과 뉴 코리안 웨이브로 호명되는 글로벌한 한국 영화가 겹쳐지는 장이다.

〈초록물고기〉(1997)는 영화 〈게임의 법칙〉(1994)의 규칙 속에서 쉽게 이해될 수 있는 구조를 가지고 있다. 또한 〈박하사탕〉과 〈초록물고기〉에선 리얼리즘 소설들에서 익숙한 관행들과 인물들이 발견된다. 이러한 언캐니(the uncanny)한 세계, 그 친밀한 것과 낯선 것이 뒤섞인 이창동 영화의 핵심은 '재배열'이다. 즉, 전적으로 새로운 그 무엇을 전경화 하는 것이 아니라, 기존 영화와 소설 속에서 익숙한 어떤 것을 새롭게 배열하는 것이다. 그리고 이러한 재배열이 일어나는 과정은 기존의 작품들보다 보다 정교하고 두텁다. 소위 작가 영화와 대중 영화 혹은 장르 영화 사이를 아슬아슬하게 넘나드는 그의 영화적 영토는 사실 1950년대 이후 한국 영화사에서 김기영, 유현목, 신상옥 감독들을 토대로 하고 있다.

이창동의 영화 세 편 〈초록물고기〉, 〈박하사탕〉, 〈오아시스〉에서 강박에 가까운 반복을 찾는 것은 어려운 일이 아니다. 영화들의 제목 자체가 명백하고, 어김없이 상실된 그리고 부재한 어떤 시점, 대상 혹은 공간을 가리키고 있다. 〈초록물고기〉에서 막둥이는 상대 조직 폭력배의 보스를 살해한 후 맏형에게 전화를 건다. 그리곤 붉은 색 다리 밑 시냇가에서 초록 물고기를 잡던 시절을 기억하느냐며 울부짖는다. 〈박하사탕〉의 김영호는 1979년 야유회에서 윤순임이 건네주던 박하사탕을 잊지 못한다. 〈오아시스〉의 공주와 종두는 오아시스가 그려진 싸구려 벽걸이 앞에서 환상 속의 춤을 춘다. 그러나 이들의 현실적 '오아시스'는 부재한다.

이러한 표제적 일관성과 함께 그의 영화는 유동성과 부동성, 즉 움직일 수 있는 것과 갇혀 있는 것 사이의 대립을 극화한다. 그리고 이 대립은 곧잘 사회적이며 역사적인 것으로 미끄러져 나간다. 예컨대, 〈초록물고기〉는 기차 장면으로부터 시작한다. 그리고 이 기차는 〈박하사탕〉의 서사를 추동시키는 핵심적 장치다. 〈오아시스〉에서 종두가 감옥을 나와 거리를 배회하는 장면은 핸드헬드로 찍혀 있다. 사회가 적절하게 담아낼 수 없는 그의 에너지는 이 핸드헬드의 거친 리듬 속에 담겨 있다. 이러한 유동성과 대립을 이루는 것이 일그러진 얼굴의 클로즈업, 그리고 뒤틀어진 몸 등으로 표현되는 갇힘이다. 군복무를 끝내고 집으로 향하는 막둥이는 기차 난간에 나와 자유의 바람을 즐기고 있다. 그러나 곧 그의 얼굴을 덮는 것은 기차 앞 칸에서 날아온 장밋빛 스카프다. 클로즈업은 질식할 듯한 그의 얼굴 윤곽을 보여준다. 그리고 이 클로즈업은 영화의 마지막, 막둥이가 칼에 찔린 후 자신을 찌른 배태곤의 차 유리창에 고통으로 일그러진 얼굴을 댄, 긴 시간의 클로즈업과 대구를 이룬다. 〈오아시스〉의 종두의, 사회적 쓰임새가 별로 없는 거친 에너지를 담은 핸드헬드 카메라의 유동성은 작은 아파트에 갇힌 공주의 뇌성마비에 걸린 몸의 부동성과 만나게 된다. 막둥이의 형 중 한 사람 역시 뇌성마비로 몸을 자유롭게 쓰지 못한다.

또한 이창동 영화에서 공간의 구체성이 갖는 중요성은 절대적이다. 〈초록물고기〉의 진정한 주인공 중 하나는 재개발이 진행되고 있는 일산이다. 막둥이의 집에 긴 가지를 내려뜨린 수양버드나무가 영화에서 어떤 낯선 친밀함을 끌어낸다. 영화의 마지막, 미애는 기괴하기까지 한 수양버드나무를 보고 바로 이 장소가 죽은 막둥이의 집임을 알아챈다. 〈박하사탕〉에선 야유회가 벌어지는 들판과 광주라는 도시가 순수와 타락의 공간들이다. 그리고 〈오아시스〉에선 공주가 살고 있는 아파트와 그 앞 나무가 핵심적이다.

이창동의 세 편의 영화들은 이렇게 쉽게 판독 가능한 대립 구도(순수와 타락)를 설정하고 그 화해 불가능한 세계를 구체적 공간 속에 펼쳐 놓는다. 그것은 비극적 멜로드라마적이며 또한 역설적이기도 하다. 〈초록물고기〉의 막둥이와 〈박하사탕〉의 이영호, 그리고 〈오아시스〉의 종두는 결국 심리적 · 육체적 상처를 안고 살해되거나, 자살하거나, 감금된다. 그리고 이들의 상처는 역사적 맥락에서 보자면 1980년 5월의 광주, 재개발의 그늘 같은 사회적인 것과 관계된다.

이제 다시 시작해보자. 영화들의 제목 자체가 상실된 그리고 부재한 어떤 시점, 대상 혹은 공간을 가리키고 있다고 설명했지만 상실과 부재는 다르다. 상실은 존재하던 대상을 잃어버린 것이지만 부재는 원래부터 없던 것이다. 이창동 영화의 흥미로운 점은 바로 부재하는 것을 상실된 것으로 치환하는 것이다. 즉, 순수의 지점이나 대상을 지정하고 영화의 서사적 과정은 그 상실을 환기시키며 아파하지만, 〈박하사탕〉에 대한 분석은 애초부터 잃어버릴 것이 없음을 가리킨다. 즉, 〈박하사탕〉의 영화적 구성물이 완성되는 것은 부재를 유사 상실로 스토리텔링하면서 '잃어버린 순수'에 호소할 때다. 상실이라는 전제를 받아들이는 관객들에게 그의 영화는 애도의 서사로 기능하지만, 그 전제를 받아들이지 못하는 관객들에게 그것은 강요된 애도로 보일 수 있다.

냉전, 독재, 세계화 혹은 가리봉동, 광주, 서울

우선 〈박하사탕〉이라는 영화를 텍스트로 냉전과 군사 독재가 어떻게 영화적 기억으로 재구성되는가, 그리고 역사적 기억의 현장(the site of memory)이 어떻게 영화적 공간으로 재배열되는가를 다루고자 한다. 〈박하사탕〉은 1979년에서 1999년까지 20년의 시간을 다루며 두 번의 위기와 그것이 낳은 상처들을 영화를 움직이는 핵으로 설정한다.[4] 1980년 5월의 광주민주화운동과 1997년의 IMF 위기가 그것이다. 광주민주화운동(민중항쟁)은 한국자본주의의 불균형 성장과, 개발 독재의 권력 편중과 횡포에 따른 모순의 심화가 지역 차원에서 극대화되었다고 보는 입장과, 이를 극복하고자 하는 정치의식의 제고와 저항 역량의 결집이라고 하는 '주체론'이 결합한 형태로 제시되고 있다.

주인공 김영호는 이러한 민중항쟁의 현장이던 광주에 계엄군으로 투입되면서 냉전과 그 결과물인 분단이 구축해놓은 군사 체제와 독재의 대행자로 편입된다. 그리고 경찰로 변신한 후 가구점을 경영하는 소자본가가 되었다가, 글로벌라이제이션의 피해자가 된다. 그러나 〈박하사탕〉은 피해자의 이야기가 아니라 가해자의 이야기다. 김영호는 계엄군으로 광주 '폭동' 진압에 나섰다가 사건과 관계없는 여고생을 죽이게 된다. 또한 그는 경찰에 들어가 정치범들을 잔인하게 고문한다. 그러나 이 영화의 흥미로운 모순 중 하나는 주인공 김영호가 자신이 피해자라고 주장하며 믿고 있다는 것이다. 그래서 자신을 속인 증권 브로커와 고리대금업자들을 원망하며 마지막 남은 돈을 털어 권총을 산다. 그리고 자신에게 피해 입힌 그들을 죽이려 하다가 결국 자살하고 만다. 〈박하사탕〉은 순수하던 인물이 시대적 상황에 따라 타락하는 전형적인 순수와 타락의 이야기를 그 순서를 바꾸어 타락에서 순수의 지점으로 이동하는 것으로써 제시한다.

---

4. 〈박하사탕〉의 웹사이트는 www.peppermintcandy.co.kr
2000년에 개봉한 이 영화는 주인공 김영호가 1979년에서 1999년 사이에 겪은 일을 기차의 트래킹 숏을 삽입해 플래시백의 형식으로 에피소드화해 보여준다. 가리봉동 출신의 노동자들이 20년만에 같은 장소에서 야유회를 갖는 데 나타난 김영호는 터널 앞에 서서 자살을 감행한다. "나 다시 돌아갈래!"라는 김영호의 절규와 함께 그의 얼굴 숏이 프리즈 프레임화 되고 영화는 그가 자살에 이르게 된 여정을 거꾸로 추적한다. 관객이 그 시간의 거스름을 통해 발견하게 되는 것은 다음과 같다. 가리봉의 노동자로 서울 생활을 시작한 김영호는 광주에 계엄군으로 투입되어 한 여고생을 실수로 사살하게 되고, 이것은 당연하게도 그 이후의 삶을 결정적으로 바꾸게 된다. 가리봉동 노동자들의 야유회에서 만난 윤순임과의 관계도 그가 광주 사건 이후 경찰이 되면서 끝나게 된다. 그는 양홍자라는 자신이 자주 가던 식당 집 딸과 결혼하고, 이후 시국 사건과 관계된 대학생(정치범) 취조를 맡게 되면서 점점 더 군사 장치가 요구하는 잔혹한 인간이 된다. 이후 그는 가구점을 경영하게 되는데, 증권과 사업 경영의 성공으로 어느 정도 일상인으로 돌아온 듯이 보이지만 자신과 아내의 불륜 등으로 가정생활은 파괴되어 간다. 그러던 중 IMF 위기 상황이 터지고 그는 이혼과 부도를 함께 맞는다. 그리고 총을 구입해 자신을 파괴한 사람과 동반 자살을 하겠다고 다니던 중 윤순임의 죽음을 병상에서 지켜보게 된다. 그리고 라디오에서 우연히 듣게 된 가리봉동 사람들의 20년만의 재회가 같은 장소에서 있다는 말을 듣고 그곳을 찾아가게 된다. 그리고 마지막 에피소드에서 우리는 마침내 김영호가 돌아가고 싶었던 그 지점이 어딘지를 알게 된다. 〈박하사탕〉의 공식 홈페이지에 있는 시놉시스의 내용을 비교해서 읽으면 흥미로울 것이다.

그럼으로써 점차적으로 김영호는 관객들로부터 그 타락에 대한 심정적 면죄부와 동정을 받도록 구성되어 있다. 그래서 이 영화가 환기하는 쟁점 중의 하나는 독재 정권 시기, 가해자가 피해자가 되고 또 피해자가 가해자가 되는 이 악순환의 고리가 만들어내는 풀리지 않는 매듭, 그 상처에 관한 것이다. 그리고 이 매듭들로 얽힌 역사의 동인(cause)과 작인(agent), 그리고 효과(effect)에 관한 물음이 될 수 있다.

〈박하사탕〉 주인공의 이와 같은 궤적(광주에서 IMF까지)은 냉전이 2차 세계대전 이후 미국의 글로벌한 경제적·정치적 지배로 이어지는 플랫폼이라는 미국 내의 분석과도 일치한다.[5] 콜드 워(Cold War)는 한국에서는 그 등가의 번역어로 냉전(冷戰, ice war)이 된다. 이 번역은 한국에서의 상황을 절묘하게 포착하는 폐부를 찌르는 것이다. 말 그대로 얼음으로 동결된 상태를 가리키기 때문이다. 소련과 동유럽권의 붕괴 이후 소위 글로벌(미국)한 시점으로 보면 콜드 워는 끝났지만 한국의 냉전 상황은 그대로 남아 있다. 미국은 북한을 악의 축(Axis of Evil)으로 부르고, 남한엔 여전히 미군이 주둔하고 있다. 주한미군부대 철수 투쟁은 끝나지 않는 냉전에 대한 조직화된 시민운동이다.

조희연의 〈남한의 개발주의적 정권과 그 변화―국가주의적 동원과 반공산주의적 통제로의 권위적 통합〉이라는 논문은 〈박하사탕〉의 시간적 배경인 군사 독재 시기와 자발적·강제적 세계화 시기의 구조적·이데올

---

5. 미국의 세계의 나머지 지역에 대한 공격적인 경제 정책과 인종차별주의, 그리고 냉전으로 상징화되는 공산주의에 대한 공포가 어떻게 미국의 거대한 글로벌한 권력을 만들었는가에 대한 미국 중심적 논의로는, Stephen E. Ambrose and Douglas G. Brinkley, *Rise to Globalism*(New York : Penguin Books, 1997). 그중 50~51쪽의 1945년 즈음에 관한 다음과 같은 구절을 보자.
"미국은 게다가 핵폭탄을 소유하고 있었다. 1945년 그것은 최고의 무기로 보였다. 그리고 미국의 정치인들은 그들이 수십 년간 미국의 군사 지배를 보장할 수 있는 비밀을 가지고 있다고 믿었다. 문제가 있었다. 그것은 아시아의 중심지와 관계되어 있었다. 남한을 제외하곤 미국은 아시아의 중심지에 주둔하고 있는 병력이 많지 않았다. 증오와 죽음, 파괴, 기만, 그리고 이중 거래가 성하는 세계에서 미국은 2차 세계대전 이후 정의와 평화, 그리고 민주주의의 공평한 승리자로 보편적으로 간주되고 있었다. 미국의 특권이 결코 이렇게 고양되는 경우는 없을 것이다."
현재 글로벌라이제이션이라는 이름으로 더할 수 없이 고양된 미국의 군사적, 정치적, 경제적 특권을 고려하면 이 진술의 자기만족적인 평가에 당황할 수밖에 없다.

로기적 특징을 잘 지적하고 있다. 그는 남한 사회를 개발주의적 국가(State)라기보다는 정권(regime)이라고 표현한다. 이러한 개발주의적 정권의 선조건으로 작용한 것이 반(反)공산주의적 사회로, 조희연은 한국전쟁 이후 냉전 논리의 내면화는 한국의 "생존의 정치학"이었다고 요약한다. 말하자면 이러한 반공산주의적 통제는 북한을 적으로 규정하는 유사-전시(pseudo-wartime) 지배에 기반하고 있으며, 국가 안보를 최우선으로 삼는 공포의 정치학이었다.[6] 국가보안법은 정적에서부터 민중운동가, 그리고 대학 내의 시위 참여자, 노동운동가를 공산주의자로 분류한 후 투옥, 고문, 살해하는 공포 정치학의 장전이다. 유사 전시 상황을 이용한 이러한 군사독재정권은, 강력한 군대를 통해 남성들을 군인으로 재생산해낸다.

〈박하사탕〉의 김영호는 바로 그 군인 중의 한 사람이다. 그리고 그는 5·18 광주민주화운동을 진압한 계엄군으로 광주에 들어가 살인을 저지른다. 이 살인으로 그는 자신이 선함을 '상실'했다고 생각한다. 이때 제목으로도 사용되는 '박하사탕'은 마치 〈시민 케인〉의 '로즈버드'처럼 그가 상실한 대상의 환유물이다. 이 박하사탕을 처음 그에게 준 것은 윤순임이라는 여자이며, 윤순임은 가리봉동의 사탕 공장에서 박하사탕을 포장하는 노동자다. 추정컨대, 박하사탕의 순수한 하얀 색과 입안에 퍼지는 향, 그리고 윤순임이 교환 가능한 배열을 이루면서 김영호의 잃어버린 대상을 구성하는 것이다. 곧 그에게 박하사탕은 상실의 대상, 그래서 노스탤지어의 대상이 된다. 그러나 강조해야 할 것은 1979년이 김영호라는 개인에게는 대상 상실 이전의 시기가 될 수도 있지만, 역사적으로 그 시기는 끝이 안 보이는 겨울 공화국의 날들이었다는 것이다. 그리고 당시의 노동 조건 역시 열악하기 짝이 없었다. 즉, 그가 대상 상실 이전으로 설정

---

6. CHo, Hee-yeon(2000), "The Structure of the South Korean developmental regime and its transformation-statist mobilization and authoritarian integration in the anticommunist regimentation" in *Inter-Asia Cultural Studies*, Vol 1. No.3.

하는 그 원점 자체가 이미 '순수'의 지점이 아니라는 이야기다. 그렇다면 〈박하사탕〉에 대한 해석은 다음으로 이어진다. 하나는 역사적 오해에 기반한 텍스트 내의 '순수 시간'의 설정이다. 또 다른 하나는 그 역사적 오해를 통한 패러독스의 구축이다. 후자의 길을 선택하는 경우 그는 사실 시작도 끝도, 또 외부와 내부도 없는 뫼비우스의 띠 안에서 대상의 상실 자체를 판타지화하는 것이다. 말하자면 잃어버린 대상이 있다고 생각되는 그 기억의 유적 자체가 대상이 부재한 텅 빈 비−장소라는 것이다.

김영호가 맴도는 뫼비우스 띠의 세계사적 맥락은 냉전이며, 국내적 맥락은 그 냉전이 요구하는 강한 군사력에 기반을 둔 군부 독재이다. 세계적인 냉전 종식 선언 속에 한국의 정치적 상황은 역사의 이름 없는 냉전으로 괄호 안에 들어 있다. 또한 그 괄호 속에는 언어를 얻지 못한 비명과 상처들이 들끓고 있다. 해결되지 않고 치유되지 않은 그 많은 상처들은 많은 형태로 부지불식간에 드러난다. 이산가족 찾기가 벌어지는 텔레비전 방송에 그 모습을 드러내고, 수많은 소설 속에서 숨 쉬고 있으며, 무당들의 굿판에 나타난다. 또한 일상의 한숨과 귓속말로 이루어진 구전의 가족사를 만들어낸다. 동시대의 많은 한국 영화들이 이에 감응하고 반응하며, '정동(affect)'의 서사와 이미지들을 만들어내고 있다.

〈박하사탕〉은 박광수 감독의 일련의 영화들 〈이재수의 난〉(1998), 〈칠수와 만수〉(1988), 그리고 장선우의 〈꽃잎〉(1996) 등과 더불어 근대사, 현대사의 공적·역사적 트라우마들이 어떻게 사적 트라우마들과 얽히면서 매듭들을 만들어내는가를 다루는 것처럼 보이는 영화다. 글로벌한 포스트 냉전 시대, 세계적으로는 사형을 선고받았으나 남한에는 여전히 살아 있는 망령인 냉전의 그림자 속에서 만들어진 영화다.

식민지 근대화 이후 한국전쟁, 개발 근대화, IMF 위기라는 이름으로 닥쳐온 세계화의 응축된 시간 속에서, 진정한 화해 없이 묶인 매듭들은 쉽게 풀어낼 수 있는 것이 아니다. 또 망령들은 산 자가 알아들을 수 있는 말을 하는 존재물들이 아니다. 이들이 드러나는 방식은 히스테리아의 발현과 유사한 갑작스런 '출현'의 모습을 택한다. 즉, 쉽게 알아들을 수 있는 일관성 있는 서사를 들려주는 방식이 아니라는 것이다.

영화가 제공하는 스크린 공간, 특히 공포 영화는 "귀신의 이미지와 꿈과 신병 같은 어둑어둑하고 잠재의식적인 공간"을 제공함으로써 말할 수 없는 것을 말하게 한다. 공포 영화가 아니라고 하더라도, 대중적인 영화는 국가 이데올로기와는 다른 '역(liminal)'의 공간을 제공할 수도 있으며 그 헤게모니를 비판하고 그와 경합하는 기억의 유적들의 한 현장이 될 수 있다.

역의 공간에서 재구성되는 영화적 기억의 서사와 이미지화에 대한 분석은 바로 말할 수 없는 것이 말해지는 것을 듣기 위해 마음을 움직이는 '정동(affect)'의 논리에 세심한 주의를 기울이는 것이어야 할 것이다. 이때 정동은 심장, 가슴의 이성들에 대한 논리다. 이러한 영화적 기억의 방식, 즉 국가 주도의 공적이고 연대기적인 역사책과는 다른 방식으로 기억과 망각의 서사와 무빙 이미지를 어둑어둑한 '역'의 공간에서 만들어내는 것을 독해하기 위해 명백하게 나타난 것, 말해진 것보다 드러나지 않은 것, 그리고 말해지지 않은 것, 구조화된 부재, 환유의 작용들에 주의를 기울이고자 한다.

〈박하사탕〉에서 구조화된 부재는 바로 남자 주인공의 아버지와 어머니의 부재다. 즉, 이 영화 스토리의 기원에 해당하는 1979년 이전의 그에 대해 서울의 저임금 노동 지역이었던 '가리봉동'에서 일했다는 것 말고는 전혀 제시되는 것이 없다. 그의 시골 부모에 대한 언급은 경찰 시절 그를 찾아온 윤순임을 통해 한 번 이루어질 뿐이다.

그의 재탄생은 영화 안에서 이루어진다. 1979년 야유회가 펼쳐지는 시냇가의 들판이라는 공간이다. 1979년 이후와 달리 이 장소는 역사의 폭력, 일상의 배신이 닿지 않는 순수한 공간으로 설정되어 있다. 바로 이 공간에서 영화의 담론적 시간을 따라 온 관객은 타락 이전의 김영호를 만난다. 1979년이면 가리봉동의 노동 조건 역시 열악한 상태였다. 그러나 군대로 들어가기 이전으로 설정되어 있는 그의 모습은 이후와는 달리 폭력적이지 않다. 그 야유회에서 윤순임과 김영호는 서로에게 호감을 느끼게 된다. 김영호는 윤순임에게 그 들판이 이상하게 한 번 와 본 듯한 느낌이 든다고 말한다.

이것은 물론 프로이트적인 언캐니에 해당한다. 그 익숙한 낯섦에 압도당한 듯, 위안받는 듯, 기대에 가득 찬 표정으로 있는 김영호의 클로즈업을 프리즈 프레임시키며 영화는 끝난다. 그러니까 이 영화는 생물학적 어머니의 존재는 재현되지 않지만 공간의 익숙하면서도 낯선 느낌을 통해 어머니를 상기시키고, 바로 그 언캐니한 느낌을 주는 공간에서 김영호는 윤순임과 만나 박하사탕을 건네받고, 또 바로 그 공간으로 되돌아와 자살한다. 여기서 상징적 탄생과 죽음이 일어나는 것이다. 또 영화의 시작을 어두운 터널 안에서 밖으로 나오는 것으로 처리함으로써 생물학적 어머니가 부재한 남성 주체의 영화적 탄생과 죽음으로 끝난다.

아버지와 어머니의 영화 내의 상실, 특히 아버지와 어머니의 동시적 배제와 어머니를 자연, 윤순임, 그리고 박하사탕으로 치환하는 과정은 정신분석학적으로, 그리고 정치적으로 이 영화의 흥미로운 핵(kernel) 중의 하나다. 아버지의 배제는 어머니와 아이의 관계로 이어지며 그것은 상징적 질서에서 쫓겨난 주체의 정신병으로 나타난다고 지적된다.[7] 동시대 한국 영화에서 아버지의 배제는 그 아버지의 자리를 대(大) 독재자(박정희와 그의 아류들)가 차지했었다는 것을 생각하면 그리 이해하기 어려운 일이 아니다. 나쁜 아버지에 의해 그는 가해자로 양육된다. 어머니가 사라진 자리는 〈박하사탕〉에서 보는 것처럼 여러 대상으로 치환되어 미끄러져 나간다.

20년 시간의 흐름, 역사의 트라우마를 다루는 영화에서 부모 세대의 사라짐은 이 영화에 여러 가지 흥미로운 지점들을 제기한다. 우선 1979년이라는 역사적 단면 생성의 문제다. 1979년은 1960년대부터 시작된 국가 주도의 강력한 개발 독재가 부마사태 등으로 도전받는 해였고, 1980년 서울의 봄의 도래는 아직 지평선에 보이지 않았다. 희망은 멀리 있는 것처럼 보이던 해였다. 〈박하사탕〉의 개인화된 1979년은 다르다. 순수의 시점이다. 여기서 문제되는 것은 〈박하사탕〉이 역사를 총체적으로 전형화해서 재현하지 않았다는 것이 아니라 부모 세대, 즉 지난 역사와 단절하고 자신을 창조하는 시간으로 왜 1979년이 선택되었는지가 모호하다는 것이다.

1979년 봄으로 설정된 마지막 숏은 김영호의 얼굴에 어린 모호한 기대감과 설렘을 보여주는 클로즈업이 프리즈 프레임되면서 끝난다. 이 클로즈업과 대조를 이루는 것은 물론 영화 전반부의 프리즈 프레임으로 처리되는 클로즈업이다(이것이 이 영화의 서사 이미지로서 포스터에 쓰인다). 영화적 담론상으로는 전반부에 해당하고, 플롯상으로는 후반부에 해당하는 프리즈 프레임으로 처리되는 클로즈업과 그와 대조를 이루는 이 클로즈업들은 두 가지 상반된 역할을 동시에 수행한다. 하나는 그의 병리적인 상태를 확대해 보여주고, 또 한편으로는 오염되지 않은 상태를 보여준다. 그러나 형식적으로 이것은 동일한 프리즈 프레임에 담겨 있다.

---

7. 라캉의 1955~1956 세미나 The Psychoses, Dylan Evans, An Introductory Dictionary of Lacanian Psychoanalysis(Routledge : London, 1996)의 해석을 참조했음.

더불어 그는 여기서 앞으로의 20년을 위해 열려 있는, 일종의 텅 빈 백지의 주체로 제시된다. 그는 생물학적인 어머니로부터 태어난 것이 아니라, 영화의 시공간적 구조 속에서 태어난 것으로 보인다. 말하자면 영화 초반부 텍스트는 자살을 감행하는, 죽어가는 자의 소망 "나 다시 돌아갈래"를 따라 그의 삶을 다시 되돌린다. "나 다시 돌아갈래"라는 절규는 우리를 어디로 데리고 가는가? 기차의 트래킹을 따라 그가 말하는 출발점으로 돌아가는 이 여행은 영화의 마술에 의해 가능해진다. 떨어지던 꽃잎이 다시 붙고, 차는 철로를 따라 거꾸로 간다.

이러한 시간을 거꾸로 거슬러 올라가는 트래킹 숏을 따라 우리는 각각 다른 시간대의 정거장에 도착하게 된다. 기차는 1999년의 봄과 1994년의 여름, 1987년의 봄, 그리고 1984년의 가을에 멈춘다. 그가 돌아간 곳의 출발점에는, 추정컨대 그가 상실한 대상이 있다. 김영호가 상실한 것은 무엇이고 돌아가면 무엇이 있는가? 김영호가 보여주는 이후의 궤적은 프로이트가 애도와 멜랑콜리를 통해 설명하는 대상의 상실과 그 후의 효과들을 통해 설명할 수 있다. 프로이트는 애도와 멜랑콜리를 비교하면서 애도에선 죽은 사랑하는 사람이 그 대상이 되는데 비해, 멜랑콜리아에서 그 상실은 익숙한 장소나 혹은 일 혹은 보다 이상적인 종류의 상실과 관계된다고 설명한다. 그리고 멜랑콜리아는 애도의 '병리적' 상태로 애도에선 발생하지 않는 증후들을 포함한다. 즉, 망상적 죄의식이나 자기비판, 사랑하는 능력의 상실, 모든 정동의 억제 등이 포함된다.

멜랑콜리아라는 증후에선 "대상 상실이 에고 상실"로 전환된다. 자신감이 줄어들고 처벌에 대한 망상적 예견을 하게 되면서 이러한 망상적인 죄의식은 멜랑콜리아라는 자기비판으로 제시되는데, 이것은 자기애에 속하는 특별한 동일시 방식이다. 프로이트에 따르면, 멜랑콜리아의 에고는 한때 사랑했으나 이제 상실한 대상을 그 자신 안으로 통합시켜 마치 그것을 상실된 대상처럼 취급한다는 것이다.

　김영호의 자살은 애도하는 능력을 잃은 혹은 빼앗긴 남성 주체의 "망상적 죄의식", "자기비판", "사랑하는 능력의 상실" "정도의 억제", "에고 상실", 그리고 자기애에 기반한 자기 처벌의 드라마다. 그러나 또한 김영호라는 남성 주체가 위와 같은 과정을 거치게 되는 것은 남한의 근대사의 과정과 연결되어 있다. 이제 영화적 구체성과 역사적 구체성을 통해 이 문제를 분석하려고 한다.

프리즈 프레임(freeze frame)

박하사탕의 첫 번째 시퀀스의 마지막 숏은 동결(freeze frame)로 시작된다. 프리즈 프레임은 말 그대로 프레임의 동결이다. 냉전의 얼음 속에 역사의 상처들이 미처 녹지 못하고 감금되어 있듯이, 그 프리즈 프레임은 남자 주인공 김영호의 비명과 일그러진 얼굴을 정지시킨다. 그리고 동결된 프레임 속에는 1999년 봄, 1994년 여름, 1987년 봄, 1984년 가을, 1979년 가을이라는 개인사와 사회사의 트라우마가 응축되어 있다는 것이 밝혀진다. 그 트라우마의 핵심은 김영호가 광주 대학살에 군인으로 참가해 실수로 한 소녀를 살해한 것이다.

　프리즈 프레임이 등장하기 전, 영화의 프롤로그는 관객으로 하여금 남자 주인공을 불쾌한 대상으로 간주하도록 설정되어 있다. 그는 야유회에 가서 히스테리를 부린다. 아무렇게나 노래를 부르며 여자들을 억지로 일으켜 세우고 선로로 뛰어가 자살 소동을 벌인다. 관객들은 주인공에 대한 정보가 주어지기 이전 그의 '병리'적인 행동을 본다. 영화는 관객에게 극적인 불쾌감을 주는 주인공의 광기와 자살을 불시에, 준비되지 않은 상태로 지켜보도록 요구한다. 지배적인 상업영화의 초반부가 스펙터클과 엿보기 등의 '유혹' 장치를 설정하는 반면, 이 영화에서 주인공 남자의 '행패'는 그런 유혹과는 관계가 없다. 영화의 나머지는 서두의 이러한 불쾌감의 분출과 자살 행위에 대한 시간을 소급하는 설명이다.[8]

그의 극적인 자살은 터널을 빠져나오는 기차의 소음에 묻히는 절규, 처절하게 찌그러진 얼굴의 프리즈 프레임화된 클로즈업을 동반하는데, 이 프리즈 프레임은 종이에 쓰이지 못하고 그의 얼굴에 쓰인 유서와 같은 것이다.

이 프리즈 프레임을 해동(de-freezing)시키는 것이 시간을 몇 년 단위로 묶으면서 관객을 과거로 돌아가게 하는 기차의 트래킹 숏이다. 즉, 이 프리즈 프레임의 정지와 대조를 이루는 것이 시간을 거꾸로 거슬러 가는, 기차 레일 위에서의 트래킹 숏이다.

프리즈 프레임화된 김영호의 얼굴은 유서의 첫 장과 같은 역할을 하면서, 그를 자살로 이르게 한 삶의 다른 장들로 열린다. 관객은 무엇이 그를 자살하게 했는지에 대한 경위를 지켜보는 관찰자이며 증인의 역할을 맡게 된다. 어쩌면 그 불쾌한 인물에 연민을 담은 동일화를 하도록 요구받을지도 모른다. 또 관객이 시간을 거슬러 가 김영호라는 이의 내력을 알게 되는 시점에서는 과연 그의 죽음을 애도할 수 있는지, 애도할 만한 가치가 있는 것인지를 자신에게 물어보게 될 것이다.

기차의 레일을 따라가는 카메라의 트래킹 숏은 그 누구의 시선도 아닌 거리를 둔 시점을 지키고 있다. 추정하건데 관객이 〈박하사탕〉에서 재현되는 개인화된 역사적 사건들에 대해 느낄 만한 거리감과 일치할 것이

---

8. 소설가 김영현의 이 첫 번째 시퀀스에 대한 반응은 다음과 같다.
　"영화의 처음은 어수선하게 시작되었다. 40대 아줌마 아저씨들의 강변 야유회. 그리고 느닷없이 나타난 양복쟁이 사내의 난장판 만들기. 평범한 것 같기도 하고 또 무언지 모를 불협화음 같은 것이 느껴지는 장면으로부터 영화는 시작했고⋯⋯" 《씨네 21》, 237호, 2000.

다. 역사적 사건을 다루었으나 그야말로 새의 시점(bird's eye view)을 선택한 박광수 감독의 〈이재수의 난〉과 비교해보면 이러한 기차 위의 트래킹 숏은 역사를 바라보는 시점을 전지자의 시점이 아닌 승객의 시점으로 설정하고 있다. 그러나 보다 구체적으로 그것은 기차 운행자의 시점이다. 물론, 이 기차 운행자는 영화 프레임들의 시간을 조정하는 감독을 환기시킨다. 압축된 시간의 특화된 이벤트들을 조정하는 사람으로 감독은 기차 위에 운전자로 올라와 있다.

여기에 또 하나의 의미의 층위는 이 트래킹 숏이 움직이는 방향과 그 안에서 재현되는 것 사이의 패러독스이다. 기차와 트래킹 자체는 앞을 향하고 있는 것으로 재현되지만, 사실은 이 시퀀스는 이미 찍은 화면을 되돌리는 것이다. 즉, 자세히 들여다보면 기차가 앞으로 가는 것처럼 보이는데 반해 도로변의 차들은 뒤로 가고 있다. 그리고 떨어지던 꽃잎들은 다시 나무로 돌아간다. 이것은 당신은 이미 목적지를 지나왔다고, 그리고 영화라는 시간의 마술기계를 빌어 다시 그곳으로 되돌아가게 해주겠다고 말하는 것과 유사하다. 이 영화의 최종 목적지는, 그러니까 자살이 연출되는 장면이 아니라 그 자살을 유도한 과거의 시간에 놓여 있다. 즉, 여기에는 이중의 시간이 담겨 있다. 앞으로 전진하는 듯 보이지만 사실은 되돌아간다는 의미에서 이것은 상실된 대상을 찾아가는 뒤로 가는 여행이다. 그리고 이러한 시간의 구조는 말할 것도 없이 김영호를 자살에 이르게 한 트라우마와 관계가 있다. 이것은 치유로 이어질 것인가?

남성 피학성의 생산과 사회적 픽션

냉전 체제가 남한 사회에 가장 강력하게 만들어 놓은 억압적 국가 장치는 물론 군대다. 남한 성년 남성의 '남성성'은 대부분 군대에서의 훈련의 결과로 만들어진다. 군사문화가 생산하는 군인은 남한 남성 시민, 그 유사시민성의 주요 부분이다. 또 바로 (유사) 시민성 자체가 남성 군인들을 거점으로 구성되기 때문에 여성 시민은 그 배열에서 자동적으로 누락된다. 남자들은 군대에 속해 있는 현역이 아니더라도 늘 예비군으로서의 긴장을 강요당한다.

신시아 엔로(Cynthia Enloe)는 『사건 이후의 아침 The Morning After』이라는 냉전 이후의 성정치학을 다루는 책에서, 냉전을 끝내는 것은 사람들이 자신의 평범한 삶의 무수한 방식들을 변화시키는 것을 의미한다고 지적한다. 즉, 내가 믿을 수 있는 사람은 누구인가, 내 충성심의 내용은 무엇인가, 정부가 내게 기대하는 것과 다른 대안이 있는가 같은 질문들에 개인들이 대답하는 방식으로 냉전은 지속되고 견지되어 왔다는 것이다. 이러한 질문에 대해 사람들이 새로운 대답을 하게 될 때 냉전은 진정한 종말을 맞을 것이라고 지적한다. 그러나 이러한 질문들이 여성들에게는 다른 의미를 가진다고 지적한다. 즉, 냉전은 정체성과 안보에 대한 대단히 군사화된 이해에 기반하고 있다는 것이다. 또 군사화는 남성성에 관한 뚜렷한 견해들에 의존하고 있다는 것이다.[9]

〈박하사탕〉 김영호의 남성 주체성은 바로 이러한 군사화에 기반하고 있다. 군대에 들어가 병사를 거쳐, 경찰, 소규모 사업가(주식 투자자)의 길을 걷다가 IMF 위기를 맞아 몰락하는 각 단계에서 그는 공적인 동시에 사적인 측면에서 최악이거나 그에 근접한 시나리오를 통과한다. 가해자와 피해자의 역할을 번갈아가면서 맡고 있다는 의미다. 군대에 있을 때는 광주 학살 현장에 투입되어 한 여고생을 우발적으로 죽이게 되고, 경찰로 있을 때는 소위 시국 사범, 정치범 취조를 맡아 물고문 등을 하게 된다.

9. Cynthia Enloe, *The Morning After*(Berkeley : University of California Press, 1993).

경찰을 그만두고 가구점을 할 때는 한때 주식 투자 등으로 새집도 사는 등 경제적인 확장을 하는 듯 보인다. 그러나 자신과 아내의 외도로 가정이 이미 해체되어 있음을 알게 되고 각종 사기 등을 당해 사업도 몰락한다. 그리고 마지막 남은 돈을 털어 권총을 사게 된다.

그러나 이 모든 역경에도 불구하고 그의 '상실의 대상'은 윤순임이라는 여자다. 그 윤순임을 만나던 시점의 그는 군사적 폭력에 오염되지 않은 주체다. 그리고 자신과 윤순임의 만남의 배경이 되는 곳도 개울과 철도, 그리고 들판의 꽃들이 있는 순수한 자연적 공간이다. 윤순임은 그의 공적·사적 트라우마가 있기 전, '순수'의 현장에 위치하고 있다. 그리고 그녀만이 시대적 훼손 이전의 그의 '본질'을 알아본다. 윤순임은 그가 경찰로 재직하는 장소에 찾아와 가족들이 왜 그가 경찰이 되었는지 이해할 수 없어 한다고 전하면서 "착한 손"을 가진 사람이라고 그를 묘사한다. 이미 그녀의 기대를 채워줄 수 없는 고문하는 손(나쁜 손)을 가지게 된 김영호는 윤순임이 그를 '착한' 사람으로 인지하는 순간, 식당 집 딸을 '착한' 손으로 성희롱한다. 그런 그에게 윤순임은 자신이 어렵게 모은 돈으로 마련한 카메라를 들려주려고 한다.

고문하는 손(심한 고문을 하던 그의 손은 윤순임을 만나러 오기 바로 전 똥으로 범벅된다), 착한 손(노동의 손), 성희롱하는 손의 응축적이면서도 동시에 치환적인 배열은 〈박하사탕〉이 구성하는 문제 틀의 핵에 해당한다. 군사 독재하의 군대, 경찰이라는 억압적 국가 기제는 주체를 시민 대신 가학적인 군사 기계로 생산해낸다. 공공의 공간에서 폭력의 대행자로 훈련받은 남성은 사적인 공간, 특히 여성과의 관계에서도 그 관계를 복합적인 방식으로 재생산한다. 고문을 가할 때 김영호의 가학적인 태도는, 고문실 밖을 벗어나면 소극적인 가학성, 적극적인 피학성으로 번갈아가며 나타난다. 주로 이것은 사적 영역에서 여성들과의 관계에서 반복적으로 나타난다.

즉, 김영호는 윤순임이 자신을 인지하는 순간을 오인의 과정으로 만들어내면서 동시에 홍자를 자신의 아내로 맞고, 또 카페 여종업원을 만나 오인이라는 과정을 거쳐 그녀를 자신의 첫 연인 윤순임으로 치환한다. 그리고 광주에 진압군으로 투입되어 만난 여고생을 순간적으로 윤순임으로 오인하고 M16 총을 오발해 여고생을 죽인다. 즉, 여성 대상을 연속적으로 치환시키며 가학-피학적인 친밀성과 폭력을 변주하는 연쇄 고리를 만들어내는 것이다. 결과적으로 군사화된 이러한 남성 주체는 여성들과 맺는 사회적·사적 관계 속에서 군사적 폭력을 재연함으로써 여성들 역시 그 폭력의 연쇄 고리 속에 끌어들인다. 그래서 여성들 역시 군사체제의 피해자가 된다.

우리는 누구인가? : 환유의 폭력과 동원된 여성

〈박하사탕〉은 이렇게 도착적 구조와 그것을 견지하는 시점을 가지고 있다. 20년에 걸친 공적·사적 역사를 다루고 있고 그것을 영화의 시퀀스들을 나누는 표식으로 사용하고 있지만, 거듭 말하거니와 영화는 가해자의 분열적 상태, 그의 분열적 주체의 시점을 취하고 있다. 영화는 기억의 현장을 설정하고 그 기억의 현장을 다시 방문하고 재현하지만 보다 직접적인 피해자의 시점을 취하지 않는다.

1980년 당시 80만 명의 시민들이 거주하는 광주에 정예병력 2만 명(시민 4명당 진압군 2명의 비율)이 투입되어, 아직도 그 숫자를 정확히 파악할 수 없는 사망자들과 부상자들이 생겼고, 그 당시 당한 가혹한 폭행

으로 신체적 장애는 물론 정신분열 상태로 살아가는 사람들이 많이 있
다.[10]

　　그러나 이 영화는 그런 피해자들을 다루기보다는 가해자를 주인공으
로 다룬다. 말하자면 김영호는 군대에 있다가 강제로 끌려갔다고 하지만
광주의 그 많은 피해자들 중 공식적인 숫자에 명기되지 않았을 한 소녀를
오발사고로 죽이게 된다. 〈박하사탕〉만이 아니라 영화나 소설에서 반(反)
영웅은 흔하게 발견된다. 독자나 관객들이 그와 동일화하는가, 반동일화
하는가, 아니면 그 두 지점 사이를 오갈 것인가는 물론 개별적 텍스트에
따라 그리고 역사적 맥락에 따라 다를 수밖에 없다. 가해자를 주인공으로
하는 것, 반 영웅 자체가 문제가 되는 것은 아니다. 문제는 그 반 영웅이
누구에게 말을 걸고 있으며, 또 누가 그의 말을 듣는 것으로 구조화되어
있느냐는 것이다. 〈박하사탕〉의 공식 홈페이지에는 영화를 소개하는 다
음과 같은 두 개의 구절이 있다.

　　이제 **우리**(필자 강조)는 잃어버린 아름다움과 순수한 사랑을 찾는 여행을 시작
　　한다.

　　영호는 전방부대의 신병. 긴급 출동하는 영호는 트럭에서 면회 왔다가 헛걸음
　　치고 돌아가는 순임의 작은 모습을 보게 된다……. **우리 모두**에게 잔인했던
　　1980년 5월 어느 날이었다.

　　잃어버린 순수한 사랑을 찾아 여행을 떠나는 "우리"는 우리 중 누구
이며, "우리 모두에게 잔인했던 1980년 5월 어느 날"의 '우리'는 누구인
가? 전자의 '우리'는 관객이며 김영호처럼 잃어버린 대상이 있다고 가정

---

10. 박만규, 〈신군부의 광주 항쟁 진압 작전과 미국 정부의 개입〉, 전남대학교 5·18연구소
　　〈5·18 20주년 기념 학술 연구〉 연구 결과 보고 학술 발표회, 2001.

170

되는, 그래서 그것을 찾는 여행을 떠나고자 원하는 사람들이다. 여기서 관객은 김영호와 동일한 지점에 서 있다. 그러나 김영호의 잃어버린 대상이 윤순임인 한 여기서의 '우리'는 여성을 제외한다. 후자의 '우리'는 좀 더 애매모호하다. 김영호는 여고생을 죽인다. 누가 미필적 고의 가해자이며 피해자인지가 명확하다. 이 가해자/피해자를 '우리'라는 것으로 묶기 위해서는 몇 가지 전제가 있어야 가능하다.

하나는 가해자 역시 더 큰 시스템의 피해자라는 설정이다. 그래서 그는 한 개별적인 주체 혹은 작인이 아니라 그 시스템의 하수인으로서 여고생을 죽이게 된다. 〈박하사탕〉은 물론 그것을 함의하고 있다. 또 하나는 김영호의 그런 참혹한 행동과 심정의 전개 과정에 은밀하게 '공모'하고 있는 '우리'로 관객의 위치가 텍스트에 설정되어 있어야 한다. 말하자면 이 영화를 보고 있는 대다수의 '우리' 관객들은 광주와 그 이후의 시대를 조용한 다수로서 가해자이면서 피해자인 상태로 살아왔다는 것이다. 세 번째는 위 둘과 관계가 있다. 즉, '공포 정치학'의 구도 속에서 김영호 같은 인물이나 관객은 소위 자신의 행동과 담론을 책임질 만한 윤리적이고 성찰적인 주체성에 근접하는 대신, 주체와 세계, 자아와 타자의 경계 혹은 타자들 사이의 차이들을 잘 인지해내지 못하고 곧잘 "우리"라는 애매한 공동체로 끌려드는 허약한 에고의 덩어리들이라는 함의다. 동시에 그 차이를 오인(예를 들자면, 여고생을 순임으로 착각하는 장면)하는 장면은 젠더화되어 있는 것이기도 하다. 공식 홈페이지에는 이런 구절도 있다.

기차가 들이받은 것은 어쩌면 지난 20년 동안 **우리들**의 일그러진 세월인지도 모른다.

그리고 시인 김용택은 다음과 같이 쓴다.

박살난 것은 박하사탕이었다. 아, 박하사탕. 입에 넣고 바싹 깨물면 입안이 환해지던 그 하얀 박하사탕을 기차가 들이받은 것이다.[11]

앞서 박하사탕과 윤순임, 순수의 공허한 치환의 연쇄를 설명한 맥락에서 보면 김용택의 해석에선 이제 김영호와 윤순임, 우리들의 일그러진 세월, 그리고 '우리들'의 입속으로 들어와 기쁨을 주던 그 순수한 박하사탕까지가 치환의 연쇄 고리를 만들어내는 것을 볼 수 있다. 말하자면 김영호와 윤순임과 박하사탕과 우리들의 일그러진 세월이 모두 뭉뚱그려진 채 '우리'가 되고 그것을 기차가 죽이는 것이다. 그래서 이 모든 우리들에게는 가해자인 '기차'라는 공적(公敵)이 있는 것이다. 얼마나 우스꽝스러운 비극인가? 그리고 도대체 이것은 어떤 역사 인식이란 말인가? 위와 같은 환유와 대립 구도를 문자 그대로가 아니라 징후적으로 독해하자면, 지난 20년간 '기원'의 시점에서 박하사탕처럼 순수했던 우리 모두는 검은 기차에 의해 희생당하는 피해자다. 기차만이 가해자고 괴물이다. 〈박하사탕〉이 불러일으킬 수도 있었던 해석의 전복성은 '우리'라는 폭압적인 기차에 의해 전복당한다. 여기서 기차는 박하사탕과 마찬가지로 추상화된 기표다. 동시에 기차는 근대성의 상징이며 영화와 기차 사이의 유사성은 일찌감치 볼프강 쉬벨부쉬(Wolfgang Schivelbusch)에 의해 지적되어 왔다. 그렇다면 위와 같은 우리와 기차의 대립이 도출하는 해석이란 기껏해야 독재 개발 모델이 주도하는 근대화에 (그것의 대항 효과로서의 광주 민중운동) 우리 모두가 짓눌렸고 그 와중에 자살이나 타살을 제외하곤 어떠한 저항도 없었다는 패배주의적인 목적지에 도달할 뿐이다.

11. 〈박하사탕〉 공식 홈페이지에 올려진 김용택의 영화평.

　이러한 근접성 없는 것들을 확장해 근접시키는 환유의 연쇄는 강박에 가깝다. 이러한 방식으로 '우리'는 이 경계가 모호한 환유의 덩어리 안에 피해자로 동거하게 된다. 김영호가 우리를 끌고 가는 1979년이라는 시점, 그리고 그 시간 안에 있는 자연이야말로 우리가 잃어버린, 그리고 돌아가야 할 곳이라고 시사되는 것인가?

　그러나 과연 그런 기원지, 근대화에 의해 오염되지 않은 순수한 곳, 과거에 한 번 와본 것 같은 어머니의 자궁 같은(uncanny) 공간은 없다. 〈박하사탕〉의 처음과 끝에 동시에 등장하는 그 장소 자체가 위의 질문에 부정적인 대답을 하고 있다. 김영호가 말하듯이 들판과 개울이 흐르는 그 장소 위로 바로 철로가 지나가고 있기 때문이다. 그리고 근대성에 대한 부정은 이 영화의 존재 가능성 자체를 부정하는 역설이다. 〈박하사탕〉이 텍스트로서의 의미화가 가능한 것이 바로 영화라는 근대의 생산물을 통해서이며, 또 이 텍스트에 시간을 거슬러 갈 수 있는 '마술적'인 능력을 부여하는 것 역시 기차 트래킹 시퀀스들이기 때문이다. 그리고 그 공간과 치환되고 있는 윤순임 역시 역사가 기입되지 않은 주체가 아니다. 그녀는 가리봉동 공장에서 하루에 박하사탕 1,000개를 포장하는 노동자인 것이다. 이 영화에서 '박하사탕'이 가질 수 있는 의미화가 있다면, 그것은 순수가 아니라 하루에 박하사탕 1,000개를 포장해야 하는 여성 노동자의 반복 노동의 결과물로서의 박하사탕이다.

　영화의 첫 시퀀스의 죽음의 순간이 프리즈 프레임되었듯, 영화의 마지막 클로즈업 역시 프리즈 프레임으로 끝난다. 프리즈 프레임이 늘 정지, 동결만을 의미화하는 것은 아니다. 벤야민의 지적처럼 그 안에 들끓는 수많은 힘들이 사산된(still born) 변증법적 이미지가 순간적으로 정지한 모습일 수도 있다.[12] 그러나 〈박하사탕〉에서 그런 힘들의 경합을 발견

---

12. 한국 영화와 프리즈 프레임에 대해서는 졸고 〈유예된 모더니티 : 한국 영화들 속에서의 페티시즘의 논리〉, 《흔적》 1호 , 문화과학사, 2001.

하기는 어렵다. 기차의 움직임은 뒤로 가며, 그 플래시백은 치유나 복원의 가능성 없이 동결되어 버린다. 역사의 한 지점에서의 가해자는 피해자가 되며, 그 뫼비우스의 띠 위로 관객들은 영화사가 선호하는 독해와 스토리텔링에 의해 '우리'에 연루되기를 요구받는다. 여성은 끊임없이 교환되는 환유물임에도 불구하고 이런 독해에선 어느 틈에 우리로 "동일"하게 호출된다. 영화 〈박하사탕〉에서 박하사탕이라는 기표는 과잉 평가된 페티쉬(fetish)이며, (순수의) 부재, 그 존재 불가능성에 대한 베일이다.

위에서 잠깐 언급했던 애도와 멜랑콜리의 측면에서 보자면 김영호의 자살은 애도하는 능력을 잃은 혹은 빼앗긴 남성 주체의 '망상적 죄의식', 그리고 자기애에 기반한 자기 처벌의 드라마다. 장선우 감독은 〈박하사탕〉에 대한 평에서 이 점을 다음과 같이 지적하고 있다.

> 누구든지 온전하고 아름답게 살려고 해도 학교, 군대, 회사 조직 이런 거 거치면서 인생 다 망가져. 그걸 난 〈박하사탕〉에서 여실히 본 거거든……. 광주보다는 우리나라 시스템, 우리 사회 시스템이 그렇다는 걸. 이게 안 깨진다는 거야. 그게 참 멋있었어.
>
> 난 그게 깨지고 변할 수 있을진 모르겠어. 이 감독과는 다르게 난 세상 변하길 바라지 말자, 차라리 내가 변하자, 이렇게 말하는 편이야. 순수, 깨달음, 시스템에서 벗어난다는 것. 그걸 믿고 희망이 거기 있다고 생각하고 그것이 행복이라고 알면 이 시스템에 구속 안 되지. 거기서 훨씬 자유로워지지. 그 길을 알면서 잘 안 간단 말야. 깨달음이라는 게 바로 그런 의미를 갖고 있거든. 자유로워진다는 것도 그런 의미이고. **거기로 가기 위해선 우리가 얼마나 대책 없이 망가졌는지 눈뜨고 봐야 하는 건데, 〈박하사탕〉은 바로 그걸 보여준 거야.**[13]

13. 〈장선우 감독이 본 〈박하사탕〉〉, 《씨네 21》, 2000년 1월 25일.

장선우 감독이 가는 "나만의 길"에 얼마나 동의할 수 있는가는 차치하고라도, 광주보다는 이 영화가 조준하고 있는 것은 시스템이며 또 시스템에 의해 "얼마나 대책 없이 망가졌는지"가 〈박하사탕〉의 핵심이라는 지적은 날카롭다. 그리고 이러한 폐쇄적인 자기 처벌의 원형적이고 반복적인 서사 구조는 이 영화가 놓여 있는 시대적 맥락에서 또 다른 중요한 행위자인 미국이나 글로벌한 힘들의 역학에 어떠한 암시조차 하지 못하도록 갇혀 있다. 내부 시스템에 모든 비판이 집중되어 있는 것이다.

냉전과 독재에 대한 비판으로서의 탈냉전과 민주화는 가해자와 피해자, 여성과 남성, 그리고 여성들과 남성들의 차이를 하나로 묶으면서 그들을 모두 "우리"라는 환유의 연쇄 속에 넣고 호출하면서 공모를 요구하는 냉전과 독재의 기반인 전체주의적 논리와 감정의 가동으로는 이루어질 수 없다.

이 영화가 지난 20년에 대한 비판이 되기 위해선 관객에게 공모를 요구하는 그 순간이 관객으로서는 그간의 조용한 공모의 오랜 악몽에서 깨어나는 순간이 되어야 한다. 그러나 영화의 남성 나르시시즘의 폐쇄적 구조는 그 인식의 운동을 막아버린다. 그리고 물론 지난 20년의 한국 현대사는 이런 공모의 시간들로만 점철되어 있지 않다. 그리고 이야기할 기회를 얻지 못한 현대사로부터 온 트라우마를 가진 수많은 희생자들이 "말 못할 것을 말할" 수 있기를 여전히 원하고 있다.

〈박하사탕〉이 재구성해내는 역사의 현장과 그에 대한 해석 작업은 대안 혹은 저항의 역사적 현장 대신 사실은 전체주의적·국가적 이데올로기를 모방하는 "우리"의 집단적 동원이라는 내적 논리로 구성되고 있는 셈이다. 그러나 상실한 대상을 찾을 수 있으리라는, 그곳으로 갈 수 있으리라는 카메라의 트래킹이 자아내는 연속적이고 반복적인 약속, 과거의 한 지점이면서 영화에서는 미래가 되는 그 지점으로 여행한다는 약속 때문에 이 영화의 그러한 모방 논리는 영화 텍스트 안에서 암호화되어 의식의 문 뒤로 숨는다. 그리고 연루자, 공모자라는 그 불쾌한 호출이 연민으로 혹은 고통의 쾌락으로 탈바꿈되는 것은 "우리" 모두가 한때 순수했었다는 그 알리바이, 그 면죄부 때문이다. 우리 모두 시대를 잘못 만나 그렇지 사실은 "이름 없는 들꽃을 쫓아 사진을 찍고 싶은" 사람들이었다는 것이다.

독재로 얼룩진 과거에 대한 '대안'으로 제시되는 영화적 기억으로서의 〈박하사탕〉이 사실은 암호화된 형태의 전체주의적 논리로 관객을 소환한다는 것은, 민주화와 탈냉전을 위한 대안의 역사 쓰기와 대안의 사유를 어떻게 할 것인가에 대한 문제를 제기하게 한다. 예컨대, 블록버스터 영화가 지배 이데올로기를 복제하고 재생산하는 것은 예측 가능한 일이다. 그러나 소위 비판적 영화로 제시되는 영화마저 그것을 은밀히 암호화한다는 것은, 냉전과 독재의 프리즈 프레임을 해동시킬 수 있는 비판적 사유의 틀에 대한 절실한 필요성이 바로 거기서 역설적으로 제기되고 있음을 시사한다.

여성의 몸을 둘러싼 전체주의와 초현실주의의 유적 : 〈살인의 추억〉
어떤 영화를 보고 장르를 달리해 만들고 싶은 충동을 느끼는 경우가 있다. 〈살인의 추억〉이 그랬다. 스릴러를 공포 장르로 바꾸고 싶었다. 성폭행을 당한 채 사체로 발견되는 여자들이 복수를 위해 벌떡 일어나는. 잠들 무렵, 악몽을 꿀 것 같은 강력한 예감을 잠재우느라 온몸에 달라붙는 이미지들을 진혼하기 시작했다. 영화에서 말 못하고 죽어간 혹은 미쳐버린 여자들의 언어가 웅성거렸다. 영화에서 끝내 나오는 길을 찾지 못한 여성들의 '정동'의 언어가 나를 사로잡았다. 그러나 말해지지 않은 것에 사로잡히기보다는 표면화된 것에 대한 분석을 통해 〈살인의 추억〉에 잠재된 공포의 기원으로 돌아가고자 한다.

문제는 화성의 논, 배수관 속에 죽어 있는 여자의 시체다. 그리고 그것을 들여다보는 박두만의 시선이었다. 영화의 초반부에 각인된 이 시퀀스는 마지막에 다시 재연된다. 이제 형사를 그만 둔 박두만이 다시 배수관을 들여다본다. 동네의 소녀는 말한다. 얼마 전 어떤 사람이 와 그 배수관을 들여다보았다고. 박두만은 순간적으로 범인이 현장을 다시 찾아왔었음을 간파한다.

배수관에 놓인 '여자' 시체의 존재와 부재, 그리고 그를 발견하는 시선은 〈살인의 추억〉 전후반을 가로지르는 구조적 핵이다. 축축하고 어두운 공간인 배수관의 이미지는 물론 영화 후반부 터널과도 반향을 일으킨다. 1979년에서 현재까지 한국 사회의 트라우마를 다루었던 〈박하사탕〉에서도 터널은 말 그대로 시대의 암흑이다. 〈공동경비구역 JSA〉와 〈쉬리〉가 냉전의 트라우마를 다루었다면, 〈박하사탕〉과 〈살인의 추억〉은 냉전체제와 군사독재 정권이라는 장치 속에서 형성된 군인과 형사라는 남성 정체성의 불가피한 트라우마를 다룬다. 〈살인의 추억〉의 헤드 카피인 "미치도록 잡고 싶었다"가 암시하는 소망 충족이나 실행 가능성의 불가능은 한편으로는 광기에 접해 있고 또 한편으로는 행위의 좌절에 근접해 있다. 헤드 카피는 영화가 하나의 담론으로 소통되는 방식을 결정하는 주요한 서사 장치다. 이 문장에서 생략된 주어와 목적어 혹은 대상의 자명성, 또 그 자명성이 배제하는 것은 〈살인의 추억〉에 관계된 젠더 정치학의 문제를 암시한다. 1차적 주어는 두 명의 형사들이며 대상은 연쇄살인범이다.

그리고 그 과정에 동일화하는 관객들이 2차적으로 주어의 자리에 들어선다. 이 문장에서 부재하는 것은 사실 상실된 대상이다. 형사들이 미치도록 잡고 싶은 연쇄살인범은 10명의 여자를 죽였다. 그 여자들은 이 헤드카피 주어의 자리에도 대상의 자리에도 없다. 실제로 화성 연쇄살인사건에서 미치거나 죽어나간 것은 여자들이다.

영화 속에서도 그녀들은 시신으로 침묵하거나 광기의 상태에서 증언한다. 죽은 그들은 말이 없고, 그 분노와 한을 대변하도록 되어 있는 것은 형사들이다. 그러나 그들은 그녀들의 대변자가 아니다. 그들의 악몽은 그녀들의 침묵에서 비롯되지 않는다. 잡히지 않는 범인으로부터, 그리고 풀리지 않는 사건으로부터 비롯된다. 이것은 남자들의 실패, 불능의 이야기가 된다. 그래서 흥미로운 것은 상대적인 '구출 판타지'의 부재다. 영화의 많은 부분이 여자 희생자들을 구출하는 데보다는, 사건 발생 후에 집중되어 있다. 남자의 힘을 여자를 구출하는 것을 통해 증명하기보다, 영화는 그 남성적 힘의 실패를 다룬다. 이때 그 실패가 광기나 죽음으로 미끄러지는 것을 막는 것은 첫 번째로는 그 실패담의 주인공들이 직접적인 가해자나 피해자가 아니라는 것이다. 〈박하사탕〉은 주인공을 가해자이면서 피해자인 인물로 설정해 역설로 가득 찬 상처를 다루었다. 그리고 그 인물은 자살한다.

반면 〈살인의 추억〉은 가해자도 피해자도 아닌 인물이 어떻게 시대적 상흔을 풀어나가는가, 또 자신의 내면 안으로 통합하는가 혹은 하지 못하는가를 다룬다. 여자들은 죽고 범인은 잡히지 않으며 형사들은 일상으로 복귀한다. 그리고 그것은 이제 마치 추억처럼 〈살인의 추억〉이라는 영화로 회귀한다. 분명 80년대 억압된 것의 동시대로의 회귀지만 칼날은 번뜩이지 않는다. 오히려 실패의 재확인 같은 것. 그러나 그 어처구니없는 실패의 과정을 다루면서 영화가 성찰적으로 드러내는 것은 바로 그 부조리, 어처구니없음이다.

1980년대 후반, 하나씩 공장이 들어서고 외부 사람이 유입되는 과정에서 발생한 화성 농촌 지대의 연쇄살인사건은 도시형 범죄와는 다른 배경에서 발생하지만, 그 유형은 유사하다. 문제는 농촌 공동체의 친밀성(이웃집 숟가락 숫자까지 알고 있는)은 와해되고 따라서 그것이 제공할 수 있는 상식에 가까운 지식은 손에 잡히지 않는 반면, 농촌도 도시도 아닌 잡종 공간에서 발생하는 엽기적 사건을 풀 수 있는 추리력이나 도구는 박두만에게도 서태윤에게도 주어지지 않는다. 이들을 결정적으로 도와줄 수 있는 유일한 장치는 미국에서 날아든 DNA 감식 보고서이지만 결과는 재앙적이다. 이러한 실패가 낳을 수 있는 자살이나 광기 같은 파괴적 결과는 영화에 빈번히 삽입되는 블랙코미디 같은 상황과 대사, 또 보다 결정적으로 실패의 진정한 책임은 '등화관제'라는 시대의 어둠 속에 있다는 것, 그리고 그에 대한 오늘날 관객들의 이해와 연민을 끌어내어 연루케함으로써 미연에 방지된다. 아이러니와 희극적 측면은 〈살인의 추억〉에 비평적 거리를 주어, 〈박하사탕〉과 같은 파괴적 자기애로 치닫는 것을 막는 요소다. 그러나 불능은 여전히 모든 것을 압도한다. 결과적으로 범인은 잡히지 않았으며 형사들은 일상으로 돌아간다. 그렇다면 죽은 여자들은?

〈살인의 추억〉의 진정한 공포는 사라진 그녀들의 목소리와 이미지가 텍스트 안에 부재한 데 있다. 스릴러인 이 영화에는 여귀들의 여곡성도, 피 흘리는 입술에 물린 칼날도 없다. 초기 범죄의 희생자인 미친 여자(언덕녀)만이 잠깐 모습을 드러내 범인의 손이 여자 손처럼 부드러웠다고 증언한다. 가해자의 이러한 '여성화'된 특성은, 사실 너무나 자명해 한 번도 질문되지 않은, 즉 범인이 정말 남자일까 하는 던져지지 않은 질문을 생각하게도 한다. 이 질문에 담긴 젠더에 대한 전도된 집착을 뒤로하고 이제 다시 처음으로 돌아가 정말로 질문해보자. 이 영화의 기원인 배수로에 던져진 여자의 사체와 그녀를 보는 박두만의 시선, 그 장면이 다르게 쓰여질 수 있는 방식은 무엇일까? 영화가 마지막 시퀀스에서 다시 쓴 방식은 이렇다. 박두만이 배수로를 바라본다. 배수로는 비어 있다. 그러나 그 배수로를 얼마 전에 방문했던 시선이 있다. 바로 범인의 시선이다. 기억의 장은 비어 있으나 박두만과 범인의 시선의 방문은, 관객들에게 그 기억의 장에서 사라진 대상을 기억하게 한다. 이러한 다시 쓰기의 방식이 일으키는 반향은 사실 어스레한 페시미즘이다. 비어 있는 자리에 놓여 있던 대상은 노스탤지어의 대상이 아니다.

여기서 나는 이와 유사한, 다리 벌리고 죽은 채 누워 있는 대상을 중심으로 미장센을 구성했던 초현실주의자의 일련의 작품과 신디 셔먼(Cindy Sherman)의 재작업, 그리고 그에 대한 해석을 불러오려고 한다.

초현실주의의 상상력

초현실주의자 한스 벨머(Hans Bellmer)의 1938년 실버 젤라틴 프린트 작품 〈인형〉은 육체와 유사한 대상을 보여준다. 그것은 배와 다리를 꼰 자세로 마른 풀 위에 펼쳐져 있다. 오른쪽 다리 부근의 피 같은 붉은 색은 성적 삽입 때문에 흘리는 피를 암시한다. 오른쪽 위 다리에는 하얀 양말과 여학생용 신발이 신겨져 있다. 이러한 물건들은 여학생의 것으로 보이지만 팔과 머리가 없기 때문에 이 대상을 인간으로 보기는 불가능하다. 충격적인 이 대상은 죽어 있는 육체이면서 인형이고, 또 동시에 여학생을 환기시키며 또 상처 난 몸이다. 이 대상은 관람자를 불안하게 한다. 이 오브제의 작가인 벨머는 나치 독일 치하에 있던 1933년부터 이러한 인형들을 만들어 사진 작업을 했다. 벨머의 전기(傳記)의 저자들은 이 인형들의 반(反)나치주의적 특성을 지적해왔다. 벨머는 반나치주의자였으며 그가 증오했던 횡포한 아버지는 나치당의 일원이었다. 비평가 할 포스터(Hal Foster)는 인형은 "갑옷으로서의 남성의 몸"이라는 파시스트적 이상에 대한 반응으로 읽을 수 있다고 지적한다. 벨머의 인형은 파시스트 주체가 혐오하고 경멸하는 모든 것을 대변한다. 즉, "파편적이고 액체화되어 있고 분산되고 방탕한… 여성적인 것."

그러나 벨머의 파시즘에 대한 공격과 더불어 이 〈인형〉에 드러난 것은 벨머 자신의 가학 충동이며 소녀들에 대한 판타지다. 예컨대, 벨머 자신의 사디즘과 나치의 사디즘은 어떻게 다른가? 그 양자 모두 "여성적"인 것에 대한 공격을 담고 있다. 포스터는 벨머의 작품들이 "여성 혐오적인 효과들을 불러일으키는 것을 부정할 수는 없지만 또한 그것으로 더욱 더 나치의 여성혐오증을 공격하고 있다"고 주장한다.

로잘린드 크라우스(Rosalind Krauss)는 벨머의 인형 작업들이 실제 몸이 아니라 인형들이며 또 거기서 가장 중요한 의미 작용은 그 다리들이 독일 나치의 상징인 스와스티카(卍, Swastika)를 가리킨다고 보면서 이 인형을 성폭행의 희생자가 아닌 파시즘에 대한 비판으로 읽을 것을 주장한다. 수잔 루빈 술레이만(Susan Rubin Suleman)은 크라우스의 소박한 비판을 다시 비판하면서 벨머 자신이 기표의 미끄러짐에 늘 주의를 환기시킴을 지적한다. 즉, 사진은 발기된 엿보는 자(voyeur)와 성난 페미니스트 사이의 독해를 다 가능하게 한다는 것이다.

신디 셔먼의 작업 〈무제 263〉은 〈섹스 픽쳐스〉라는 시리즈 중의 하나로 벨머의 〈인형〉 시리즈와의 연계성 속에서 작업된 것이다. 벨머의 인형 작업과 마찬가지로 셔먼의 작업 역시 몸은 절단되어 있다. 여기서 다리와 페니스의 끝은 절단되어 있는데, 이 불가능한 몸의 양측에는 절단된 머리들이 놓여 있다. 그중의 하나는 '파시스트 영웅'의 것으로 그는 팔과 머리를 잃었다. 셔먼의 인형은 여자나 미성년으로 코드화되어 있지 않다. 탐폰의 끈과 음모는 성숙한 여자의 몸을 의미한다. 그러나 인형은 여성이 아니라 양성이다. 셔먼의 절단된 그리고 패러디적으로 양성적인 인형은 삽입이나 환상이 투사된 소유를 거부한다.

벨머의 작업을 재작업한 셔먼의 작업처럼 나는 〈살인의 추억〉의 원초적 장면의 광학적 무의식을 다시 쓰고 싶다. 가학적이지 않은 분석을 통해. "미친 듯이 잡고 싶었다"는 과거의 시제가 아닌 "미친 듯이 피해자인 여성의 시선으로 다시 쓰고 싶다"라는 현실 수정이고 미래지향적 에너지를 통해. 스릴러가 아닌 공포로, 그리고 초현실주의로 움직이면서. 그 안에서 배수로의 여자는 벌떡 일어설 것이며 그녀를 바라보는 시선에 일타를 가할 것이다. 그녀의 복수가 돌아올 때, 그녀가 메두사처럼 시선을 되돌려 줄 때, 시대의 광학적 무의식은 공범자의 그것에서 벗어나 불안정하고 양가적인 그러나 다른 미래를 플래시 포워드하는 시네마라는 창을 갖게 될 것이다.[14]

〈숨결〉

〈숨결〉(1999)은 변영주의 종군 위안부 3부작의 마지막 작품이다. 1부 〈낮은 목소리〉는 1995년 야마가타 다큐멘터리 영화제에서 오가와 신스케 상

14. 한스 벨머와 신디 셔먼의 작업에 대한 논평은 수잔 루빈 술레이만의 〈대화와 이중의 충성 : 몇 명의 동시대 여성 예술가와 역사적 아방가르드〉라는 논문, 『거울 이미지들Mirror Images-Women, Surrealism and Self-representation』(1998)에서 인용.

을 받았다. 〈숨결〉은 2차 세계대전 당시 일본군이 식민지에서 20만 명의 젊은 여성들을 성 노예로 만들었다는 자막으로 시작한다. 그리고 영화는 1998년 12월에 있었던 장례식을 보여준다. 연이은 자막은 〈낮은 목소리〉 (1995)의 중요한 두 명의 종군 위안부 할머니와 〈낮은 목소리 2〉(1997)의 강덕경이 세상을 떠났음을 알린다. 강덕경은 전편을 본 관객들의 기억 속에 특별하게 남아 있는 존재다. 〈낮은 목소리 2〉에서 보여준 그녀의 그림들은 상징적이고 파편적으로 성 노예 시절을 재현하고 있다.

영화가 지난 몇 년간 세상을 떠난 종군 위안부의 이름을 환기함에 따라 관객들은 증인으로서 애도에 참가하기를 은연중에 요구받는다. 이어서 〈숨결〉은 피스보트(Peace Boat)를 따라 필리핀의 마파나이크의 종군 위안부 여성들의 집회에 참여하고, 거기서 〈낮은 목소리 2〉에 등장했던 이용수가 필리핀의 종군 위안부 로라의 환영 파티에 참석한다. 이용수는 〈숨결〉에서 주 인터뷰어로 등장해 다른 종군 위안부 생존자들과 대화를 나눈다. 그녀는 이야기를 실연하고(act out) 철저히 적용하는(work through) 고통스런 애도 과정에 참여하게 된다. 카메라는 인물과 장소들, 사건들에 관찰하고 개입한다. 이러한 필름메이커와 카메라, 그리고 인물들 간의 역동적이고 동정적인 상호작용은 필름 메이커의 개입을 금기시하는 다이렉트 시네마와 〈숨결〉을 구분하는 부분이다. 다이렉트 시네마에서 필름메이커는 비가시적이며 비개입적인 반면, 감독 변영주는 촬영 도중 할머니들을 도와주러 뛰어가기도 한다. 그리고 그때도 카메라는 여전히 돌아가고 있다.

감독의 이러한 개입과 더불어 다큐멘터리 양식으로서의 〈숨결〉의 가장 두드러진 특징은 역사적 트라우마의 희생자를 주 인터뷰어로 선택해 비슷한 경험을 가진 다른 희생자들에게 말을 건다는 것이다. 지적되었듯이, 생존자들의 증언 채록에 있어 가장 어렵고 옹이진 문제는 바로 그들의 이야기가 이해하기 어렵게 암호화되어 있다는 데 있다. 공적으로 차마하지 못할 이야기를 이야기해야 할 때 그것은 부인이나 기억 상실로 드러난다. 이때 침묵, 몸의 행위·축약·휴지와 미완성의 문장들이 의미심장한 기호학적 영역을 제공한다. 아직 화해되지 않은 과거와 관계되어 있는 현재의 수치와 부인, 그리고 멜랑콜리는 트라우마를 쓰고 필름화하는 작업을 매우 어렵게 만든다. 『강제로 끌려간 조선인 군위안부들 4』는 이러한 점을 다음과 같이 지적하고 있다.

> 증언자들은 위안부 생활 자체에 대한 언급을 회피하기도 하고, 아예 기억이 나지 않는다고도 하며, 강간 상황만을 강조하면서 위안부 생활을 하지 않았다고 주장하는 경우도 있다. 이렇게, 말하고 떠올리는 것 자체를 기피하는 것은, 생존자 개개인이 위안부 경험을 '더럽혀진' 정조로 규정하는 지배적 이념에 짓눌려 왔다는 것을 보여준다. ……우리는 이러한 침묵을 오히려 증인들에게 각인된 트라우마적 상처의 깊이를 웅변해주는 것으로 이해하게 된다. 이 상처는 위안부 경험 자체에서 비롯된 것임과 동시에 그 경험이 왜 일어났으며 그것이 당신의 잘못이 아니었음을 명백히 말해주지 않는 사회가 만들어낸 것이기도 하다. 60여년의 세월 동안 이 여성들은 그 상처를 혼자 감당해 왔다. 따라서 우리는 이 침묵과 기억의 억압이 증언 부재가 아니라 위안부 문제의 성격과 지속성을 말해주는 '증언'이라고 보았다. 증언 중에서 위안소 이야기가 없거나 불충분한 경우가 있다면 그것은 증언자가 이 침묵과 억압의 지대를 통과하고 있기 때문일 것이다.[15]

15. 한국정신대문제대책협의회 증언팀, 『강제로 끌려간 조선인 군위안부들 4』, 풀빛, 2001, 28쪽.

종군 위안부 3부작은 이러한 침묵과 억압 지대의 통과 과정을 드러내면서도 동시에 그 문제와 협상하는 과정을 전경화함으로써 그 문제에 대한 부분적 해결책을 찾고자 한다. 변영주가 첫 번째 작품인 〈낮은 목소리〉를 시작했을 때 종군 위안부 문제는 아직 사회적으로 충분히 제기되지 않은 상태였다. 종군 위안부 문제에 대한 침묵은 오히려 종군 위안부들에게 개인적·사회적 수치심을 부가해 그들 자신이 그 문제의 근원인 것처럼 효과를 내고 있었다. 그러므로 다큐멘터리를 만드는 과정은 강력한 신뢰에 기반한 관계를 필요로 했다. 실제로 촬영에 들어가기 전에 변영주는 카메라나 녹음기 없이 그들을 자주 방문했고 점차 그들의 지원자, 친구, 그리고 손녀가 되었다. 그 커뮤니티의 멤버가 된 것이다. 그녀의 카메라와 스태프들의 존재는 종군 위안부 할머니들의 삶과 환경의 일부가 되었다.

종군 위안부 3부작은 스태프들과 종군 위안부 할머니들이 서로 대화를 나누는 장면들을 담아낸다. 할머니들의 이사를 돕고, 병원에 모셔가고, 일본 대사관 앞에서 열리는 수요 집회에 참석하고, 같이 소풍을 간다. 바로 이와 같은 커뮤니티와 같은 배경에서 카메라는 돌아가고 조명은 밝혀지며 사운드 레코더가 작동한다.

두 번째 작품 〈낮은 목소리 2〉는 '나눔의 집'에서 공동 거주를 시작한 종군 위안부 할머니들이 감독에게 그들의 삶을 다루어 달라고 부탁하면서 시작된다. 〈낮은 목소리 2〉의 포스터는 할머니들이 마치 스태프들인 양 촬영 도구들을 갖고 있는 모습을 유머러스하게 보여주고 있는데, 포스터는 그들을 영화 작업의 행위자로 부각시키고 있는 것이다. 그리고 세 번째 작품 〈숨결〉은 카메라 앞에서 종군 위안부들이 서로에게 말을 거는 양식으로 구성된다. 변영주의 다큐멘터리 제작은 이러한 방식으로 오가와 신스케의 양식을 따르게 된다. 오가와의 접근 방식은 정치적 헌신과 그의 주제가 될 사람들과 함께 공동체적 삶을 살면서 다큐멘터리를 완성시키는 것이다.

일제 강점기라는 식민화된 과거는 포스트 식민 이후의 남한 영화에서 빈번하게 다루어지는 것이 아니다. 일본의 식민화 근대성이 그 기반을 이루는 근대성의 다층성을 다루는 대신 남한 영화는 전 식민화의 과거와 현재를 주로 다룬다. 탈식민화의 과정은 민족주의적 서사로 치환되며 그것은 "여성의 순결에 관한 한국의 초남성성과 경계심"을 강조하게 된다. 바로 이러한 과정 속에서 종군 위안부의 문제는 기억할 만한 과거가 아닌 것으로 침묵된 것이다. 1991년 세 명의 종군 위안부가 공개 증언을 하게 되면서 비로소 이 문제는 공론화된다. 그리고 종군 위안부 3부작은 한국의 근대 여성성의 구성에 결정적인 부분인 식민지 경험을 영화적 재현의 영역으로 끌어들인다. 3부작은 동시대의 여성 성애와 몸이 마치 역사적 전이처럼 어떻게 종군 위안부와 관련되어 있는가를 드러낸다. 즉, 동시대의 여성이라는 정체성이 탈식민시기와 관계되어 역사화되는 계기를 제공하는 것이다. 종군 위안부 여성이 50년의 침묵을 깨고 입을 열 때 여성 관객들은 그들의 비통한 이야기만이 아니라 바로 그들 자신이 그 역사에 관계되어 있음을 이해하게 된다. 변영주는 이 영화가 여성 관객에게 말을 걸고 있다고 명시적으로 밝히고 있다. 상당수의 여성 관객들이 영화를 보고 남긴 메모에 자신들이 성폭행을 당했음을 밝히고 있다.

〈낮은 목소리〉가 오랫동안 미루어진 애도를 진행시키기 위해 고백적 발화 양식에 기대고 있다면, 〈낮은 목소리 2〉는 종군 위안부들의 억압된 욕망과 필요를 발화하기 위해 노래와 농담 같은 우회적 장치를 사용한다. 〈낮은 목소리 2〉에서 종군 위안부들은 서울 근교의 나눔의 집에서 함께한다. 농장에서 채소와 닭을 기르면서 그들의 고통스런 기억들을 나누며 자기 치유의 과정을 밟는다. 그들이 이 두 번째 다큐멘터리의 제작을 원했다는 것이 그 방향을 보여주고 있다. 암에 걸린 것을 알게 된 강덕경 할머니는 변영주에게 살아생전 다큐멘터리를 찍어달라고 부탁한다. 나눔의 집의 다른 할머니들도 참여하겠다고 동의한다. 그 결과 할머니들은 수동적인 정보 제공자로 남아 있지 않고 영화를 만드는 과정에 적극적으로 참여하게 된다. 김순덕 할머니는 일만 하는 사람으로 기억되길 원한다고 말하고, 심미자 할머니와 박두리 할머니는 이 기회에 자신의 소망을 밝힌다. 〈낮은 목소리〉에서 소극적이었던 박두리 할머니는 이제 스태프들에게 농담을 던진다. 나눔의 집 할머니들은 민족주의와 일본의 경제적 보상 사이의 수동적인 희생자로 남아 있는 대신 그들의 경험을 보다 자발적으로 토로한다.

두 영화 모두 많은 관객을 모으지는 못했지만 영화가 생산한 담론적 효과는 큰 것이었다. 전국 대학과 단체들에서 상영되었으며, 주요 신문들도 이 문제를 다루었고, KBS TV는 〈낮은 목소리 2〉를 전국에 방영하기도 했다. 그 결과 영화는 종군 위안부 이슈를 대중의 의식 속으로 밀어 넣는 데 기여하게 된다. 그에 덧붙여 영화는 종군 위안부 문제를 최근의 성폭행 사례들과 연결시킨다. 〈낮은 목소리 2〉에서 변영주는 오늘의 강간 사건 통계를 종군 위안부의 그것과 비교하는데 이러한 영화 마지막에서의 노력이 얼마나 효과적이며 설득력이 있는가는 차치하고, 그것은 오늘날 여성들에게 지워진 역사적 짐이 무엇인지를 잘 보여주고 있다.

〈숨결〉은 이전의 작업에서 제기되었던 문제를 이어가고 있는데 종군 위안부였던 이용수 할머니가 주 인터뷰어로 등장한다. 〈낮은 목소리 2〉가 끝난 후 이용수 할머니가 자원한 일이었다. 주 인터뷰어로서 그녀는 포스트 트라우마의 증언을 듣는 청자이자 생존자의 이중 역할을 담당한다.

〈낮은 목소리 2〉에서 이용수는 자신의 작은 경제적 성공에 대해 이야기한다. 그리고 돈을 벌고 싶었던 것은 일본이 한국을 점령하고 여성들을 강제 징집했던 것이 나라가 궁핍했기 때문이라고 설명한다. 자수성가했지만 여전히 외상적 기억을 간직하고 있는 이용수는 다른 종군 위안부들의 이야기를 듣는 과정에서도 어떤 부분들을 강조하고 더 명료하게 만드는 인터뷰어의 역할을 맡는다. 또 유머를 섞기도 하는데 특히 김분순과 함께 고향을 찾는 시퀀스에서 그것이 두드러진다. 황금 광산이 있던 고향을 찾은 김분순은 17살 때 트럭에 끌려갔던 일들을 회상한다. 함께 끌려갔던 친구들을 회상하면서 김분순은 한숨짓는다. 그러고 나서 이용수와 김분순은 술래잡기 게임을 하면서 쾌락과 공포라는 엇갈린 감정을 양가적으로 표현한다. "꼭꼭 숨어라. 머리카락 보일라…… 보인다!" 이 숨바꼭질 놀이는 이후 곧 성 노예화로 훼손될 그들의 순진무구한 날들을 잘 포착하고 있다. 특히 "보일라, 보인다"는 곧 도착할 가해자의 위협을 소름끼치게 잘 드러내고 있다. 바로 그 다음 대사는 이러한 숨바꼭질 이후, 61년이 지났음을 밝히고 있다.

　겨우 생존한, 그리고 황폐한 상실의 경험을 겪었던 사람들을 다루면서 〈숨결〉은 재앙 이전의 소중한 순간과 그 이후를 다룬다. 두 사람 사이의 시선과 종종 끊어지는 대화들은 관객들에게 정동과 연민을 불러일으킨다. 이야기되지 못하는 부분이 그들의 조용한 고통을 강조한다. 몸의 동작이나 말줄임표 같은 비언어적 기표들이 정교한 발화를 대체하고 있는 것이다. 물론 종군 위안부의 경험을 가진 사람이 그와 유사한 경험을 가진 사람을 인터뷰한다고 해서 생존자의 증언과 관계된 모든 문제가 해결되는 것은 아니다. 한편 그것은 도미니크 라카프라(Dominick LaCapra)가 "트라우마에 대한 충절"이라고 표현했던 현상으로 빠져들 수도 있다.

즉, "과거가 돌아오고 미래가 막히거나 혹은 멜랑콜리적인 피드백의 올가미에, 재앙에 갇혀버리는 트라우마적 장면의 강박적 중복"을 창조할 수도 있다.[16] 유사한 사건을 경험한 인터뷰어와 인터뷰이가 동반적으로 이 피드백의 올가미, 반복과 중복의 악순환에 빠질 수도 있다는 것이다. 또 다른 측면에서 보자면 이러한 대화의 구조 속에서 관객들은 "이런 이야기를 듣겠지"라고 막연히 기대했던 이야기를 듣는 것 같은 기시감을 느낄 수도 있다. 재확인에 가까운 이야기라고 할 수 있는……

자수성가하고 자신감 있는 전 종군 위안부 이용수는 다른 여성들에게 진실을 밝힐 것을 적극적으로 권유한다. 하지만 그녀의 이런 강한 의지와 다른 종군 위안부 여성들 공동체에 대한 헌신 때문에 바로 다른 종군 위안부들로부터 자신의 증언 양식에 맞는 증언을 의도하지 않게 끌어낼 수도 있기 때문이다. 이 가정은 아주 틀린 것은 아니지만 사실 좀 과도한 이론적 추정으로 밝혀진다. 이용수가 다른 종군 위안부 여성이 차마 말을 하지 못할 때, 혹은 기억하지 못할 때 그들의 말을 대변하는 순간들이 있지만 그 내용은 그녀가 그 이전에 들었던 내용을 주로 옮기는 것이다. 이러한 피드백의 올가미 효과 역시 감소하는 것이 종군 위안부 3부작이 1995년에서 1999년에 이르러 완성되어 가면서 이 이슈가 사회문화적 · 정치적 · 역사적 이해의 지평을 넓혀 갔기 때문이다. 자원 그룹들이 결성되고 부분적인 보상이 이루어졌으며 2000년 동경에서 열렸던 여성 국제법정은 이 이슈를 글로벌한 페미니즘의 이슈로 부각시켰다.

〈숨결〉의 가장 강렬한 순간은 김윤심이 말을 못하는 그의 딸과 함께 등장하는 장면이다. 김윤심은 14살에 중국 하르빈(하얼빈)으로 징집당했으며 지난 26년간 바느질을 해 생계를 꾸려가고 있다. 종군 위안부 생활과 관계된 일기로 전태일 문학상을 받기도 한 그녀는 부드럽고 섬세한 얼

16. Dominick LaCapra, 같은 책.

굴 표정이 사랑스러운 인물이다. 그녀의 작은 집은 꽃들로 가득 차 있는데, 방안에 들어오는 햇살과 발코니까지 들어 찬 꽃 화분들 때문에 그녀로부터 빛이 흘러나오는 것처럼 보인다. 그러나 이러한 배경과 대조적으로 그녀가 말하는 내용은 몸을 움츠러들게 하는 것이다. 종군 위안부 수용소에서 살갗과 방광이 찢어진 이야기, 한국에 돌아온 후 두 번 결혼해 딸을 출산했으나 종군 위안부 시절 얻은 매독 때문에 장애를 갖고 태어난 딸 이야기다. 딸을 안고 집을 나온 김윤심은 그 후 식당 등을 전전하며 혼자 딸을 키웠다. 딸과 함께 인터뷰에 응한 김윤심은 변영주에게 딸이 자신의 종군 위안부 경력을 잘 알지 못한다고 말한다. 하지만 인터뷰 도중 딸이 어머니의 자서전을 읽었음이 밝혀진다. 김윤심은 딸의 고백에 충격을 받고 카메라 역시 흔들리며 그 충격에 반응한다. 카메라는 어머니와 딸 사이에서 흔들리며 패닝한다. 바로 이 장면, 이 순간에 어머니와 딸 그리고 그들과 감독 사이의 친밀성과 애정이 완전히 드러난다. 김윤심과 딸은 마치 카메라가 존재하지 않는 것처럼 행동한다. 딸이 말을 못하기 때문에 어머니와 딸 사이의 대화는 모두 수화로 진행되는데 그 수화는 그곳에 동석한 여성 통역자에 의해 관객들에게 말로 전달된다. 바로 이러한 통역 과정 때문에 이러한 고백은 보다 두터운 뉘앙스와 결을 갖게 된다. 수화가 연행되고 구어로 전달되는 바로 그 틈새에서 관객들은 역사적 트라우마가 어머니와 딸 개개인에게 미친 영향의 정도를 짐작하고 깨닫게 된다. 그 "말 못할 사건"이 문자 그대로 딸의 말할 수 있는 능력을 빼앗은 것, 딸과 자신의 생계를 책임지며 살아온 그녀의 외롭고 고된 노동의 삶, 또 종군 위안부였던 어머니의 대한 딸의 연민 등.

　　어머니와 딸의 서로에 대한 인지와 화해는 상징적으로 3부작의 종결 부분에 위치한다. 어머니에 대한 딸의 이해가 종군 위안부 경험의 트라우마를 둘러싼 모든 문제들을 해결하지는 않는다. 그럼에도 불구하고 그것은 민족주의와 국가주의와는 다른 층위에서 세대를 이어가는 종군 위안부의 트라우마 문제를 제기한다.

한국형 블록버스터에서의 동성사회적 판타지

〈텔미썸딩〉과 〈공동경비구역 JSA〉

동성사회성에 대한 침묵, 그 침묵에 대한 의문

한국이 동성사회적인 특성을 지니고 있으며, 그것이 사회관계의 모든 영역을 지배하며 동시에 돌보고 있다는 것은 일상생활의 장에서 재현의 장까지 폭넓게 발견된다. 집안 행사나 집들이, 아니면 부부나 커플이 함께 모이는 직장 단위의 파티에서도 남성과 여성의 분리는 '자연스럽게' 이루어진다. 여자는 여자끼리 남자는 남자끼리라는 '끼리끼리' 문화는 한국 동성끼리의 연대에 기반한 한국 사회의 면모를 잘 보여준다.[1] 특히 남성들 간의 끼리끼리 문화는 학연, 지연 등으로 다시 묶이면서 남성들만의 권력의 장을 사적·공적으로 횡단하며 구성해내는 단단한 지반이 된다. 이러한 끼리끼리의 문화, 동성사회 속에서 동성들끼리의 몸의 접촉(손을 잡고, 어깨동무를 하는 등)이 에로틱한 욕망으로 이해되지도 않았다. 그러나 이러한 동성 사이의 연대(homosocial bonding)나 친밀함을 표현하는 아비투스(habitus)는 그 자연스러움을 질의당할 수 있는 계기를 맞았다. 지난 1990년대 후반부터 이반 액티비스트들과 탤런트 홍석천의 '스캔달'한 커밍아웃 이후 동

---

1. 한국 여성 동성애자들의 모임의 이름이 "끼리끼리"라는 것은 비대칭적 권력 관계를 이루는 남성 끼리끼리와 여성 끼리끼리에 대해 후자를 그 비대칭으로부터 들어올리는 전복적인 이름 붙이기다.

성애자의 인권 문제는 각종 매체를 통해 급격하게 대중화되었다. 또 텔레비전 드라마, 다큐멘터리, 그리고 〈올란도(Orlando)〉(1993), 〈내일로 흐르는 강〉(1996), 〈결혼 피로연(The Wedding Banquet)〉(1993)을 비롯한 영화들을 통해 동성애자의 삶의 방식 등이 공개적으로 사회 이슈화 되면서, 커밍아웃된 성적 동성애 문화가 그 이전의 비성적인 것이라고 간주되는 '동성사회적' 관행들과 행위들, 관습들을 되돌아보게 만든 것이다. 또한 커밍아웃과 더불어 은밀하고 공공연하게 발화되는 것은 동성애 혐오증이다.

1990년대 후반부터 담론화되기 시작한 동성애, 동성애 혐오증, 그리고 그 사이에 괄호 상태로 존재하는 동성사회성이라는 새로운 배열은 다음과 같은 질문을 가능하게 한다. 즉, 한국에서 동성 간의 성적(sexual)인 것과 비성적(non-sexual)인 것을 구분 짓는 지점들은 무엇인가? 한국 문화에서 동성사회성과 동성애는 종종 왕래 가능한 연속적인 것인가? 혹은 불연속적인 것인가? 남성들 사이의 권력의 창출과 유지를 위해 동원되는 동성사회적 연대는 어디서 동성애로 번역되기를 멈추는가? 동성사회성이 계급과 민족, 국가 장치들과 성 정치학을 괄호 치며 만나는 지점은 어디인가를 생각하게 만든다.

동성사회는 한국에서 번역되었지만, 그리고 이해될 수는 있지만 아직 널리 통용되는 말이 아니다. 1990년대 후반의 동성애 인권 액티비즘과 커밍아웃에도 구애받지 않고 말해지지 않은 채, 침묵의 공간에 존속한다. 말하자면 동성애 문제가 공론화되면서 이성애적 사회와 동성애적 사회라는 구분이 지어지지만, 동성사회와 동성애 사회의 (불)연속성은 담론의 장 속에 펼쳐져 있지 않은 것이다.

동성사회성은 엔사이버두산세계대백과사전에 동성사회적, 동성연대적이라는 말로 번역되어 있다. 그러나 페미니즘이나 퀴어 연구의 중요한 문제 틀로 설정되어 있지는 않다. 말하자면 아직 젠더, 성, 페미니즘 정치학의 문제로 등재된 상태는 아닌 것이다. 일단 번역된 말이 통용되지 않는 것은 여러 가지 이유가 있을 수 있지만 지배적인 언어가 다른 언어로 번역될 때의 의미는 '전환'하는 것이 아니라 (재)창조된다는 측면에서 볼 때, 동성사회의 한국어 번역어를 찾을 수는 있지만 재창조된 상태는 아니다.[2]

이것은 동성사회가 한국 문화 정세 속에서 새로운 의미를 가진 '동성사회'로 반드시 재창조되어야 한다는 의미가 아니다. 서구에서도 동성사회적이라는 용어 자체가 학문적 신조어다. 예컨대 'homosocial'이라는 단어는 역사와 사회과학 등에서 동성 간의 사회적 연대를 가리키는 말로 쓰였으며 특히 'homosexual'과 구분하기 위해 사용된 것이다[3].

페미니스트인 이브 세즈윅(Eve Sedgwick)은 『남성들 사이에 : 영국 문학과 남성의 동성사회적 욕망』이라는 저서에서 젠더 동학의 핵심에 동성사회성(homosociality)이 있다고 지적한다. 또 바로 그 동성사회성에 의해 가부장적 사회가 남성들 사이의 연대를 강화하는 동시에 여성들을 남성 중심적 사회 안에 수용한다고 주장한다. 남성 중심적 사회 체계 안에서 여성만이 섹슈얼리티를 지닌 것으로 간주되며, 남성들 간의 에로틱한 욕망을 억압함으로써 체제의 안정성이 영구화된다는 것이다. 그러나 두 명의 남자가 한 여자를 욕망하게 될 때 경쟁심과 대결이 발생하게 된다. 만일 이 상태가 지나치게 되면 두 남자 간의 관계는 위험해진다. 이것을 피하게 위해 선택되는 중재안이 바로 여성이 그 남성들 중의 한 사람과 결혼하는 것이며, 그 결혼을 통해 그 여성은 체제 안에 수용되고 남성사회성의 안정성은 보존된다. 여성의 교환과 동성애의 억압을 통해 이성

2. Liu Lydia H. "Translingual Practice : The Discourse of individualism between China and the West", Position 1 : 1(1983) : pp. 160~193.
3. Eve Kosofsky Sedgwick, "Introduction" in *Between Men : English Literature and Male Homosocial Desire*(New York : Columbia University Press, 1986).

194

애를 강화하게 되는 것이다. 이때 이성애 관계에 있는 남자들은 동성애로 오인되는 것에 대해 끊임없는 경계를 하게 된다. 이것이 세즈윅이 이야기 하는 "동성사회적 패닉"이다. 동성사회에서 동성애자로 지정되면 남성 권력 구조에 참여하게 되는 권리를 잃게 되고 여성과 마찬가지로 주변화 되기 때문이다.

동성사회에 대응하는 번역어는 존재하지만, 담론화 되지 않은 용어 혹은 담론화되기를 거부하는 용어, 또한 너무 자명하고 '자연'스러워 마 치 피나 살처럼 선−담론(pre-discursive) 영역에 놓여 있는 것처럼 보이 는 동성 간의 연대, 동성사회라는 용어로 한국의 대중 영화 텍스트를 분 석하는 것은 조심스럽고 주저스럽다. 그러면 주저함이 가질 수 있는 미덕 인 양가적(ambivalent) 양식(mode)을 견지하면서 이 용어가 얼마나 설명 적이고 분석적인 힘을 가지고 한국 영화와 문화를 토픽화하고 단층화할 수 있는지, 설명적 힘을 가질 수 있는지를 살펴보기로 한다.

아직도 지속되는 한국의 냉전 상황에서의 남성들의 사회적 연대를 권력의 위계질서, 그리고 전쟁을 전제로 한 '위기 상황' 속에서 가장 극적 으로 구성해내는 전범이 된 군대에서의 전우애(戰友愛)는 "전우로서 서로 돕고 사랑하는" 남성 군인들의 연대를 가리키는 말이지만, 우로서의 '우 정'과 '사랑'은 표면적으로는 동성사회와 동성애 사이의 지속이나 단절을 함의하지 않는다. 여기서 우정과 사랑은 서로 등가로 교환되는 동의어에 가깝다. 한국에서 게이와 레즈비언, 그리고 퀴어적 정체성을 동시적으로 함의하는 동성애자(同性愛子)의 애(愛)와 전우애의 애(愛) 사이에 함의되 는 이와 같은 차이는 동성사회와 동성애 사이에 전제되는 불연속성이나 연속성의 문제를 한국이라는 문화적 특정성 안에서 다루는 데 있어 시사

적이다.[4]

전우애는 우와 애라는 유사한 의미를 두 번 사용하고 있는 셈인데, 형제애나 동성애와는 달리 우정과 애정이 중첩된 전우애는, 남한의 특정한 사회체(탈식민, 냉전, 분단 군사체제) 안에서 만들어진 성인 남성 간의 연대를 강조하는 가장 응축적이고 효과적인 단위 중의 하나다. 징집제에 의해 남성의 성인식은 군대 3년간을 통해 이루어진다. 이 3년의 기간 동안 균질적(homogneous) 남성다움은 군사훈련을 통해 몸에 각인되며[5] 연령과 경험, 계급에 입각한 위계질서에 복종하는 방식을 훈육받게 된다. 그리고 군대에서 통용되는 비어인 '후장(뜬다)'은 군인들 사이에 연행되는 항문 섹스를 가리킨다. 즉, 군대의 동성사회적 연대의 지속은 바로 뒤쪽의 성적 거래(genita transaction)와 은밀히 연결되어 있는 셈이다. 이러한 성적 거래가 어떠한 편의 제공과 호의(권력의 비공식적 분배)로 이어지는지에 대한 연구는 없다. 그러나 이런 성적 거래 자체가 그 제공자와 수혜자의 성적 정체성을 동성애자로 영구화시키거나 고정시킨다기보다는, 군대의 제한된 공간 안에서 벌어지는 일시적 연행으로 간주되는 경향이 있다. 그러나 군대 같은 남성다움을 요구하는 곳에서 동성애와 동성사회적인 것이 교환 가능한 것으로 인지되고 있다는 사실은 중요하다.

2000년대의 한국 사회는 전 지구화 과정 속으로 정치경제 영역이 포섭됨과 동시에 잔존하는 문제들, 즉 후기 독재(post-dictatorship)의 외상들로 가득 찬 냉전이 지속되는 사회라고 볼 수 있다. 박정희와 전두환, 노태우로 이어지는 군사 독재는 강력한 독재자라는 아버지의 법 안에서 남

---

4. 애정(愛情) 명사
   1) 사람이 다른 사람이나 대상을 따뜻한 정이나 각별한 관심을 가지고 사랑하거나 대하는 그러한 정이나 관심
   2) 특히 남녀 간에 성에 토대를 둔 사랑
   1)의 뜻은 성적인 의미를 포함하지 않으며 2)는 성에 기반을 둔 이성애적인 의미를 가지고 있다.
5. 이러한 군사적 남성다움이 그러한 균질성을 거부하는 남성주체에게 미치는 재앙스럽고 외상적(traumatic) 신체적 증후에 대해선 임순례 감독의 영화 〈세 친구〉를 볼 것.

한 사회를 구성했다. 현 신자유주의 정권의 글로벌한 힘과의 삐걱거리는 이중무 속에서 탈(de)독재와 탈(de)냉전의 작업이 자동적으로 이루어지리라고 생각하는 것은 물론 소망의 시나리오에 지나지 않는다.

이러한 강력한 아버지의 지배 아래 응축되고 강압적인 국가 주도의 근대화가 이루어지고 이것이 효과적으로 가동하는 억압적 국가 장치들과 이데올로기적 국가 장치들 중 군대와 경찰, 그리고 가족에서 발견되는 동성사회적 연대와 그것을 지탱하고 재생산해내는 가시화되지 않고 언명되지 않는 욕망과 권력의 문제를 〈텔미썸딩〉(1999)과 〈공동경비구역 JSA〉(2000)를 통해 분석하려고 한다. 〈내일로 흐르는 강〉이나 〈번지 점프를 하다〉(2000), 〈친구〉(2001) 같은 동성애와 동성사회를 '자연스럽게' 그리고 '가시적'으로 드러내는 영화를 분석할 수도 있다. 그러나 오히려 그 영화들에 대한 분석은 위의 토픽들에 대해 그 텍스트들이 드러낸 부분을 반복해 설명하고 주석하는 데 그치게 될 가능성이 있다.

〈공동경비구역 JSA〉와 〈텔미썸딩〉은 동성사회, 동성애는 토픽으로 보면 서로가 이상한 방식으로 이웃해 있는 접경 텍스트들이다. 〈공동경비구역 JSA〉에서는 민족애와 형제애, 전우애가 남성들 간의 강한 동성사회적 결연들을 만들어내지만 그 결연은 모두 해체되는 것처럼 보인다. 그 결연들과 해체 과정을 지배하는 것은 구조적으로는 〈공동경비구역 JSA〉에선 글로벌한 냉전과 남북한 국가의 질서다. 그리고 그 힘들의 대행인은 소피 장이라는 스위스 중립국위원회의 한국계 소령(여성)이다.

그런가 하면 〈텔미썸딩〉에선 남성들 간의 동료애(경찰의 파트너십)와 이성애, 동성애의 결연들이 모두 해체된다. 그리고 죽은 아버지와 죽은 어머니가 동세대의 결연을 방해한다. 후기 독재 사회의 증후는 죽은 부모 세대의 배회하는 유령(주인공들의 심상에서 떠도는)을 통해 서울 거리에 투사된다. 서울의 거리들과 공공장소들, 예컨대 쇼핑몰과 청계 고가, 고속도로는 아무렇게나 던져진 토막시체들로 혼란에 빠진다.

이 논문의 가정은 두 가지다. 첫 번째는 남한에서 생산된 이 영화들에서 발견되는 욕망의 삼각형은 세즈윅이 지라르를 통해 분석하는 18세기 중반에서 19세기 중반에 이르는 영국 소설의 인물들, 즉 2명의 남성 주체들과 여성이라는 개별화된 관계보다 더욱 강력하게 사회관계(민족국가와 그것의 각종 장치들), 그리고 어머니나 아버지의 영향 아래 있다는 것이다. 〈공동경비구역 JSA〉에서는 에로틱한 삼각형을 지배하는 상위구조 혹은 보로미안의 매듭(Borromean knot)처럼 맞물려 있는, 통상적으로 비성적(non-sexual)인 것으로 번역되는 민족애, 형제애, 그리고 전우애이며, 〈텔미썸딩〉에선 (남자 주인공의) 죽은 어머니와 (여자 주인공이 죽인) 아버지다. 말하자면 남녀 인물들의 개별화된 성적 욕망은 그것이 동성사회적인 것이건, 동성애적인 것(tell me something의 lesbian 관계)이건, 이성애적인 것이건, 어떠한 지속적 연대를 이루어내고 힘을 얻어 (empower- ment)내는 데 모두 실패한다. 팜프 파탈 유형의 채수연은 다른 필름 느와르의 여주인공과는 달리 남성 주인공이나 자신의 동성 상대자와도 명백한 성적 유혹의 과정이 없다.

또한 두 영화 모두 논리적 추리력(epistemophilia)을 전제로 하고 있는 서스펜스물이며 수사관(경찰과 군인)들이 그 주인공이다. 그러나 이 영화들에는 불명확하고 애매하며 매끄럽지 못한 지점들이 구조적으로 내장되어 있다. 이것은 열린 결말과는 다르다. 말하자면 논리적 추론의 한계를 무의식적으로 구조화하면서 그 불명료함 자체를 심리적 긴장감 혹은 서스펜스의 주동력으로 삼고 있는 것이다. 〈텔미썸딩〉에 대한 온라인(on-line) 비평들은 영화가 누가 과연 범인인가를 추론하게 하는 서스펜스물의 기본 논리가 부족하다고 아우성이다.

　이 불명료함, 바로 그 논리가 닿지 못하는 뒤엉킨 정동(affect)이 머무
는 소재지가, 영화에 부재하면서 동시적으로 현존하는 어머니와 아버지
와 자식들 간의 관계, 조국과 모국이다. 그리고 이곳은 기억과 외상의 소
재지다. 그러나 이 마음의 움직임(정동)은 마치 선(善) 담론, 텍스트의 외
부에 있는 것처럼 보이지만 관객의 심리적 작용을 통해 텍스트의 결을 짓
누른다. 이 구조화되어 있는 무의식은 다른 말로 하자면 영화의 인물들이
어머니, 아버지, 그리고 조국/모국과의 관계에서 일어난 외상이다. 그리
고 이 외상은 영화 속 인물들의 성적인 관계에 그림자를 드리운다. 두 영
화 모두 성관계(genital sexual relation)는 일어나지 않는다. 〈텔미썸딩〉의
여주인공과 남주인공은 각각 이미 세상을 떠난 아버지와 어머니의 지배
하에 있다. 〈텔미썸딩〉에서 표면적인 삼각형은 여주인공 채수연, 승민,
그리고 조형사이지만 채수연과 아버지, 승민과의 관계가 더 중요하며 조
형사에겐 어머니와 자신의 파트너와의 관계가 더 중요하다.

　이들이 가진 외상은 그들 세대의 시간을 넘어서는 역사와 가족사로
부터 온다. 이것은 프로이트가 이야기하는 격세유전처럼 보인다. 개별화
된 주체들에 그림자를 드리우는 역사와 전 세대의 존재와 부재는 결국 그
주체들을 소멸시킬 지경에 이른다. 이러한 역사와 가족사의 개입 때문에
영화에서 드러나는 삼각형은 늘 그 밑에 다른 삼각형들을 거느리고 있다.
세즈윅은 지라르의 삼각형이 유럽 전통에서 여성을 사이에 두고 남성들
간의 '경쟁'의 결연들을 만드는 것이라고 정의하면서, 어떠한 경쟁 관계
도 경쟁심과 동일화라는 동일한 작용에 의해 구조화되어 있다고 본다. 그
삼각형의 구석을 차지하는 것이 남자건 여자건 신이건 책이건 무엇이건
간에 말이다. 세즈윅이 사용하고 있는 지라르의 삼각형은 라캉에 와서 일

종의 위상학(topological)적 차원을 얻는다.[6] 욕망이 그 구조를 만들어내는, 그래서 욕망의 구조인 지라르의 삼각형을 라캉이 구조 그 자체라고 이야기하는 위상학으로 바꾸면서, 뫼비우스의 띠처럼 연속적이면서 동시에 절단(coupure)을 통해 그 불연속성을 볼 수 있는 혹은 그 역도 사실일 동성애와 동성사회 간의 연속성과 불연속성의 문제를 보려고 한다.

〈텔미썸딩〉이나 〈공동경비구역 JSA〉를 통해 보자면 이들의 욕망의 구조를 결정짓는 타자는 삼각 구도 상에서 사랑하는 여자를 두고 경합을 벌이는 관계에 있는 개별화된 경쟁자인 동시에 국가 장치와 아버지, 그리고 어머니다. 세즈윅이 방법론으로 선택한 지라르의 삼각형의 도식을 통해 주장하는 것은 에로틱한 삼각형에 포함되어 있는 경쟁자들의 연대가 그 둘이 사랑하는 사람과 맺고 있는 것만큼이나 강렬하고 강력하다는 것이며, 게다가 사랑하는 사람을 선택하는 기준 역시 사랑하는 그녀의 자질보다는 자신의 경쟁자가 이미 그녀를 선택했다는 데 있다는 것이다.

6. 심리적 장치를 여러 개의 하위 단위들로 차이화 하는 것은 함의하는 시점 혹은 이론으로 각각의 것들이 뚜렷한 특성들 혹은 기능들이 있고 다른 것과의 관계에서 특정한 위치를 갖고 있다는 것. 프로이트의 작업에서 일반적으로 발견되는 두 개의 위상학의 첫 번째는 무의식/전의식 · 의식이며, 두 번째 것은 이드(id)와 에고(ego), 그리고 수퍼에고(superego)라는 세 개의 역할로 분할된다. 그러나 위상학의 그리스어 의미는 "장소들에 대한 이론"이다. 아리스토텔레스에게 있어 위상학은 논리적 혹은 수사학적인 가치를 가진 전례로서 거기서 논쟁의 전제들이 파생하는 것이다. 칸트는 그의 '초월적인 토픽'을 묘사하면서 '모든 개념들이 소속된 결정적 장소'로서 "어떤 경우에든 개념들이 적확하게 속하는 인식적인 능력을 구분하는 의견"이라고 말한다. J. Laplanche and J.B Pontalis, *The Language of Psychoanalysis*, Trans. by Donald Nicholson-Smith(NewYork : W. W. Norton & Company, INC., 1973), p. 449. 프로이트는 『꿈의 해석』에서 꿈의 행위의 장면은 깨어있는 삶에서와는 다르다고 말하면서 심리적인 소재지라는 개념을 제안한다. 프로이트는 이것이 위상적인 것이라고 설명하면서 해부학에서의 실제적인 것과 혼동하지 말 것을 당부한다. 라캉은 이러한 모델이 충분히 위상학적이지 않다고 비판하면서 위상학은 구조의 개념을 표현하는 은유적인 방식이 아니라 구조 그 자체라고 표현한다. 그는 위상학은 절단(coupure)의 기능을 선호하는데, 절단이야말로 지속적인 전환과 비지속적인 전환을 구분 짓는 것이기 때문이다. 이런 지속적인 전환의 예로 라캉은 뫼비우스의 띠를 언급한다. 뫼비우스의 띠를 따라 지속적으로 이쪽에서 저쪽으로 가는 것처럼 주체는 내부에서 외부로 신화적인 도약 없이 판타지를 횡단할 수 있는 것이다. 또 비지속적인 전환의 예로도 라캉은 뫼비우스 띠를 언급하는데 그 중간을 자를 경우, 그것은 매우 다른 위상학적 특성들을 가진 단일한 고리로 전환된다. 이제 그것은 한쪽 면 대신 두쪽 면을 가지게 된다. 절단을 통해 뫼비우스 띠가 비연속적 전환을 하는 것처럼 분석자의 효과적 해석은 피분석자의 담론의 구조를 결정적으로 바꾼다. 이 두 가지를 통해 내가 하려는 작업은 이러한 '자르기'인 셈이다. 즉, 채수연이 아버지 환상의 구도 안에서 움직이고 있음을 지적한 뒤 아버지의 이름에 대한 탈주는 바로 비연속적 전화, 즉 자르기를 통해 가능하다는 것을 시사하려고 하는 것이다.

지라르의 이러한 분석틀은 사실 코제브(A. Kojeve)가 설명하는 헤겔의 욕망론과 다르지 않다.

욕망이 인간적인 것은 육체가 아니라 타자의 욕망을 욕망하는 경우다. 말하자면 그가 인간의 가치 속에서 '욕망'되고 혹은 '사랑'받거나 오히려 '인정(승인)'받기를 원할 때의 경우다. 다른 말로 하자면 모든 인간, 인류 기원적 욕망은 최종적으로 '인정'받고자 하는 욕망의 기능이다.[7]

채수연은 어떻게 아버지의 이름을 버리고 수연이 되는가?

〈텔미썸딩〉은 쇼핑센터, 서울 청계고가도로[8]에 버려진 절단된 시체들이 일으키는 소란에서부터 시작한다. 그리고 청계천변의 아파트 밖에서도 죽은 소년이 발견된다. 도심 고가에 검은 비닐에 쌓인 시체가 버려짐으로써, 자동차들은 연쇄 충돌을 일으키고 피와 사체가 쏟아지는 것을 본 시민들은 혼절한다. 서울의 공공질서는 일순에 무너진다. 나는 이것을 박정희, 전두환, 노태우로 이어진 독재정권의 군사주의적 전체주의 질서, 그 이후 서울에 대한 공간의 무의식적 정치학으로 읽는다. 청계천변은 청계고가도로, 평화 피복 공장 등이 들어선 70년대 근대화의 자취가 남아 있는 곳이다. 그 공간이 일시에 위험 지역으로 변하는 것이다. 이 영화의 홍보용 포스터 중의 하나는 바로 그 도시의 공포 공간을 압축적으로 표현하고 있다.

〈텔미썸딩〉이 제시하는, 서울의 위험이 감지되는 징후적 공간은 크게 두 곳이다. 한 곳은 매우 평범한 아파트단지나 상가의 엘리베이터 안이고, 또 삼일고가도로와 같은 서울의 구 시가지를 가로지르는 고가도로

---

7. Alexander Kojeve, *Introduction to the Reading of Hegel*(Ithaca : Cornell University Press, 1980).
8. 청계고가는 1969년에 완성된 도심 고가도로로 60년대 후반 박정희 정권의 근대화 작업의 상징이다.

들이다. 일상적 통행이나 운송 수단인 엘리베이터 내부는 사실 폐쇄공포를 불러일으킬 만한 협소함이나 위험해 보이는 케이블 운행 장치로 공포영화나 액션영화 장르의 주 배경이기도 하다. 또 신문의 사회면에 등장하는, 부실 공사로 인한 아파트 단지 내의 엘리베이터와 관계된 안전사고 등은 〈텔미썸딩〉 같은 한국 공포영화가 바로 엘리베이터 내부의 공간을 차용할 때, 그 실제적 위협을 환기시킨다. 영화 텍스트 너머 일상으로 공포의 맥락을 확장시키는 것이다.

청계천변을 배경으로 한
〈텔미썸딩〉 포스터

　　박정희 정권이 서울에 건설한 근대화의 상징인 삼일고가도로는 연쇄살인범이 정교하게 토막 낸 사체들을 검은 쓰레기봉투에 담아 버리는 장소가 된다. 바로 이렇게 버려진 시체는 연쇄 충돌 사고의 원인이 된다. 삼일고가도로 역시 삼풍백화점이나 성수대교 붕괴 사건이 있었을 때 위험 지수가 높은 곳으로 알려졌었다. 사체가 바로 그러한 위험 지대에 던져짐으로써 '하드 고어(단단한 핏덩이)' 공포영화라고 자기 선전하는 〈텔미썸딩〉의 공포 지수가 올라감은 물론 주무대가 되는 장소 역시 더욱 가상적인 위험의 아우라를 지닌 채 관객에게 다가간다. 〈텔미썸딩〉의 서사가 전개되면서 서울의 장소들—낡은 아파트, 구 한옥들이 남아 있는 거리, 독신자용 거주지 등—은 음습한 위험 공간들이 된다. 이런 공간들 안에 있을 때면 영화 속의 인물들 누구에게도 도움을 청할 수 없는 상태로 위험에 노출되어 있다. 그것은 공공장소 역시 마찬가지다. 서울 시내의 레코드 가게에서 태연히 총기 발사 사건이 발생한다. 공공장소의 안전함이란 베일은 이러한 사고들로 늘 급작스레 벗겨진다. 반면 영화의 주인공인 채수연은 이 모든 살인 사건들이 일으킨 카오스와는 무관해 보이는, 한국적인 전통 스타일로 지어진 박물관에서 유물들을 분류하는 일에 종사한다. 그러나 인물과 사건들에 따라 질서와 무질서로 구획된 위와 같은 공간 배열은 살인범에 관한 수수께끼가 밝혀지면서 임의적인 것임이 드러난다. 위험 지역은 심리적 위상학 속에서 발견된다.

1990년 후반의 서울, 독재자 아버지, 아버지의 법은 무너졌다. 서울이 토막시체로 뒤범벅이 되는데도 경찰은 무력하다. 영화가 진행되면서 우리는 또 다른 아버지의 법이 무너졌음을 알게 된다. 이 사건을 일으키는 채수연과 아버지의 관계는, 독재자와 피지배자 관계의 지배와 조정, 감금으로 이어지는 폭력과 성폭행이 결합된 최악의 것이다. 그녀의 아버지는 미술계의 제왕으로 군림하던 화가였다. 이 두 사건은 사적 영역과 공적 영역을 지배하는 아버지의 법이 어떻게 서로 엮이는가를 잘 보여준다. 가정이라는 사적 영역에서 통제 불가능한 아버지의 성폭행이 공적 영역의 혼란으로 이어진다. 그러나 이 아버지 없는 사회, 혹은 〈텔미썸딩〉에서 있는 그대로 재현되는 목 잘린 아버지 사회가 혼란으로 이어지는 것

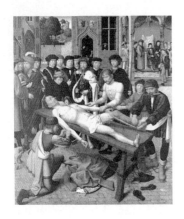

〈캄비세스 왕의 재판〉

만은 아니라는 사실을 지적할 필요가 있겠다. 동시에 그로 인해 사회를 다른 방향으로 재배열(re-configuring)할 수 있는 길이 열릴 수도 있다. 아버지가 떠난 자리, 혹은 그것을 제거한 자리, 그래서 혼란하고 불안정한 그러나 아직은 다른 방식의 재배열이 이루어지지 않은 공간에 대한 공포와 긴장감이 〈텔미썸딩〉의 공간 정치학이다. 그래서 이러한 공간들은 물질적인 현실성보다는 심리적 현실성(Psychical Reality)으로 바로 번역될 수 있는 공간이기도 하다.

　이 혼란 속에서 3명의 피해자들과 연인 관계였던 채수연은 박물관에서 유물 복원 작업을 꼼꼼하게 하고 있다. 한쪽에선 파괴하며 다른 쪽에서는 복원하고 있는 셈이다. 서울 시내와 그 외곽의 장소들을 구체적으로 다루고 있지만, 〈텔미썸딩〉이 관객을 위한 하나의 주요 참조물로 제시하는 것은 15세기 네덜란드 화가인 헤라르트 다비트(Gerard David)의 〈캄비세스 왕의 재판(The Judgement of Camyses)〉이라는 그림이다. 그 그림은 왕과 그의 신하들이 지켜보는 가운데 벌어지는 한 사람의 처형 장면—다리의 살 껍질을 벗기는—을 다루고 있다. 이 그림은 영화의 도입

아버지가 딸의 다리를 만지는 장면[9]

부에 자세히 소개된다. 처형받는 사람은 누구이며, 왜 처형을 받는가? 지켜보는 자들은 누구이며, 껍질을 벗기는 자는 누구인가? 그리고 왜 이런 처형 방식을 사용하는가?

이 그림이 일으킬 수 있는 이러한 여러 의문들과 더불어 더 흥미로운 질문은 왜 15세기 네덜란드의 그림을 90년대 말, 서울에서 일어나는 살인 사건에 대한 참조물로 사용하는가일 것이다. 마치 〈텔미썸딩〉의 살인과 처형의 방식이 한국이 아닌 다른 곳에서 기원한 것처럼 말이다. 이 그림에 대한 설명은 채수연이 조형사와 나누는 대화 속에서 드러나는데, 채수연의 아버지 채화백이 그 그림을 가장 좋아했다는 것이다. 그리고 그 아버지가 동일화하던 대상은 물론 재판을 치르고 있는 캄비세스 왕이다.

마치 위와 같은 독해(후기 독재 사회의 알레고리로 〈텔미썸딩〉의 서울에 대한 공간의 정치학을 읽는 것)를 반박이라도 하듯 〈텔미썸딩〉이 참조하는 아버지의 법은 캄비세스의 재판이라는 재현물을 인용한다. 유추하자면 채화백이 그 처형대에 첫 번째로 올리는 대상은 자신의 딸 채수연이다. 채수연의 회고 장면에서 그가 딸의 다리를 만지는 장면은 분명 이 그림을 환기시킨다.

그러나 아버지가 좋아했던 이 그림의 배열과 질서는 채수연과 친구

9. 이 성폭행의 회고 장면은 조형사의 시점으로 재구성된다. 그러므로 이것은 조형사가 구성한 수연의 유년 시절에 대한 판타지다. 어린 시절 수연을 도와주는 승민을 수연으로 오인하는 데서 알 수 있듯이 조형사의 시점은 이성애에 근거한 전형적 미장센을 구성한다.

들에 의해 결정적으로 바뀐다. 처형대에 누워 있던 사람이 일어나 왕을 처벌함은 물론, 함께 지켜보고 있던 신하들도 그 처벌에 연루된 공범자가 된다. 그리고 젠더 역시 달라진다. 이러한 재배열이 일어나는 장소는 서울이다.

마치 한국 문화권에서는 말 못할 것을(unspeakable) 말하기라도 하듯, 〈텔미썸딩〉은 캄비세스를 인용한 후 그것과 유사한 사건을 서울이라는 공간에 펼쳐놓는다. 이 차마 입에 담지 못할 것은 물론 근친상간과 토막 살인이다. 채화백의 이미지의 상상력이 헤라르트 다비트의 상상력에 빚지고 있다고 한다면, 〈텔미썸딩〉의 감독이 빚지고 있는 것은 〈세븐(seven)〉이나 〈원초적 본능(Basic Instinct)〉 같은 할리우드 스릴러, 서스펜스 장르의 영화들이다.

15세기 네덜란드 화가의 그림과 20세기 할리우드 장르 영화를 참조하고 인용해 〈텔미썸딩〉이 재배열하고 있는 것은 무엇인가? 아버지의 근친상간, 성폭행과 딸의 복수라는 피범벅(gory)의 미장센은 한국이 아닌 서구의 텍스트와 장르를 통해서밖에 제공할 수 없다는 것을 은근히 함의하는 것인가?

이제 조형사가 등장한다. 얼마 전에 어머니를 잃은 그는 상중이다. 그리고 뇌물 수수 혐의를 받고 있는, 경찰로서의 자격을 의심 받는 자다. 경찰 대학을 나온 그의 학력이 보장해줄 지적 추론 능력 때문에 이 연쇄 살인 사건에 투입되지만, 경찰 안에서 그의 위치는 아슬아슬하기 짝이 없다. 결국 마지막에 가선 직무 해제된다. 죽은 어머니의 병원 빚 때문에 뇌물 수수 혐의를 받는 상황에 처해 있는 그의 현재는 죽은 어머니의 망령에 붙잡혀 있는 셈이다. 조형사의 이러한 비합법적이고 훼손된 위치와 함께 〈텔미썸딩〉의 내러티브의 핵(kernel)은 '진실을 캐는 자'가 아니라 '진실을 알고 있는 자' 혹은 그 '말 못할 것'을 저지른 자로 옮겨간다.

말하자면 시선(look)의 권능을 부여받은 수사관인 조형사는 보지만 사실 보지 못하며, 그 시선이 열어 줄 '앎'에도 이르지 못한다. 시선을 받는 자(to be looked at), 채수연은 여성성으로 해석되는 새침과 수동성을 가장(masquerade)함으로써 시선을 가진 자의 권능이 지식으로 옮겨지는 것을 막는다. 그리고 조형사의 보는 힘이 가질 수 있는 권력과 지식의 빗금을 막는 여러 가지 힘들에 대한 분석이 다음이다.

이 사건의 희생자들이 함께 공유하고 있는 것은, 수연의 과거 연인이었다는 것이다. 여주인공의 과거와 현재의 연인들이 모두 죽는다. 그 연인들과 라이벌 관계에 있는 현재의 애인 김기연이 당연히 범인으로 지목된다. 그러나 김기연마저 살해된다. 여기서 표면적인 욕망의 삼각형은 몇 개의 겹들을 가진 입면체로 바뀐다. 수연의 살해된 연인들과 진정한 라이벌 관계를 가진 자는 누구인가? 욕망의 삼각형에서 수연과 수연의 죽은 연인들과 경쟁 관계를 이루는 삼각형의 꼭짓점은 김기연으로 고정되는가 하는 순간 미끄러져 차이를 만들고, 다시 다른 가능성에 의해 보충되었다가 미끄러지며 다시 차이를 만들고 다른 가능성을 만들어낸다. 차연에 의해 그려지는 삼각형이다.

수연의 연인이었던 권중현, 서우진, 박현승의 몸의 일부가 서로 교환되어 나타나는 것처럼 김기연의 몸 일부 역시 사라진다. 이 삼각형에는 수현을 중간에 두고 권중현, 서우진, 박현승, 김기연이 놓여 있는 것이 아니라 레즈비언 관계로 짐작되는 승민이 놓여진다. 이 네 명의 남자들은 그래서 이 삼각형의 경쟁자들이 아니라 여성들 사이의 연대를 위한 서로 교환 가능한 대상이 된다.

레비스트로스(C. Levi Strauss)는 남성은 여성을 관계의 채널로 사용하며 사실 진정한 파트너는 남자라고 주장한다. 게일 루빈(Gayle Rubin)이 레비스트로스의 독해를 통해 설명하는 "여성의 거래(traffic in women)"라는 개념은 가부장제의 이성애가 이런저런 형식의 여성의 거래로 지속된다는 것이다. 〈텔미썸딩〉에서는 그 젠더의 기능이 뒤집어진다. 즉, 남성들이 서로 교환 가능한 대상이 되며 영화에서의 진정한 파트너들은 두 명의 여자(수연과 승민)다. 그러나 이 교환은 '여성의 거래'를 통해 이루어지는 가부장제의 지속과 재생산 역할과는 다른 기능을 한다. 이 거래는 재생산이 아니라 죽음과 단절과 파괴를 낳는다. 다시 한 번 여기서 나는 이 파괴가 새로운 배열을 위한 혼란인가라는 질문을 환기시키고자 한다.

〈텔미썸딩〉에서 끊임없이 치환되는 삼각형, 그럼으로써 위상성을 갖게 되는 이 구도를 조형사나 오형사는 이성애의 규범적 삼각형으로 오인한다. 〈텔미썸딩〉의 제목이 요구하는 고백체 진술의 요구와는 달리 좀처럼 말을 하지 않는 채수연이 가해자, 아버지와 자신을 도와주던 이웃 친구(승연)에 대해 플래시백을 통해 괄호 쳐지는(bracketed) 결정적인 진술을 할 때도 오형사가 시각화시키는 것은 이성애에 근거한 역할의 배치다. 즉, 문제의 삼각형에 대한 결정적인 유추를 가능하게 해줄 이 플래시백에 등장하는 채수연의 구조자를 소년(사실은 소녀 승민)으로 상상하는 것이다. 영화의 시나리오에는 조형사의 메모장에 적혀 있는 다음과 같은 정보가 나온다. 목적, 피해자와 안면이 있다, 고학력자, 자신만의 공간이 있는 자, 고소득자, 중간의 **동그라미** 지점에 채수연, 주변에 세 남자를 그리는 조형사. 조형사가 채수연을 중앙에, 이들 남자들을 서로 교환 가능한 대상으로 본 것은 이 영화의 구조의 핵에 가까운 것이지만 그가 그리는 동그라미로는 욕망의 삼각형도 위상학도 파악되지 않는 채로 남는다.

그러나 승민과 수연 사이에서 교환 가능한 남자들의 삼각형은 사실은 다른 구도 안에 놓여 있다. 그것은 아버지가 주 건축자(master architect)로서 그려내는 구도다. 승민과 수연의 관계는 아버지의 폭력 속에서 만들어진 것이다. 그 아버지의 이루 말할 수 없는(unspeakable) 폭력과 그의 딸 수연과 승민의 범죄 구도는 이 영화의 서사 / 시각 구조에 따르면 헤라르트 다비트의 〈캄비세스 왕의 재판〉에서 온다. 캄비세스가 자신의 도시를 지배하는 방식을 그린 그 재판과 처벌의 그림은 아버지 채화백의 권능, 가학, 처벌에 대한 판타지의 미장센이다. 그리고 그 판타지는 〈텔미썸딩〉의 일종의 선험적 구도(schema)로 작용한다. 지젝(S. Žižek)은 이 선험적 구도를 다음과 같은 방식으로 읽는다.

> 판타지는 단순히 환영적 방식으로 욕망을 실현하는 것이 아니다. 오히려 그것은 칸트적인 초월적 도식화에 가깝게 기능한다. 판타지가 우리의 욕망을 구성하며, 좌표를 제공한다. 말하자면 그것은 우리에게 어떻게 욕망하는가를 가르친다.[10]

이 판타지는 〈텔미썸딩〉이 참조하는 〈세븐〉이나 〈원초적 본능〉과 마찬가지로 초역사적인(transhitorical), 식민화된 남성 화가의 형상화 작업이다. 그리고 이 형상화 작업에서 딸은 재현의 대상으로, 그리고 성적 대상으로 사용된다. 이것은 식민지의 남성이 식민지 여성을 전유하는 방식이기도 하다.

채화백이 활동하던 시기로 설정되어 있는 1960~1990년대의 시대적 정황을 생각하면 권능과 가학과 처벌을 만들어내는 주 건축자는 물론

10. Slavoj Žižek라보예 지젝, *The Plague of Fantasies*(London : Verso, 1997).

채화백이 그린
채수연

독재자다. 이 영화의 서사 자체는 구체적 시대 정황에 대해 말하지 않지만 서울이라는 도시 공간—특히 청계 고가, 청계천변 아파트에서 일어나는 재앙들—이 〈텔미썸딩〉의 무의식을 그려내는 위상학을 제공한다. 캄비세스 왕과 독재자, 그리고 아버지 삼자 사이를 통관(channeling)하는 것은 아버지의 이름이다. 그 교환 가능성, 통약 가능성은 수연에게 폭력과 외상으로 구체화된다. 그녀는 성폭행을 당하면서 동시에 아버지에 의해 존 밀레이의 〈오필리아(Ophelia)〉의 초상(조각난(fragmented) 형식으로)으로 재현된다. 처벌하는 캄비세스와 광기에 빠져 자살하는 아름다운 여자는 수연이 가진 아버지의 모방 판타지가 체화시키는(incorporate) 욕망의 미장센이다. 그가 승인받고 인정받으려는 대상, 그가 속하고자 하는 법은 서구 미술사의 기인(maverick) 마스터들이다. 이 모방적 재현에 육체(flesh)와 물질로 끌려들어가는 것이 딸이다.[11]

성인이 된 수연이 아버지의 법을 떠나는 방식은, 우선 아버지의 집을 떠나는 것이다. 그리고 화가가 되는 것을 포기하고 박물관의 유물 복원 작업을 택한다. 재현(representaion)의 영역을 떠나 복원(restoration) 작업에 매달리면서 그녀는 자신의 남자 연인들(권중현, 서우진, 박현승, 김기연. 수연과 이들 사이에 성적 관계가 있었는지는 불명확하다)과 여자 연인

11. 영화에는 나오지 않지만 〈텔미썸딩〉의 시나리오에는 조형사와 한국 화가 이중섭이 연결된다. 조형사의 집에 걸린 이중섭의 〈소〉를 보고 채수연은 그 소가 어머니를 의미한다고 언급하면서 조형사가 어머니의 그늘에서 빠져 나오지 못함을 지적한다.

존 밀레이의 〈오필리아〉

(승민)과 함께 아버지를 살해한다. 그리고 승민과 함께 다시 이들 남성들의 육체를 절단하고 잘라내며(amputation), 시가지에 버린다. 서울이라는 도시 자체가 이들의 대형 화폭(canvas)이 된 것이다. 그러나 이들이 아버지의 이름에 복수하는 방식은 바로 그 아버지의 판타지를 최종적으로 실행하는 것이다. 그리고 머리가 없는 아버지(headless)의 시체로 바로 그 아버지의 판타지를 육체화(incorporated), 물질화하는 것이다. 아버지의 머리는 사라지고 이들의 복수는 완성되는 것처럼 보인다.

그러나 과연 아버지의 목은 베어졌는가. 이들의 수행성은 궁극적으로는 아버지의 판타지, 그 선험적 도식 안에서 이루어진다. 라캉이 프로이트의 『토템과 타부Totem et Tabou』의 죽은 아버지를 빌어 설명하는 것처럼 아버지의 기능은 신화가 되는 것이며 항상 아버지의 이름(the Name-of-the-Father)이 되는 것이다. 다른 말로 하자면 죽은 아버지를 통해 아버지의 이름은 실현된다. 수연은 아버지를 죽임으로써 그 아버지의 궁극적 판타지를 실현시키고 또 아버지의 이름을 영속화시키는 것인가? 아들들이 아니라 딸들이 아버지의 목을 베는 것은 다른 토템을 낳는 것인가? 아니면 아버지의 이름을 괄호 속에 넣어 재배열함으로써 다른 것에 대한 욕망으로 옮겨가는 것인가? 마지막 얼굴 없는 아버지의 목 위에 올

채화백의 시체가 들어 있는 수족관 앞에서
축배를 드는 채수연과 승민, 네 남자.

라가는 것은 채수연인가 그렇지 않으면 그녀의 유혹에 빠지는 남자들의
얼굴인가?

　그녀의 욕망의 뫼비우스 띠는 절단(coupure)되어 불연속을 만들어
내는 대신 아버지의 이름을 따라 도는 영구한 순환의 고리를 만드는 것처
럼 보인다. 수연에게 있어 중요한 연결 고리인 승민을 조형사가 보는 앞
에서 총으로 살해함으로써 사실 그녀는 모든 공범자들을 죽이고 제도적
인 법의 처벌로부터 벗어난다. 아버지 살해로부터 시작된 그녀의 모든 친
밀한 관계들은 이것으로 종결된다. 수연에겐 이제 어떠한 사회적 관계도
친밀한 관계도 없다. 그러나 수연이 파리로 떠나는 비행기 안에서 옆자리
의 남자를 유혹하면서 보이는 순진함의 가장은 아버지의 이름으로 연행
되는 복수극의 악순환을 가장 이해 가능한(아마도 유치한!) 방식으로 보여
준다.

　이 영화에서 암시되지만 결코 재현되지 않는 육체적·성적 관계는 이
영화의 욕망 구조의 핵이 아버지의 이름에 대한 해체와 또다시 그 이름으
로의 악순환적 귀환을 하는 작업임을 보여준다. 영화 속에 사용되는 음울
한 음악, 비, 어두운 밤의 골목길, 어두침침한 실내, 버려진 집 등은 그 작
업의 비극과 멜랑콜리, 영화에선 모습을 드러내지 않는 어머니의 이미지

와 사운드로 막연하게 감성화한다. 아버지의 폭력을 막지 못한 어머니, 아들(조형사)을 사회적 함정에 빠트린 어머니는 영화의 이미지와 사운드를 통해 분위기로만 존재한다. 그리고 이 작업에 동원되는 시각적 코드들—〈캄비세스의 왕의 재판〉, 〈오필리아〉, 〈세븐〉—등은 한국이라는 문화에서 생산된 코드로는 차마 이야기하기 어려운, 혹은 말로 표현할 수 없는 것을 시각화화는 참조물인 동시에, 한국에서 생산되는 텍스트 자체가 얼마나 깊숙이 서구의 특정한 무의식과 그 재현에 침윤되어 있는가 하는 그 식민성을 보여준다.

수연과 그의 주변 인물들의 부르주아적 위치는[12] 이 영화가 인용하고 참조하는 예술사의 한 부분의 대중적 비친화성, 번역적 비소통성을 설명해 줄뿐만 아니라 그 인물들에 대한 연민을 담은 동일화를 축소하는 부분이다. 프로이트의 부르주아 핵가족에 근거한 분석의 한계가 상식적으로 지적되듯이, 이 영화의 공모자들과 범법자들이 차지하고 있는 사회적 지위는 이 영화의 부르주아적 판타지의 경계를 드러낸다. 캄비세스의 왕정, 오필리아의 왕궁, 귀족 아버지의 법이 서울로 와 부르주아적 판타지를 지배하는 법으로 변하는 것이다. 〈텔미썸딩〉에서 서울이라는 도시를 지켜보는 조감적 시선은 이렇게 기묘하게도 귀족적이며 부르주아적이다.

이것과 경합을 벌이는 형식이 말하자면 대중 장르 영화—필름 누아르와 서스펜스와 스릴러의 보다 인지 가능한 관행일 것이다. 조형사의 역할은 바로 이 코드를 끌고 나가는 것이다. 그리고 채화백의 프리 라파엘파(데이빗 밀레)와 홀랜드의 하이 아트를 인용하는 플롯과 싸우는 것이다. 이것은 다른 계급에 속하는 아비투스(habitus)의 싸움이기도 하다. 조형사가 패배한다.

마지막, 채수연은 1등석 비행기를 타고 아버지의 도시, 서울을 떠나

---

12. 조형사의 파트너는 채수연 애인들의 프로필을 듣고 참 대단한 애인들을 두었다고 말한다. 물론 그들의 사회적 위치를 두고 하는 말이다.

파리로 향한다. 떠날 수 없는 관객들, 남아 있는 관객들은 영화의 어느 지점을 절단해 자신의 위치에서 나온 문제들과 절합(articulate)시킬 수 있을 것인가? 도시를 지배하던 아버지의 죽음, 딸의 도피. 과연 서울에서 무엇이 새롭게 태어나는가?

〈공동경비구역 JSA〉

다음 장면들은 시선과 성차, 앎, 진실, 동성사회적 연대와 관계되어 있다. 한 장면은 〈텔미썸딩〉의 조형사가 수연의 사진들을 플래시 라이트를 비추며 보고 있는 김기연을 보는 장면이다. 그리고 아버지가 그린 수연의 초상을 보는 장면이다.

조형사는 여기서 수연을 대상화시키는 두 남자들의 관음증의 욕망을 읽는다. 그리고 조형사는 이 욕망의 구조의 재현을 통해 누가 범인인가 하는 '진실'에 다가가야 한다. 그러나 수연에 대한 그의 은밀한 감정은 이 그림들이 보여주는 퍼즐을 푸는 데 결정적 도움이 되지 않는다. 그의 시선은 그 두 남자와 공모되어 있기 때문이다. 반면 수연과 어떠한 사적 감정도 없는 오형사는 수연과 승민, 그리고 다른 네 명의 남자들과의 관계를 알아낸다. 그리고 수연이 자신의 아버지 집에서 조형사에게 처음으로 무엇인가를 말하며 교감을 나누는 순간 오형사는 죽음의 순간을 맞이한다. 자신의 파트너인 오형사가 죽음과 바꾸며 숨겨놓은 사진—수연과 승민, 그리고 네 명의 남자들이 아버지의 시체를 방부 처리해 놓은 수족관 앞에서 축배를 들고 있는—을 보고서야 조형사는 '진실'을 알게 된다.

다른 한 장면은 〈공동경비구역 JSA〉의 여자 주인공 소피 장이 남자 주인공 이수혁을 똑바로 쳐다보며 심문하는 장면이다. 이 두 장면 모두 문제 해결을 위해 진실을 알아내야 하는 '앎에의 의지'에 의해 인도된다. 소피 장의 시선은 여러 가지 권력들에 의해 위계화 된다. 그녀는 아버지가 한국계이긴 하지만 스위스인이며, 군정보관 소령이고, 진실을 찾는 사람이다. 〈공동경비구역 JSA〉의 포스터가 보여주듯이 그녀는 남한 병사와 북한 병사 둘 사이에 끼어 있다. 그 명시적인 삼각관계는 젠더만이 아니라 국적(스위스, 북한, 남한)에 의해 차이화 된다.

이수혁 병장을 심문하는
소피 장

이 두 영화에서 탐문(interrogating)의 시선(gaze)은 우선 성적 차이 (sexual difference)에 의해 표식된다. 그리고 그 성적 차이는 두 작품 모두에 중첩되는 동일성과 차이들에 의해 의미화(signify)된다. 두 작품 모두에 중첩되는 동일한 장치들은 억압적 국가장치다. 〈텔미썸딩〉의 남자 주인공은 경찰이고, 〈공동경비구역 JSA〉의 여자 주인공은 스위스 군대 소속의 장교(소령)다. 그들이 행사할 수 있는 동시에 그 힘을 제한받을 수 있는 권력의 장은 억압적 장이다. 그들이 영화에서 맺는 주요한 사회적 관계는 이 경찰과 군대를 기반으로 해서 이루어진다. 이 장과 교차하고 있는 것이 가족이라는 사적 공간이다. 이 영화들의 표면에서 부재하는 가족은 그러나 텍스트의 핵심(kernel) 트라우마를 구성한다. 소피 장이 사건의 핵심에 다가가려는 순간, 그녀 아버지의 과거가 그녀의 현재를 결정적으로 방해한다. 역사의 봉합의 끈이 끊어지면서 그녀는 수사관의 역할에서 해임되어 본국으로 돌아가라는 명령을 받는다.

시선을 보내는 자, 탐문하는 자, 그리고 서사의 시간을 끌고 나가는 자는 〈공동경비구역 JSA〉에선 소피 장이라는 여장교이지만 그 연속적 시간의 흐름을 방해해 결국 시간의 질서를 재배열하는 사람들은 남북한 군인들이다. 그 교란을 통해 그들은 영화에 전경화(foregrounding) 된다. 남북한 어디에도 속하지 않는 소피 장의 외부적인 위치는 여성이며 한국계이기 때문에 다른 중립국 남성/백인 장교와는 달리 매우 아슬아슬한 문지방(in/between) 지점에 서게 된다. 포스터가 보여주듯이 마치 그녀는 북한 남자 오경필 중사와 남한 남자 이수혁 병장과의 삼각관계에 있는 듯이 보인다. 그러나 그들이 입고 있는 군복은 그러한 삼각관계가 함의하는 에로틱한 욕망을 친화적으로 환기하지는 않는다. 오히려 영화가 진행되

공동경비구역 JSA
포스터

면서 소피 장이 진실에 다가가기 위해선 이수혁과 오경필의 형제와도 같은 친밀성을 이해해야 한다는 것이 밝혀진다.

두 명의 남자와 한 여자의 다른 삼각형은 이수혁과 남성식, 그리고 남성식 사이의 관계다. 소피 장이 진실에 접근하는 데 결정적 단서로 제공되는 것이 스케치북에 그려진 여자의 초상화다. 북측 초소에서 숨진 정우진의 스케치북에 그려진 여자가 바로 이수혁 병장의 애인이자 남성식 일병의 여동생으로 동일 인물이라는 것을 밝히면서, 소피 장은 이들 사이에 '여성의 거래'를 꼭짓점으로 하는 동성사회적 연대가 있음을 간파한다. 소피 장이 남성식 일병의 여동생 수영이 일하는 곳(그녀는 테마 파크에서 엔터테이너로 일하고 있다)에 찾아갔을 때, 그녀는 이수혁과 심각한 관계가 아니라고 말하면서 이수혁이 오빠를 잘 보살펴주기 때문에 그를 만나는 것이라고 말한다. 그리고 플래시백에서도 그 둘의 관계는 재현되지 않는다. 〈공동경비구역 JSA〉에서 수영은 남성 둘의 연대를 보장해주는 전형적인 교환의 기호로 작용한다.

이수혁-소피 장-오경필의 삼각형과, 이수혁-남성식의 여동생-남성식이라는 2개의 삼각형은 중립국 장교인 소피 장의 이중적 위치(한국/스위스계 혼혈)와 맞물리면서, DMZ라는 냉전의 문제적 공간을 축으로 남한과 북한, 그리고 한국 분단/통일 문제를 둘러싼 세계 정세의 위상학 속에서 소피 장의 인식적 응시(gaze)를 불투명하게 만든다. 그 불투명성의 무의식적 광학을 구성하는 이데올로기 장치는 분단 체제와 가부장, 군사 문화에서 만들어지는 남성 간의 동성사회적 연대다. 이 동성사회적 연대는 암묵적으로 동성애와 은밀하게 접경되어 있다. 남성식은 이수혁에게 시선을 보내다가 잘생겼다고 말한다. 또, 이수혁이 오경필에게 편지를 쓰는 장면을 자신의 동생 수경에게 연애편지를 쓰는 장면으로 오해한다.

그리고 레슬링이나 권투 등과 같은 규율화된 스포츠가, 남성 간의 사회적으로 억압된 동성애의 표현을 동성애 혐오(homophobia)라는 검열망을 피해 공공연하게 표현하게 해주는 것처럼, 〈공동경비구역 JSA〉에서 이들은 닭싸움, 밀어내기 등의 육체적 접촉을 통해 가까워진다.

그러나 리비도와 섹슈얼리티가 전면화되기보다 이 영화는 무엇이 이들의 친밀성을 방해하고 훼방 놓고 파괴하는지에 초점이 놓인다. 한국형 블록버스터라고 선전하며 많은 대중에게 말을 거는 영화에서 리비도적 욕망이 상대적으로 부재한다는 것은 흥미로운 일이다. 이 영화들은 에로티시즘과 성적 관계보다 각각 다른 것에 에너지를 쏟아 붓는다. 〈공동경비구역 JSA〉에서 남한의 관객들은 성적 쾌락보다는 앎의 쾌락(인식욕, epistemophilia)에 인도된다. 앎의 쾌락이란 시점(point of view) 숏이 관객으로 하여금 영화 속 인물에 대해 적대적인 시선을 보내게 하더라도 그 인물에 대해 그 이전에 주어진 보다 폭넓은 지식 때문에 그러한 적대적인 시선과 동일화하는 대신 그 인물에 연민을 갖는 것을 말한다. 그 인물에 가해지는 사회적 편견을 이해하는 것이다.[13] 이 영화의 주 시점은 소피 장의 탐문의 시선을 택하고 있다. 하지만 남한의 관객들은 그녀의 냉정하고, 중립적이고, 이성적이고, 근대적인 시점으로 이수혁과 오경필 등 네 명의 병사들을 바라보고 판단하기보다는, 분단 50년간에 주어진 상위(superior)의 체화된 지식(분단, 전우애, 동성사회적 형제애)을 통해 상황을 이해한다. 정우진 전사가 이수혁에게 "국군이 비켜주면 양키와 직접 싸우겠다"고 하는 말처럼 남북한의 분단과 오욕, 긴장의 책임 소재는 미국이

13. Nick Brown, "The Spectator-in-the text : The Rhetoric of Stagecoach", *Film Theory and Criticism : Introductory Readings*, ed. Leo Braudy and Marshall Cohen, 5th ed.(New York : Oxford University Press, 1999) pp. 148~163. 닉 브라운은 이러한 앎의 쾌락(epestemophilia)을 시점 숏을 통해 설명하고 있다. 영화 속 인물들은 스텔라 달라스에게 모욕적 시선을 보내지만 관객의 동일화 과정은 그 시점 숏을 넘어 스텔라 달라스에게 가해지는 사회적 편견을 이해하고 그녀에게 동정적인 시선을 보내게 하는 과정으로 설명한다. 즉, 그녀가 어떠한 사회적 불평등 구조에 있는지를 이해하는 관객은 바로 그 상위 지식(superior knowledge) 때문에 시점 숏이 요구하는 동일화 시점을 넘어 스텔라 달라스의 처지에 연민을 품게 된다는 것이다. 그러나 〈공동경비구역 JSA〉의 상위 지식은 분단과 민족이다.

주도하는 냉전 체제에 있다는 것이 이 영화에선 상위의 체화된 지식으로 작용한다. 오히려 소피 장의 이러한 진실을 모색하는 시선이 처벌적이고, 재앙적이고, 냉정한 것으로 그려진다. 소피 장이 남성식 일병에게 거짓말 탐지기(그녀가 등장하면서 나타나기 시작하는 타임코드처럼 그녀는 '근대' 적 주체로 설정된다)를 사용하겠다고 말한 후 그는 자살한다. 또 그녀가 이 수혁에게 정우진 전사를 먼저 쏜 것은 당신이라고 말하자 그 역시 자살한 다. 소피 장이 밝혀내려는 진실은 한편으로는 이례적 사건에 대한 관객의 호기심을 채워주는 역할을 하지만 그 방법은 재앙적인 결과를 끌어낸다.

분단과 전우애, 그리고 동성사회적 형제애(한민족, 유교적 가부장제 등으로 구성된)에 대한 체화된(그래서 경험을 통해서 habitus화된 정동의 영역에서 움직이는) 상위의 지식이 없는 소피 장은 이수혁과 오경필의 침묵의 의미를 알아내지 못한다. 그녀가 히스테리를 부리는 순간은 그 둘 모두 자필 진술서를 제외하곤 아무런 진술도 하지 않으려고 할 때다. 총격 사고에 대한 보고만 있고 왜 그런 불가해한 상황이 일어나게 되었는지에 대한 이유는 없는 진술서를 제외하고, 그녀에게 주어진 것은 1개의 실종된 총알이라는 부재의 증거물이다. 소피 장은 현장에 죽은 두 사람(오경필의 상관과 정우진), 그리고 부상을 당한 오경필과 이수혁 말고 다른 사람이 있었다는 것을 간파하고 남성식 일병을 심문하지만 그는 자살한다. 소피 장의 이러한 수사 방식에 대한 분노는 이수혁이 그녀의 목을 죽일 듯이 조르는 것으로 나타난다. 또 오경필도 소피 장이 개성 병원으로 그를 찾아가, 진술서 이상의 진술을 요구하자 "간난 에미나이"라고 폭언한다. 이러한 폭력/폭언의 사용에 대해 영화상에서 중립위원회의 다른 멤버들이 크게 문제 삼지 않게 처리된 것은 이 영화의 논리가 군사적 논리보다는 다른 논리, 일종의 정동의 논리로 움직이고 있다는 것을 보여준다.[14]

---

14. 정동의 논리에 대해서는 아야코 사이토의 논문을 참조할 것. Ayako Saito, *Affect Incorporated, Melancholy, Cinema and Psychoanalysis*, Ph.D thesis(Film and Television, UCLA, 1998).

소피 장이 이수혁과 남성식이 침묵과 자살을 통해 오경필을 보호해주려고 하는 것을 이해하는 시점은 그녀의 아버지의 과거가 드러나는 장면—JSA에 도착하면서 소피 장은 자신의 숙소 머리맡에 어머니와 함께 찍은 자신의 유년시절 사진을 올려놓는다—이다. 사진의 접힌 부분에 있는 아버지의 모습이 드러나는 것은 상사가 한국전쟁 당시 거제도 포로수용소에서 제3국행을 택한 76명의 전쟁 포로 중의 한 사람이 소피 장의 아버지였다는 것을 말하고 난 후다. 암시적으로 우리는 소피 장이 아버지를 너무 일찍 접었다고(foreclosure), 혹은 접을 수 있다고 생각했음을 알게 된다.

이 영화가 서스펜스, 추리물이라는 장르적 특성에 기인하고 있지만 이 시선과 앎의 관계에서 젠더와 민족은 중요한 결정을 한다. 소피 장이 영화의 수사관이지만 한국의 관객들은 소피 장보다 사태를 인식하는 데 더 우월한 위치에 서 있다. 그들은 왜 네 명의 남북한 병사들이 이해가 가지 않는 상황, 즉 왜 전방의 초소에 모여 있을 수 있는지, 즉 분단의 역사에 대한 이성적·체감적 이해가 있다는 것이다.

소피 장이 탄 비행기가 한국에 도착하면서 영화적 시간은 자막으로 처리되고, 이후 시간은 두 방향으로 흐른다. 시간의 자막 처리는 이 영화 전체를 일종의 진술서처럼 보이게 한다. 그리고 이 진술서를 작성하는 자는 소피 장이다. 한 방향은 연대기적 시간이다. 소피 장의 도착과 출발일을 기점으로 흐르는 시간이다. 다른 방향은 소피 장이 개입하지 못하는 과거의 시간—남북한 병사들의 애정과 총탄의 교환—이다. 소피 장의 시간은 직선적이다. 반면 이수혁과 오경필, 그리고 정우진, 남성식의 시간은 파편적으로 플래시처럼 모습을 드러내다가 마지막에 가서야 그 전모를 드러낸다. 소피 장은 그 파편화된 시간의 조각들을 수수께끼를 풀

듯이 모아나가지만, 그녀에게 처음 요구되었던 역할, 중립적 자세로는 어떠한 진술도 끌어낼 수 없다. 그녀와 아버지의 관계는 절연된 것처럼 그려진다. 가족사진에서 아버지 부분은 말 그대로 접혀 있다. 이 접힌 역사가 펼쳐지는 순간은 남한에서 그녀의 사상적 배경에 대해 아버지를 문제 삼을 때다. 한국전쟁 당시 인민군 장교였던 아버지의 과거의 역사가 나오고, 또 그것으로 인해 남한 측으로부터 불신임을 받는다. 그녀는 직위 해제된 후 공식적 리포트(그녀는 2개의 리포트를 준비한다)에서 진실을 삭제하겠다는 약속을 한 후에야 이수혁으로부터 마지막 상황을 듣게 된다. 즉, 그녀 자신이 아버지의 역사를 통해 한국의 분단 상황과 연결되어 있다는 것이 밝혀진 후에야, 그리고 중립국 수사 장교로서의 중립적이고 전문적 위치를 버린 후에야 그녀 자신이 보지 못한 것을 이수혁을 통해 보게 되는 것이다. 소피 장은 이수혁에게 자신의 아버지가 인민군 장교였다는 것에 대해 어떻게 생각하느냐고 직접적으로 묻고 이수혁은 그에 대해 긍정적 반응을 보인다.

〈공동경비구역 JSA〉는 동시대 대중의 기억(popular memory)을 재구성하는 텍스트로서 공식적 역사의 자료가 될 수 있는 문서(document)에는 관심이 없다. 이데올로기의 개입을 넘어서는 정동의 논리와 동성 간의 친밀성이 이 영화가 생산하는 정서적 효과다. 그리고 바로 냉전 이데올로기가 그것을 파괴하고 있기 때문에 이 영화는 그에 대해 적대적 태도를 보인다. 정동의 논리와 전우애라고 알려진 동성 간의 친밀성이 더 자연스럽게 느껴지고 받아들여지게 되어 있는 것이다. 말하자면 보다 내부 지향적인 민족, 동성 이데올로기와 외부에서 부여받은 냉전 이데올로기와의 경합이 이 영화의 핵심이다. 관객들은 분단 이후 경험한 '체화된 지식(incorporated knowledge)'으로 인해 내부 지향적 이데올로기적 위치에 동일화 할 수 있다. 소피 장이 관객들에게 수용 가능하게 되는 지점은 그녀의 아버지로 인해 내부에 연루되어 있음이 밝혀지는 장면이다. 아버지가 자신의 선택으로 떠났던 조국에 돌아온 소피 장은, 장 소령으로 그리고 아버지의 딸로 호명된다. 그 이후 출국하기 전 소피 장은 이수혁을 찾아가 오경필이 자신에게 털어놓은 사실을 알려준다. 정우진 전사를 먼저 쏜 사람이 남성식이 아니라 이수혁 본인이라는 것이다. 그녀는 이 진술이 이수혁에게 어떤 의미를 지닐지를 알지 못한다. 그 사실이 중요한

것이 아닐 것이라고 말하기 때문이다. 그리고 나서 소피 장은 이수혁을 마치 친구처럼, 형제처럼 따뜻하게 포옹한다. 그러나 이 진실은 이수혁을 결국 자살로 몰아넣는다. 죽은 이수혁의 얼굴은 그야말로 말로 할 수 없는 상황의 참혹함을 잘 보여준다. 이 죽음이 그려내는 파토스와 죄의식, 개인적 화해의 불가능성이 바로 다음 장면의 소피 장의 경악스런 표정과 연결된다. 소피 장에게 '우리'의 죄의식이 전이되고 그녀는 그 죄의식을 안은 채 스위스로 떠나야 할 것이다.

분단과 냉전이 이들 죽음에 구조적 책임이 있다면 소피 장은 그러한

역사에 눈 먼 채, ‘중립적’으로 부지불식간에 사형을 집행하는 대리인이다. 〈공동경비구역 JSA〉가 먼 길을 우회해 질타의 총알을 겨누는 목표물엔 냉전과 분단 체제만이 아니라 소피 장이 포함된다. 그녀가 현장 검증후 실행해 보이는 처형(execution 스타일―죽은 사람을 다시 쏘는 총격)은 나중엔 오경필의 것으로 판명되지만 처음에는 이수혁의 것으로 추론되었다. 이 처형 스타일로 소피 장은 결국 이수혁과 남성식을 ‘처형’하는셈이다.

이미 정신적으로 공황 상태에 빠져 있는 두 사람을 벼랑으로 몰고 가는 것으로 그려지기 때문이다. 전우애와 민족애, 형제애로 결합된 네 명은 한사람의 부상당한 생존자를 남겨놓고 모두 죽는다. 이 ‘애(愛)’의 역사와 사회적 구체성을 이해하지 못하는, 혹은 어렴풋이 이해하기 시작하는 소피 장은 직위상으로는 업무 해제되고, 감정상으로는 패닉 상태로 공동경비구역에 서서 이수혁의 죽음을 지켜본다.

영화의 구조적 열림과 닫힘으로 보자면, 소피 장이 한국에 들어오는 비행기 장면으로 시작한 텍스트의 도입부 때문에 마지막 부분은 그녀가

떠나는 장면으로 마감하는 것을 기대할 수 있다. 그러나 영화 마지막의 정지 스틸 사진은 위의 네 명의 남자들이 공동경비구역을 한날한시에 지키고 있는 매우 친숙하면서도 낯선(uncanny) 장면을 복원함으로써 동시에 이 영화가 진행되면서 상실한 대상을 회복시키고 있다. 이 영화의 기원에 대한 판타지인 원초적 장면은 이렇게 네 명의 남자가 같은 공간을 동시에 점하고 있는 것으로 구성되어 있다. 역설적이게도 이것은 분단이면서 동시에 통일이다. 영화의 시간을 따라가자면 바로 이 스틸이 완성되던 시점, 바로 그때가 그들 네 명이 함께 있는 통합된 유토피안적 순간이지만(상실한 대상의 복원), 역사의 시간으로 보자면 그것은 분단의 시간이다. 그리고 공동경비구역에서 펼쳐지는 이 역설의 시간은 남성의 동성사회적(homosociality between men) 시공간이기도 하다.

1950~60년대 '고백' 영화[1]

프레임 : 운명과 의지의 변주

〈어느 여대생의 고백〉(1958)은 앙드레 지드의 작품을 기반으로 만들어진
영화로, 일종의 여성의 자기 쓰기, 자기 창조의 이야기다. 이 영화에서 소영
은 남편을 죽인 아내를 변호해 그 당시 여성 관객들로부터 "은희 언니를 한
번만 만나서 이야기를 하면 죽어도 소원이 없겠어요"라는 흠모를 받았다.
당시 최은희는 〈지옥화〉(1958)로 성적으로 자유로운 '아프레 걸'(전쟁 이후

1.

제 목	감 독	제작사	제작년도	출연진
애원의 고백	홍성기	동방영화사	1957	전택이, 노경희
어느 여대생의 고백	신상옥	서울영화사	1958	최은희, 김승호
심야의 고백	노필	대동영화사	1961	최무룡, 문정숙
하녀의 고백	심우섭	유한영화사	1963	도금봉, 이예춘
아내는 고백한다	유현목	세기상사	1964	김지미, 김혜정
육체의 고백	조긍하	동성영화공사	1964	황정순, 김진규
장미의 고백	김영식	제일영화사	1966	신성일, 장동휘
어느 여배우의 고백	김수용	제일영화사	1967	김진규, 남정임
여자가 고백할 때	이만희	신아필림	1969	문정숙, 신성일
어느 소녀의 고백	박종호	세기상사	1970	신영균, 오수미
고백	최하원	연방영화	1971	신성일, 고은아
나는 고백한다	정소영	우진필림	1976	윤일봉, 김종결
생사의 고백	이두용	합동영화	1978	박근형, 유지인
영아의 고백	변장호	동아흥행	1978	김자옥, 신성일
어느 여대생의 고백	김선경	화풍흥업	1979	이영옥, 윤일봉

(apres-guerre)라는 뜻)의 이미지로 알려져 있었다. 신상옥 감독은 〈어느 여
대생의 고백〉을 다음과 같이 회고한다.

> 〈어느 여대생의 고백〉하고 〈지옥화〉부터 흥행이 되기 시작했다. '여대생의 고
> 백'이라는 제목 때문에 (관객이) 들었을 것이다. 〈여대생의 고백〉은 앙드레 지
> 드 원작인 것으로 기억하는데, 제목이 〈배신〉인가? 그때 여자 변호사로 처음
> 최 여사(최은희)가 나와서 했기 때문에 이태영 씨가 반해서 최 여사를 딸이라
> 고 생각하고 아꼈다. 돌아가신 이태영 박사가 여자 변호사로는 처음 아냐? 검
> 사 논고문은 또 문인구 씨더러, 직접 검사한테 써달라고 해서 넣었다. 그때 논
> 고는 어떻게 하는 건지 우리가 전혀 모를 때거든.[2]

〈어느 여대생의 고백〉은 이렇게 여성 관객들로부터 사랑받는 흥행작
이었다. 신상옥 감독이 영화 프레임의 구도를 만드는 방식은 암시적이고
간결하다. 영화가 시작되면 두 명의 사람이 무덤 위에 서 있고 그 밑으로
길이 반원을 그리며 나 있다. 프레임 전체에서 사람이 차지하는 공간은
미미하다. 영화가 진행되면 한편으로는 인간의 힘으로 조정할 수 없는 어
떤 운명적 힘을 보여주면서도, 다른 한편으로는 그것을 뒤집는 여주인공
의 의지가 드러난다. 영화가 부지불식간에 혹은 공들여 보여주는 배회하
는 여자들의 시선에 포착된 서울 시내와 한옥 주택가들은 지금의 눈으로
민족지적인 가치가 있다. 원경으로 잡은 서울 골목의 끝자락에서 걸어오
는 여주인공의 모습은 앞서 말한 운명적 힘과 의지를 과장하지 않고 전한
다. 영화가 시작되면 영화의 프레임은 앞으로 다가올 영화적 구조의 핵심
을 간결하게 보여준다. 운명이라고 알려진 자신이 통제할 수 없는 힘과
그것을 이겨나가려는 한국전쟁 이후의 한 여성의 의지가 그것인데, 첫 번

째 장면에서 소영은 영화의 프레임 위에 위태롭게 걸려 있고 밑으로는 길이 펼쳐진다. 그 후 소영은 자신을 도와 줄 사람이 전혀 없는 상태에서 대학(법학)을 마쳐야 할 뿐만 아니라, 생활비를 벌어야 한다. 집에서 가구점을 경영하는 친구만이 그녀의 유일한 의논 상대다. 영화는 한편으로 소영이 직업을 찾으러 서울 거리를 배회하는 이야기를 따라가면서, 다른 한편으로는 친구가 그 플롯을 짜는 일기장을 기반으로 한 추리 소설을 실현화하는 복선을 따라간다.

전후 한국 영화의 부흥을 만들어낸 〈춘향전〉과 〈자유부인〉이 각각 전근대적인 수절 이야기와 성적 자유와 소비문화에 젖어든 근대적 자유부인의 이야기를 다루고 있다면, 〈어느 여대생의 고백〉은 '춘향'도 아니고 '자유부인'도 아닌 변호사, 전문직 여성의 탄생을 다루고 있다. 전후 상황을 생각하면 소영이 변호사가 되어 이루고 싶은 일—어린이와 부녀자의 권리 옹호—은 사회적으로 필요한 일이다. 그러나 이 영화의 무의식은 소영과 같은 여성이 사회적 위치를 갖는 것이 얼마나 어려운 일인가를 무심결에 드러내고 있다. 소영은 사회의 여러 계층 남녀와 힘겨운 협상을 거쳐 전후 사회에 전문직 여성, 변호사로 받아들여진다. 변호사가 되기 전, 법대생인 그녀가 직업을 갖기 위해 거리로 나섰을 때 그녀를 기다리는 것은 남자들의 성적 유혹이다. 방세를 내지 못하는 하숙집의 주인 남자에서, 회사 사장에 이르기까지 그녀의 빈곤한 처지를 이용해 그녀를 유혹한다. 그리고 결정적으로 그녀는 거리에서 성매매 여성으로 오인된다. 바로 그 순간 소영은 패닉 상태에 빠져 교통사고를 당하게 된다. 이후 소영은 친구가 플롯을 짠 추리 소설의 주인공이 되어, 국회의원 최림의 잃어버린 딸이 된다.

이 영화에서 추리적 시선을 가진 인물은 소영의 친구와 최림의 아내다. 이들이 이러한 시선을 가질 수 있는 것은 각각 아버지와 남편의 경제적 지원 때문이다. 반면 소영과 소영이 변호하게 되는 순이는 늘 카메라의 시선에 배회하는 모습으로 포착된다. 친구가 짠 일종의 가족 로맨스 픽션의 주인공이 된 소영은 아버지를 갖게 됨으로써 자신이 바라던 변호사가 된다. 거리에서 성매매 여성으로 오인받다가, 신분 상승을 이루게 되는 소영은 보통 관객의 입장에서 보면 윤리적으로 순수하지 못하다. 거짓말을 했기 때문이다. 하지만 영화는 그녀를 치명적으로 훼손시키지 않기 위해 두 가지의 장치를 마련한다. 이 모든 것이 친구의 플롯이라는 것, 그리고 그녀가 교통사고를 당해 의식을 잃고 있을 때 최림이 소영을 딸로 받아들였다는 것이다. 그러나 소영은 그 당시 여성 관객의 윤리적 지지를 받기 위해선 최후의 관문을 통과해야 한다. 하층 여성의 권리를 위해 자신의 지식과 신분을 사용해야 하는 것이다.

여기서 순이가 등장한다. 그녀가 변호하게 되는 순이는 남편이 자신을 버리고 떠나자 서울로 올라와 공장에서 일하지만 임신한 사실이 알려지자 세탁소에서 막노동을 한다. 그러다가 아이의 병원비가 필요해 고향 친구를 찾아갔다가 남편이 그녀와 결혼한 것을 발견하고 그를 칼로 찌른다. 소영은 그런 순이를 성공적으로 변호해냄으로써, 사실은 최림의 딸이 아님을 알아챈 그의 아내로부터 용서받고 관객들로부터도 존경과 용서를 함께 받아낸다. 〈어느 여대생의 고백〉은 이렇게 크게 세 계층의 여성들을 멜로드라마, 법정드라마, 그리고 유사 다큐멘터리 형식(순이가 거리를 헤맬 때)으로 담아내고 있다. 한편으로는 멜로드라마의 눈물로 이 사회적 빈곤을 공감하게 만들고, 또 그것을 법정드라마라는 형식을 통해 공적인 담론으로 전화시키고, 유사 다큐적 재현을 통해 멜로드라마와 법정드라마의 극적인 성격을 현실적으로 보충한다. 한 빈곤한 여성이 전문직 여성으로 등극하는 과정, 그리고 사회적으로 그녀의 지위가 공인받는데 따르는 힘겨움을 세 가지 형식을 통해 보여주는 것이다. 그렇게 해서 '자유부인'도 아니고 '춘향'도 아닌 전문직 여성의 이미지를 전후 한국 사회가 갖게 된다. 이태영 박사와 관객들이 최은희에 열광할 수밖에 없었던 것이다.

'자유부인'도 아닌, '춘향'도 아닌

〈어느 여대생의 고백〉은 변호사가 되기를 열망하는 한 가난한 여대생의 성공담이다. 그러나 물론 이 성공담에 이르는 과정에 몇 구비의 굴곡이 있다. 그 과정에 설득과 공방, 거짓말, 참회와 용서가 벌어진다. 또한 고백과 눈물이 있다. 이 복잡한 과정과 눈물을 담기 위해 〈어느 여대생의 고백〉에서 동원되는 것은 예의 멜로드라마와 법정드라마, 그리고 유사 다큐멘터리 형식이다. 그러나 무엇보다도 이 영화의 핵심은 전후 한국 사회가 어떻게 전문직 여성을 사회의 적법한 구성원으로 인정하고 받아들일 것인가의 문제다. 사실은 이것이 사연의 핵심이다. 예컨대, 소영은 어린이와 부녀자를 위해 헌신하는 변호사가 되겠다고 한다. 전후의 피폐한 상황을 고려한다면 소영의 이러한 사회적 헌신은 반드시 필요한 자원이다. 그러나 〈자유부인〉과 〈춘향전〉을 탄생시킨 1950년대 후반, 전문직 여성으로서의 소영은 자신이 '춘향'도 '자유부인'도 아님을 증명해야 한다. 즉, 수절 열녀도 아니지만 소비주의와 성의 자유주의에 빠져드는 자유부인도 아님을 확인시켜야 하는 것이다. 소영이 사회적 정당성을 얻는 과정은 그야말로 여러 단계의 협상과 설득의 과정이다. 말로 통하지 않을 땐, 멜로드라마에서 유래하는 눈물이 흘러 말이 닿지 못하는 가슴을 울린다.

우선 소영의 울음으로 영화가 시작된다. 그녀는 할머니를 잃었고 그

무덤 앞에 서 있다. 소영은 기차를 타고 서울로 올라와 자신의 하숙집으로 향한다. 이제 온전히 홀로서기를 시도해야 하는데 그녀가 돈을 벌기 위해 거리로 나가는 순간, 그녀는 여러 가지 형태의 성매매 유혹을 받는다. 우선 하숙집 주인 남자의 유혹이다. 직장을 구하러 가서도 마찬가지다. 그러나 결정적으로 밤늦은 거리에서 성매매 여성으로 오인된 순간, 그녀는 패닉 상태에 빠져 교통 사고를 당한다. 그녀의 이러한 직업 전선 탐색과 함께 진행되는 것은 '아버지 찾기'의 서사다. 가족 로맨스의 변형인 셈이다.

　　가족 로맨스를 구체화시킬 멜로드라마적 우연성은 한 권의 일기장으로부터 시작한다. 일기장은 아버지가 가구점을 운영하는 소영의 친구 영자가 가구 속에서 발견한 것이다. 그 일기장에는 최림이라는 남자를 사랑한 한 여자가 아이를 낳고 죽어가면서도 그 남자에 대한 순애보를 잃지 않는 이야기가 담겨 있다. 영자는 이 일기를 마치 탐정소설처럼 읽는다. 그래서 최림이라는 남자가 현재 국회의원임을 확인한다. 그 후 영자는 경제적 곤궁에 빠진 소영에게 그 일기장의 어린 아이가 죽지 않았다고 가정하고, 최림을 찾아가 딸이라고 고백하라고 설득한다. 영화는 소영의 윤리적 순결성을 크게 훼손시키지 않기 위해 추리소설 독자인 영자의 호기심을 최대한 전면화한다. 즉, 추리소설류의 플롯을 현실에서 짜보려는 그녀의 욕망과 또 가난한 친구를 도우려는 우정에 초점을 맞추는 것이다. 물론 이것으로 충분치 않다. 소영이 어쩔 수 없이 최림을 찾아가 만나지 못하는 순간과 그녀가 성매매 여성으로 오인되는 순간은 같은 날 동일 선상에 있다. 그리고 그녀는 교통사고로 의식을 잃은 후에야 가짜 아버지 최림을 만날 수 있다. 소영과 같은 당시의 법대 여자 고학생의 선택은 둘 중 하나밖에 없는 셈이다. 거리의 여자가 될 것인가, 아니면 아버지의 딸이 될 것인가. 그녀는 '운명의 힘'에 끌려 아버지의 딸 쪽으로 간다. 그러나 미리 말해야 할 것은 〈어느 여대생의 고백〉은 이것을 협상의 과정으로 놓는 것이지, 변호사가 된 그녀가 아버지의 딸로서 말하게 되는 것은 아니라는 점이다. 다만, '자유부인'도 '춘향'도 아닌 다른 무엇(전문직 여성)이 되고자 하는 여자가 통과해야 할 사회적 입사식으로 그녀는 사회적 정당성을 갖추고 있는 아버지에게 새롭게 '입양'되어야 하는 것이다.

한편으로 소영은 영자가 일기를 토대로 쓰고 있는 추리소설의 주인공이기도 하다. 이 영화에서 이러한 추리적 시선과 능력을 갖추고 있는 사람은 영자와 국회의원 최림의 부인이다. 최림의 부인은 일기장에서 찢어진 몇 장을 발견하고 소영의 과거를 캐나가기 시작한다. 이 두 사람의 공통점은 자신이 생계를 해결할 필요가 없다는 것이며 이들이 가진 추리적 시선과 달리 소영과 영화의 중반부를 지나 등장하는 순이의 시선은 자신들이 배회하는 거리에 닿아 있다. 이렇게 해서 영화에는 세 명의 여성이 등장하는 셈이 된다. 여대생 소영, 국회의원의 부인, 그리고 살인을 하게 된 순이는 전후 50년대 각각 다른 계층의 여성들의 유형을 구현한다. 이 여성들의 삶의 스펙트럼은 당시 이 영화가 상상할 수 있는 여성 관객의 대부분을 흡수할 수 있는 것이다.

여변호사와 여살인자

추리소설의 여주인공이던 소영이 가족 로맨스로 들어가고 나서부터, 그녀의 정체성은 가난한 법대생에서 어린이와 부녀자를 위해 헌신하고자 하는 변호사로 바뀐다. 또한 소영은 아버지의 비서로부터 구애도 받지만, 연애로 발전시키지 않는다. 매우 양심적인 국회의원으로 묘사되는 최림의 딸로서 그녀는 수석으로 고시에 합격하고 변호사 사무실에 취직한다. 그녀에게 주어지는 첫 변론은 순이의 살해 사건이다. 그녀가 법정에 서서 순이의 과거를 말할 때, 영화는 플래시백으로 그리고 다큐멘터리적인 방식으로 살인에 이르게 된 과정을 보여준다. 마치 영화 속에 2개 이상의 시간대와 2개 이상의 장르가 경쟁하듯, 소영의 거리 배회와 순이의 거리 배회는 서로 대구를 이룬다. 하지만 소영이 사무직 자리를 알아보는 장면과 순이가 노동자로 일하는 장면은 대조적이다. 이러한 진실, 섹스, 그리고 고백의 배치는 〈어느 여대생의 고백〉이나 〈그 여자의 죄가 아니다〉(1959)에서 진실, 결혼 제도 밖의 성관계에서 생산된 혈연 가족, 그리고 고백으로 치환된다.

〈어느 여대생의 고백〉에서 고백 장치를 가동하게 하는 것은 미혼모와 그녀가 낳은 자식이다. 제목의 어느 여대생이 고백해야 하는 내용은, 우연히 발견한 일기장 속의 미혼모로 자신의 어머니를 대체해 국회의원 가정에 딸로 들어간 것이다.[3] 1956년 발표된 검열 규칙에서 세세히 규정하고 있는 성애 표현 제한 조항들은 〈어느 여대생의 고백〉이나 〈그 여자의 죄가 아니다〉, 〈어느 여배우의 고백〉(1967)에 공통적으로 등장하는 미혼모 출산의 문제가 사회적으로 예민한 이슈임을 보여주고 있다.

〈어느 여배우의 고백〉, 〈친정어머니〉, 〈그 여자의 죄가 아니다〉

〈어느 여대생의 고백〉과 〈친정어머니〉는 여성 내부의 차이를 만들어내는 계급이 적대로 향하지 않고(〈친정어머니〉에서는 그 대립이 설정되나 마지

---

3. 1956년 검열 세칙. 정부 수립 이후 국방부에서 관장해 오던 영화 행정 업무가 1955년 문교부로 이관된 다음해인 1956년 7월 21일 문교부 고시 제24호로 공연물 검열 세칙을 공포 시행했다. 다음을 불허한다면서. 1. 외설한 일체의 표현, 남녀가 혼욕하는 장면 2. 관람자의 색정을 유발케 하는 나체, 반나체 및 탈의 장면 3. 외설한 감을 주게끔 조제된 무용의상이나 기타 양풍미속을 해칠 우려가 있는 의상의 착용 4. 야비한 충동을 느끼게 하는 침실 장면 5. 비천야속한 어구의 과도한 사용 6. 마음을 정당화한 것 7. 우리나라의 선량한 가정 미풍을 파괴할 우려가 있는 장면. 김화, 『새로 쓴 한국영화전사』, 다인미디어, 2003, 144쪽.

막에 와해된다), 그 계급적 차이에도 불구하고 여성이라는 이유로 상대의 상황과 정황을 이해하게 되는 과정을 담고 있다. 일제 강점기 신여성과 구여성이라는 쌍이 만들어지고 그 둘 사이의 차이가 결국 그 두 그룹 모두에게 부정적으로 작용, 신여성의 출현을 상쇄시키는 방식으로 나갔던 데 비해 미국적 근대화의 시기 이 영화들 속에서의 여성들 간의 연대는 계급적 차이를 넘어선다. 왜 이런 변화가 일어난 것인가?

먼저 가장 쉽게 추정할 수 있는 영화계의 관객 동원 측면에서 이야기하자면, 당시 영화들이 주로 중산층과 저중산층의 여성 관객을 대상으로 기획되었기 때문에 여성 관객을 포괄하는 측면에서 시나리오가 여성들의 차이를 포용하는 방식으로 쓰였을 가능성이 크다. 그리고 전쟁을 겪었고, 〈자유부인〉이라는 대형 폭탄이 1956년 전후 사회에 떨어진 이후라 고백에서 도출될 수 있는 성에 관계된 충격적 내용에 초점을 맞추기보다는, 여성 관객들의 계급 상승 욕구를 대리할 수 있는 비천한 계급이나 집안 출신의 여성이 전문직이 되거나 부유층으로 결혼할 수 있다는 여성의 출세담으로 나간다.

〈친정어머니〉에서 엄앵란과 최지희는 영화의 초중반부에서는 일제 강점기의 신구 여성의 대립처럼 구도화 되나 영화의 종반부 최지희는 자신을 죽일 뻔 했던 엄앵란의 친정어머니의 정황을 받아들이고 거짓 증언을 하게 된다. 〈친정어머니〉에서 최지희의 법정에서의 진술은 고백이라기보다는 증언이다. 이것을 〈어느 여대생의 고백〉과 비교하자면 〈어느 여대생의 고백〉에서도 여대생은 고백하는 것이 아니라, 사실은 황정순이 맡은 하층 여성의 삶을 자신이 대리 증언, 대변(represent)함으로써 여대생에서 여변호사로 되기까지 자기-픽션이라는 재현(re-present)의 거짓에 대한 사회적·윤리적 문책에서 빠져나갈 수 있는 계기를 만든다. 여기서 변호사가 된 여대생은 하층 여성을 대변한다. 여기서 중요한 것은 여자 변호사라는 직업이다. 한국전쟁 직후 미군정 아래서 사법 제도를 신속하게 확립할 필요가 있던 시대적 필요 속에서, 황산덕이나 이태영 같은 법 관련 여성들이 사회적 저명인사로 부상한다. 특히 서울대 법대 교수 황산덕은 〈자유부인〉에 대한 비판에서 보듯, 여성의 성의 자유 재현 일체를, "춤바람 등 여인의 탈선을 묘사한 소설 내용은 중공군 2개 사단보다 더 무서운 사회의 적"이라고 공격하면서 냉전 수호적이고 비여성주의적인 여성 지도자가 된다.

즉, 〈어느 여대생의 고백〉은 이렇게 텍스트와 여성 관객이라는 1차적 간텍스트를 두고 보면 여성 간의 차이를 재현하고 변호하는 것으로 볼 수 있지만, 당시 여변호사라는 전문직 여성은 체제 수호적 이미지를 갖고 있었다. 물론 〈어느 여대생의 고백〉은 이혼 가정 문제 등 보다 여성 친화적 법을 고민하고 기술했던 이태영의 이미지를 더 전유하고 있어 사실 이 영화에는 위의 두 가지 여성 법 관계자의 그림자가 드리워져 있다. 그러나 여기서 문제의 요지는 나혜석의 예술가라는 포지션, 그리고 일제 강점기라는 맥락은 그녀가 고백장을 통과한 이후 사회적 몰락을 경험하도록 만들었지만, 〈어느 여대생의 고백〉에서 진행되는 여변호사에 대한 사적이고 공적인 용서는 전후 사회, 제도화의 필요성과 여성 관객들의 존재, 여성 전문직의 등장들과 복합적 관계를 맺는다.

나혜석의 〈이혼 고백장〉을 신여성이라는 근대 여성 주가 사/공적 공간을 횡단하면서 여성 주체의 내면성과 외부를 연결 짓는 편지 형식의 고백체 담론의 원형으로 본다고 한다면,[4] 〈어느 여대생의 고백〉이나 〈어느 여배우의 고백〉에서 발견하게 되는 놀라운 부재는 고백하는 주체의 부재다. '어느 여대생'은 자신의 삶의 행로를 고백하지 않는다. 이 영화의 서사의 흐름에서 관객은 그 여대생이 자신의 다른 사회적 주체 위치를 구성하는 과정을 따라가게 된다. 〈어느 여배우의 고백〉에서 고백의 주어는 어느 여배우가 아니며, 고백도 일어나지 않는다. 〈어느 여배우의 고백〉은 아버지가 딸을 여배우로 만드는 이야기다. 영화 다이제시스상의 주어와 술부는 제목이 야기하는 서사의 기대 지평과 전혀 다르다. 고백을 통해 발견되어야 할 내면이나 섹슈얼리티의 진실은 어느 여배우와 관계된 것이 아니라 그녀의 아버지이며, 어머니의 결혼 이전의 성관계인 것이다. 그러나 이 영화는 이러한 고백이 가지는 충격 효과를 서사의 핵으로 취하기보다는, 부성의 파토스를 주 감정선으로 끌고 간다. 당시 '고백'이라는 단어와 제목을 빈번히 사용하게 된 데에는, 고백이라는 형식이 섹슈얼리티, 내면의 발견, 진실이라는 배열을 소환하게 됨으로써 일어나는 충격 효과를 일차적으로 기대한 것으로 추정되지만, 막상 그 고백의 형식이 발견한 내용은 달라진다. 거듭거듭 우리는 '고아'의 가족 찾기, 부성, 모성이라는 주제와 만나고 거기서 강조되는 것은 가족 안에서 자신의 자리를 찾지 못한 여자 아이가 사회적 가시성이 있는 여변호사나 여배우가 되는 데 따르는 대가이다.

4. 〈어느 여대생의 고백〉, 〈그 여자의 죄가 아니다〉, 〈친정어머니〉, 〈어느 여배우의 고백〉, 〈춘향전〉 등에서 나타난 고백 장치에 주목해 여성 형상화 작업을 살펴보고자 할 때, 그 전사로서 우선 1930년대 나혜석의 〈이혼 고백장〉을 중심으로 여성 담론장의 형성을 일별하고, 신여성과 모던 걸이 등장하던 1930년대의 고백 담론과 1950년대 후반과 1960년대 고백이라는 담론 장치를 제목이나 서사에 동원했던 영화들을 비교해 살펴보고자 한다.
동시에 그것을 위의 영화들을 〈자유부인〉과 〈춘향전〉의 동시대적 스펙트럼 속에 놓아 배열하고, 예의 고백 장치를 근대 신여성의 고백과 비교함으로서 식민지 근대화 시기의 신여성의 고백과 한국전쟁 이후 미국에 경사된 근대화 시기의 여성 고백 장치의 계보학을 구성하고자 한다.
전제해야 할 것은 1930년대의 고백 담론들이 수필, 소설 등 문학장을 중심으로 전개되고, 신여성과 모던 걸과 같은 교육받은 여성들을 중심으로 전개된 데 비해, 1950~60년대의 영화들은 여성 관객들을 잠재적 관객으로 설정하는 경우가 많았다. 당시의 문맹률 등을 고려하자면 문학장에서는 엘리트 여성들이 발견되는 데 비해, 이후 영화에서는 여성 관객층을 횡단하려는 태도를 볼 수 있다.

〈그 여자의 죄가 아니다〉에서 그 여자의 죄가 아니라고 고백하는 주체와 그 고백 담론에서 구성되는 주체는 다르다. 나혜석의 〈이혼 고백장〉이 청자의 위치를 가늠하게 하는 다소 투명한 형식인 편지로 "청구 씨에게"라는 소구 대상을 지정하는 반면, 〈그 여자의 죄가 아니다〉에서 말하는 자와 듣는 자의 위치는 다중적이다. 이 영화에서 영숙은 남편과 함께 검사를 찾아가 자신에게 총을 쏜 죄로 투옥되어 있는 성희의 결백을 증언함과 동시에 자신의 과거를 고백하게 된다.

타자를 위한 증언이 자신에 대한 고백인 이러한 이중적 구조는 신상옥 감독의 두 영화 〈어느 여대생의 고백〉과 〈그 여자의 죄가 아니다〉의 공통적 특징이면서, 일제 강점기 고백, 공개장이라는 이분화된 담론 장치가 미국적 근대화의 시기 영화라는 매체에서 표명되는 방식이다. 〈이혼 고백장〉에서는 나혜석의 자기 의지 이외에는 어떠한 외부적 지원이 없지만 〈어느 여대생의 고백〉과 〈그 여자의 죄가 아니다〉에서는 체제의 지원이 있다. 〈어느 여대생의 고백〉에서는 국회의원이며 〈그 여자의 죄가 아니다〉에서는 외무부 관리인 남편, 그리고 〈친정어머니〉에서는 미국의 도움이 있다. 일제 강점기와 달리 이 영화들에서 고백과 증언은 서로 밀접하게 관계되어 있으며, 이렇게 고백과 증언의 쌍생적 동반 혹은 상생을 가능하게 하는 것은 법정, 외무부, 국회 같은 시스템의 가시화와 관계있다.

나혜석의 〈이혼 고백장〉이 결혼제도에 대한 조선 사회의 사회적 통념의 기호학적 장 속에 어떤 긴장을 불러오고 있다고 한다면, 신상옥의 '고백 영화'의 두 여자 주인공은 결혼 제도와 법제도와 협상을 벌이고 있다. 전자의 고백장이 필자 나혜석의 필사적 노력에도 불구하고 사회적 파국을 가져다주었다면, 〈그 여자의 죄가 아니다〉와 〈친정어머니〉에서는 사적 증언과 거짓 증언을 통해 두 여성 주체의 사회적 복귀를 마련해주게 된다.

1950~60년대 한국 영화의 관객이 여성들이었고, 이들이 비엘리트 층이었음을 고려할 때, 이 영화들이 재현하고 있는 여자들 간의 계급적 차이가 엘리트 여성이 하층 여성을 이해하고 대변하는 것으로 끝나는 것은 납득이 가는 일이다. 여기서 중요한 것은 고백과 증언의 차이다. 이때 고백은 내면성과 섹슈얼리티, 그리고 진실이 배열되어 발화되고 사회적 인준의 과정을 거치는 형식이며 증언은 체제에 진실을 제공하는 것이다. 즉, 1950~60년대에는 고백이라는 스캔들적인 발화 양식이 대중적으로 충격을 줄 수 있다는 것을 인지하고 있지만, 내면과 섹슈얼리티를 발견하게 하는 양식으로서의 고백이라기보다는, 그 고백의 형식을 법정이나 공공장소에서 체제에 대한 증언으로 치환시킨다. 그리고 거듭 증언되어서 그 '진실'이 밝혀지고 그 가치를 공고히 인정받는 것은 개인이나 내면, 성이라기보다는 결혼 내부이건 외부이건 간에 모정이나 부정과 같은 혈연의 정이다.

〈어느 여배우의 고백〉에서 남정임의 양모는 키운 모정의 중요성을 강조하지만, 영화는 그 양모가 술집 매상 올리는 것에 남정임을 이용하는 것을 보여주고, 또 그것을 지켜보며 눈물짓는 생부의 모습을 보여주면서 양모의 진정한 정을 부정한다. 이렇게 한국전쟁 이후 부상하는 전문직 여성들과 관련해 혈연에 대한 강조가 거듭되는 것은, 조금 멀리는 한국전쟁 당시 발생한 이산가족 상황과, 가깝게는 이농 현상에 따른 이산가족화가 주는 사회적 불안, 핵가족화에 따른 부모와 자식의 혈연 강조, 그리고 바로 경제적으로 독립되는 전문직 여성들이 행할 수 있는 혼외정사나 미혼모 등의 문제가 핵가족 단위를 위협하지 않게 하려는 것 등과 관계가 있다.

이 영화들이 고백하는 것은 어느 여대생도, 여배우도, 여변호사도 그 고백의 형식에 담길 자율적·주체적 내면이 없다는 것이다. 그들에게는 찾아야 할 부모가 있다. 그런 면에서 〈어느 여대생의 고백〉은 이 영화군에서 예외적이다. 그러나 〈육체의 고백〉(1964), 〈어느 여배우의 고백〉, 〈어느 여대생의 고백〉에서 제목이 언명하는 바는 고백이지만, 실제로 영화에서 고백이 주 발화 양식으로 활용되지 않는다. 이 제목들은 차례로 고백에 대한 서사적 기대들을 저버리거나 제목 자체가 역설적이다. 고백이 언어적 발화라고 볼 때 육체의 고백은 비언어적인 기호를 산출하겠지만, 최선을 다해 유추해본다면, 이것은 고백의 형식을 통해 섹슈얼리티를 말하게 하는 것이다. 〈육체의 고백〉에서 그 섹슈얼리티는 미군정 기지촌 성매매와 관계있지만, 텍스트가 고백을 통해 드러내고자 하는 진실은 섹슈얼리티가 아닌 모성애다. 즉, 부산 텍사스촌에서 성매매를 하며 대통령 (성매매자)으로 불리는 황정순의 '육체의 고백'이 가리키는 바는 자신의 딸들에 대한 모성애다. 〈어느 여배우의 고백〉에서도 여배우는 고백하지 않는다. 이 영화에서 숨겨진 진실은 아버지가 딸에게 자신이 아버지임을 말하지 않는 것인데, 이 영화는 그래서 어느 여배우의 고백이 아니라, 그 고백의 부재다. 또 이 영화에서 혼외정사보다 더 많은 감정적 노동을 요구하는 부분은 아버지의 정이다. 〈어느 여대생의 고백〉은 위에서 분석한 바 있으며, 여기서도 어느 여대생은 고백하지 않는다.

그러나 여기서 더 중요한 것은 일련의 제목이 시사하는대로 고백의 주체나 내용이 아니라 그 형식이다. 즉, 영화의 제목은 여대생, 여배우, 기지촌 여성, 성 노동자와 같은 범주들이 고백한다고 언명하고 있으나, 그 고백의 형식이 생산하는 주체가 그 주어와 일치하지 않는다. 즉, 1950년대 후반과 1960년대에 이르러 영화와 같은 대중적 매체에서 언명하는 고백의 형식이 발견하게 하는 것은 내면과 섹슈얼리티가 아니라 모성과 부성이다.

제3장

지정학적 판타지

지정학적 판타지와 상상의 공동체[*]

냉전시기 대륙(만주) 활극 영화

자유로운 여행에의 동경, 혹은 여기가 아닌 다른 곳에 대한 판타지

나는 냉전 체제 속에서 나고 자랐다. 표현의 자유뿐 아니라 여행의 자유마저 없던 그 시절, 10대였던 나는 가끔씩 김포공항을 찾아가 비행기가 이륙하는 장면을 바라보았다. 외딴 공항, 그리고 김포의 들판을 스치는 바람은 황량하기만 했다. 나는 활주로와 하늘의 비행기를 보며 한숨짓곤 했다. 1980년대 초, 해외여행은 특권층이나 중동 붐을 타고 일하러 떠나는 노동자들 혹은 베트남 파병 군인들에게나 가능한 일이었다.[1] 이를 통해 우리는 아시아의 문화를 배울 수 있었을지도 모른다. 그러나 실제로는 그것도 아니었다.

　　냉전 체제로 분단된 땅에서, 육로를 통해 중국 동북부를 지나 아시아 대륙을 가로지르는 것은 불가능했다. 북쪽이 가로막힌 남한 반도에서는 중국과 아시아의 땅이나 바다, 그리고 소비에트와 그 너머를 여행한다는

---

[*] 이 글은 『아시아 영화의 근대성과 지정학적 미학』(김소영 외, 현실문화, 2009)에 실린 것으로, 뒤에 《씨네21》〈전영객잔〉에 실었던 〈놈놈놈〉을 덧붙였다.

1. 젠더 정치학을 통해 본 중동 건설프로젝트의 함의는 최성애의 글을 참고하라. 「경제개발과 젠더의 정치학」, 『한국현대여성사』, 한울, 2004.

242

것을 생각조차 하기 어려웠다. 물론 최근에는 예전에 가로막혔던 그 길들
이 "아시아 하이웨이"로 새롭게 각광받고 있기도 하다.

　이렇게 사방팔방이 막혀 있던 시절, 아직 어렸던 우리는 지구본을 가
지고 놀았다. 지구본을 돌려 몽골, 러시아, 나이지리아 등을 손가락으로
짚어보는 것이다. 아마 나는 그때부터 여기가 아닌 다른 곳을 꿈꾼 것 같
다. 다른 나라에 가는 것 자체가 법으로 금지되었던 시절, 지리적 판타지
는 마치 본능처럼 살아 꿈틀거렸다. 나는 이 글을 통해 영화라는 판타지
속에 드러난 당시 대중들의 이러한 열망, 즉 여기가 아닌 다른 곳을 향한
열망들을 가늠해보고자 한다.[2]

　과거의 흔적들은 오늘날까지도 여전하다. 이에 과거의 잔재로서 사
회 여기저기에 출몰하는 권위주의가 우리의 삶과 일상의 틈에서 어떻게
작용하고 있는지를 살펴보고자 한다. 파시즘과 대중독재에 관한 최근의
학계 연구도 이와 관련될 것이다.[3] 이 대중독재에 관한 연구가 우리의 실
제 현실과 정신적 현실을 아우르는 부동의 정치 질서를 논한다면, 나는
1960~70년대의 독재정권하에서 대륙 활극, 만주 대륙물, 만주 웨스턴
혹은 만주 액션 영화라고 알려진 영화들에 드러난 대중들의 독특한 판타
지를 규명하고자 한다.[4] 이 만주 웨스턴은 중국 동북부에 해당하는 만주
와 만주국을 배경으로 하며 광활한 만주 들판과 구소련 – 만주의 국경, 하
얼빈, 선양 등의 장소 등을 무대로 삼는다. 만주 웨스턴, 혹은 대륙 액션

---

2. "Fantasies that Matter : The Counter-Histories of Bertha Pappenheim and Ito Noe"에
　서 Earl Jackson Jr.는 Teresa de Lauretis의 '사적 판타지/공적 판타지' 개념을 끌어온다.
　그에 따르면 '사적 판타지'는 정신분석의 대상이자 주체의 욕망이 연행되고 발화되는 무의
　식적 구조의 패턴을 보여준다. 반면 '공적 판타지'는 유통과 소비를 위해 생산되며 이때의
　텍스트는 시, 소설, 영화, 연극 등에 해당한다. 여기에 그는 정치적 활동가의 공적 판타지를
　주요한 개인적 판타지로 파악할 뿐 아니라 공적, 혹은 반(半)공적 역사 해석과 흔히 미시정
　치학의 영역으로 취급하는 루머, 가십 등의 일상적 이야기까지 여기에 포함시키면서 이러
　한 구분을 한층 복합적으로 전개시킨다. 이 논문은 "Inter-Asia Cultural Studies Biannual
　Conference"(KNUA, Seoul, 2005)에서 발표되었다.
3. 대중독재에 관해서는 임지현의 『대중 독재』 등의 작업을, 그리고 대중독재 논쟁에 대한 비
　판으로는 조희연의 작업을 참고하라.
4. 〈두만강아 잘 있거라〉(임권택, 1962), 〈불타는 대륙〉(이용호, 1965), 〈소만국경〉(강범구,
　1964).

이라는 명칭은 웨스턴 영화에서 가져온 요소들—개척자, 광활한 미개척지, 카우보이 의상, 말 타기, 최후의 결전—때문이라고 할 수 있다. 이 영화들이 소재로 한 일제 강점기 독립군의 만주 항일운동은 웨스턴 장르의 개척 활동을 연상시키기도 한다.

윤휘탁은 『일제하 만주국 연구』[5]에서 독립군과 만주 및 조선 소작농 간의 협력 관계를 잘 설명하고 있다.[6] 이는 만주를 단지 항일 무장 세력의 저항 공간으로만 여겼던 기존의 역사 서술을 넘어서는 새로운 관점이라 할 수 있다. 그리고 이를 통해 우리는 만주와 그곳의 갑남을녀들을 한국 근대사의 유의미한 부분으로 포함시킴으로써 시야를 넓힐 수 있을 것이다.[7] 이 주제를 다룬 그의 또 다른 연구 『동아시아의 민족 이산과 도시』 역시 주목할 만하다. 만주의 조선인만을 다루었던 기존 연구와 달리 다민족의 맥락을 반영한 이 책은, 20세기 초 만주의 조선인이 중국인 및 일본인과 함께 섞여 살아갔던 도시로서의 선양, 창춘, 하얼빈을 살펴본다.

세계사적 관점에서 20세기의 만주는 아시아의 개척지, 이를테면 아시아의 '서부'였다. 만주에는 만주인뿐 아니라 몽골인, 일본인, 중국인, 조선인 등 다섯 인종이 어우러져 살았으며, 러시아인도 여기에 합류하곤 했다. 이런 점에서 오언 라티모어(Owen Lattimore)는 1932년의 만주를 "갈등의 요람"이라 부르기도 했다.[8]

대륙 활극 영화는 만주국(1932~45)이 세워지기 이전이나 이후 시기를 시대적 배경으로 한다. 프래신짓 두아라(Prasenjit Duara)의 『주권과

5. 윤휘탁, 『일제하 만주국 연구』, 일조각, 1996.

6. 윤휘탁에 따르면 만주국에는 2,566,700명이 거주했다. 이들의 저항은 만주국 성립 이후인 1933년에 멈췄다.

7. 배주연의 논문 〈'돌아온 시리즈' 연구 : 1960~70년대 남한 민족국가 담론과 탈식민〉(한국예술종합학교 영상원 영상이론과 전문사 논문, 2005)은 2차 대전 후 귀국한 유랑민이 영화 속에서 어떻게 드러나는지 분석했다. 특히 '돌아온'이라는 제목의 영화 시리즈가 유랑민들의 귀환을 다루는 방식에 집중하고 있다.

8. Owen Lattimore, *Manchuria : Cradle of Conflict* (New York : The Manmillan Co, 1932), p.7 김경일 외, 위의 책, 『동아시아의 민족 이산과 도시』에서 재인용.

순수성 : 만주국과 동아시아적 근대』[9]에 따르면, 만주국은 근대 동아시아에서 국가 간 힘의 역학이 조정되는 역사적 실험의 독특한 장(場)이었다. 그리고 이것이 바로 대륙 액션이 펼쳐진 만주의 시대적 상황이었다.

그러나 이 영화들의 공간적 배경은 진짜가 아니다. 야외 촬영이 실제 만주에서 이루어지지 않은 것이다. 냉전 시기에 광활한 만주와 선양, 창춘, 하얼빈까지 갈 수 없었던 제작진은 이 영화들을 남한에서 찍을 수밖에 없었다. 또한 대부분 저예산으로 제작된 이 영화들은 대륙영화임에도 불구하고 '대륙적'이지 않은 장소에서 촬영되기도 했다. 친숙하면서도 어딘가 낯선 장소를 배경으로 몇 마리 말이 뛰어다니는 등[10] 미국 웨스턴 영화를 어렴풋이 연상시키는 식이었다. 사실 이러한 풍경에서 카우보이 같은 존재의 등장은 기묘하거나 낯설 뿐이다. 이 친숙함과 생소함의 공존은 로케이션 촬영에 투영된 정동(靜動, affect-invested)의 양식이다. 1960~70년대의 관객—가족이나 지인에게 들은 이야기를 통해 만주를 간접적으로나마 체험했던 이들—은 이러한 가짜 설정을 인정하고 넘어가는 식으로 영화의 내용에 감정이입할 수 있었다. 일제 강점기에 식민통치를 위해 전체 인구의 14퍼센트에 달하는 350만여 명의 조선인이 일본과 만주로 강제 이주 당했으며, 이들 중 단 70만 명만 돌아오고 100만 명은 그곳에 남겨졌다고 한다.[11]

대륙 활극 영화는 일련의 프레임워크를 보여주는데, 이런 면이 무국적(non-national) 영화를 폄하해온 내셔널 시네마의 개념을 복잡하게 만들어버린다는 점에서 퍽 흥미롭다. 또한 이는 웨스턴이 전형적인 미국영

9. Prasenjit Duara, *Sovereignty and Authenticity : Manchukou and the East Asian Modern* (Rowman&Littlefield, 2003).

10. 신상옥은 〈무숙자(Homeless)〉(1968)—한글 제목은 당시 한국에서 상영된 마카로니 웨스턴 영화의 차용이다—에서 완전히 낯선 공간을 찾으려 했지만, 이러한 노력은 그저 시도에 그쳤을 뿐 그 공간이 실제 어디인지는 금세 드러났다.

11. Gi-Wook Shin, "Asianism in Korea's Politics of Identity", *Inter-Asia Cultural Studies*, Vol.6, No.4, 2005, p.620.

화라는 통념을 해체하는 데도 기여한다. 만주 웨스턴처럼 미국 웨스턴의 법칙을 모방한 비서구권 액션영화는 냉전 시기에 자국민의 민족 장르라는 개념을 환기시키며, 여기에 국가 경계를 넘나드는 초국가적 저예산 영화제작 방식이 도입된다. 이는 최근에 빈번하게 제작되는 다국적 자본의 리메이크 및 합작영화로까지 이어진다. 결국 만주는 국가의 범위를 넘어선, 아시아 '공공의 판타지'였다.

프래신짓 두아라는 이를 "트랜스내셔널 현상(transnational phenomenon)"으로 설명한다. 여기서 트랜스내셔널, 트랜스아시아라는 광범위한 영역으로 넘어가기 전, 우선 만주를 다시 이해할 필요가 있다. 동아시아 근대의 형성 과정에서 다민족의 공존지이자 억압의 공간으로 기능했던 만주를 바라보자는 것이다. 당시 만주국은 조선인에게 기회의 땅으로 여겨졌다. 이를테면 박정희는 계습 상승의 기회를 얻기 위해 만주의 군사학교에 입학했는데, 이러한 역사적 환경에서도 만주가 대륙 활극의 배경으로 쓰였다는 점은 무척 이채롭다. 이는 만주가 2차원적인 표면이나 3차원적 풍광을 재현하는 지형 공간인 동시에, 분명 상상의 공간으로도 작용했다는 것을 알려준다. 일반적으로 로케이션 촬영은 사운드 스테이지(sound stage)나 백 로트(back lot, 야외 촬영용 부지)보다 사실적 연출에 유리하다. 기실 '실제' 장소에서의 촬영이 대개 사실적으로 여겨지게 마련이며 예산 절감의 면에서도 탁월하다. 하지만 대륙 활극에서는 만주를 그저 상정하기만 할 뿐이다. 이렇듯 '만주라고 여기는 일'은 당시의 대중들이 이미 체감하고 있던 한인 디아스포라—만주의 조선 독립군과 소작농—의 역사를 통해 '실재'로 인정받게 된다.

나 역시 어린 시절에 어머니에게 만주 이야기를 자주 들었다. 어머니는 하얼빈으로 이주하신 할아버지를 찾아가던 길에서 본 만주의 장엄한 광경과 석양에 대해 들려주시곤 했다. 만주를 횡단하는 기차의 창에 비친 태양의 색감은 이후 어머니가 살면서 결코 잊을 수 없었던 강렬한 빛깔로 남았다. 또한 어머니는 들판에 버려진 시체도 목격하셨다고 한다. 1942년, 일곱 살 소녀는 전쟁의 소요가 막 지나간 공간에 잠깐이나마 머물렀던 것이다.

동북 아시아와 그 너머의 광경에 대한 상상은 세 가지 측면에서 공적 판타지로 작용한다고 하겠다. 우선 단순한 과거에 대한 향수뿐 아니라 저항의 역사를 환기한다는 점에서 그렇다. 또한 동북아시아에 대한 동경은 당시의 정치 현실로 인해 생겨난, 이곳이 아닌 다른 곳에 대한 열망을 불러온다. 마지막으로 메이지 유신과 만주국을 모델로 삼았던 박정희 정권의 근대화 프로젝트가 은폐한 만주에 대한 사고를 비로소 확장시켜준다. 그러나 한편으로는 이 또한 민족국가 구성 과정에서 발생한 것이라고 볼 수 있는데, 식민지 시기의 저항에 대한 공식적인 담론을 내면화한 까닭이다. 물론 대륙 활극 영화 중 몇몇은 이를 거울처럼 반영하지만 그렇지 않은 경우도 있다. 예컨대 영화 〈소만국경〉은 국가 이데올로기를 인정하는 것으로 마무리되지만, 〈쇠사슬을 끊어라〉는 국가 이데올로기에 복무할 것을 끝까지 거부한다.

상상된 풍경에서의 동일시 문제

데이비드 하비(David Harvey)는 어린 시절부터 지리학자가 되고 싶었던 이유를 다음과 같이 밝혔다.

어렸을 때, 나는 수시로 가출했고, 그러다 힘들어지면 이내 집으로 돌아왔다.

좀 자란 후부터는 상상 속에서만 가출을 시도했는데, 적어도 그곳에서만큼은 세상이 활짝 열려 있었다. 당시 내 취미는 우표 수집이었다. 어떤 우표든 그 나라와 영국 군주가 함께 보였다. 내게 이것은 꼭 모든 것이 우리에게, 그리고 나에게 속해 있는 것처럼 느껴졌다.[12]

우리 또한 집을 떠나고 싶을 때가 있으며 욕망을 대체하는 차원에서—물론 영국 제국주의의 흔적이 없는 것들일 테지만—무언가를 수집한다. 이 지리적 상상의 방식은 금융 자본의 공세와 세계화에 대처하기 위한 '아시아의 지형도 다시 그리기'를 통해 사유될 때 비로소 유의미할 것이다. 환경보존을 위한 NGO, 이주 노동자를 위한 지역 운동, 인터 아시아의 지적 네트워크, 그 외에도 여러 문화 공동창작 등의 활동과 결합할 때 역시 마찬가지다. 남한에 한정해서 말하자면 이 과정에서 새롭게 그려질 아시아의 지형도는 과거 동아시아의 조공무역 궤적이나 대동아공영이 함의했던 경제적·정치적 지향과는 당연히 거리를 둔다. 냉전시기의 동아시아 지도를 보면, 미국이 일본의 대동아공영권 대부분을 인수했다는 것을 알 수 있다.

한국은 1945년부터 1949년까지 동남아 지역의 여러 나라와 함께 독립을 맞아 탈식민의 기쁨을 누렸으면서도, 1950년대에 이르면 태평양으로의 급격한 방향 전환에 주력한다.[12] 이 과정에서 대륙 활극 영화는 그 자체로 결코 우세한 양식이 아니었음에도 불구하고 정권의 억압적 제도와 시선, 군사문화의 상상력을 태평양에서 만주로 전환시켰다.

대륙 액션물은 본연의 독특한 아시아주의(Asianism)를 지니고 있다. 최근의 아시아주의 논의에서 신기욱은 '한국의 정치적 정체성과 아시아

12. David Harvey, *Spaces of Capital : Towards a Critical Geography*(Routledge, 2001).
13. Kim Yearim, "The Shift of Imagining Asia and the Topology of the Anti-Communist Identity".

주의'의 시기를 식민 이전, 식민, 냉전, 탈냉전의 네 단계로 구분한다. 식민지 이전 시기와 식민 기간에는 아시아주의 담론이 상당한 역할을 했지만, 탈식민 시기에서는 자본주의 대(對) 공산주의라는 이데올로기, 그리고 한국 대 일본이라는 내셔널의 문제가 대두되면서 그 중요도가 급격히 감소했다는 것이다. 그리고 이로 인해 한국의 아시아주의 담론은 더 이상 발전하지 못하고 민족주의 정치학과 아시아의 대미 정책인 쌍무주의를 원칙으로 삼게 된다.[14]

이후 아시아주의는 2003년에 노무현 정부가 '동북아시아 공동체'를 선언할 때까지 국가 정책이나 학계 모두에서 외면당했다. 그러나 1960∼70년대 대중문화, 특히 영화에서만큼은 나름의 시각과 방식으로 아시아주의를 해석해왔다. 그 대륙 액션 영화들 중 〈쇠사슬을 끊어라〉(이만희 감독, 1971), 〈황야의 독수리〉(임권택 감독, 1969)[15]에서부터 논의를 시작해보자.

이 영화들은 이만희나 임권택의 대표작은 아니며, 다만 대륙 액션 영화일 뿐이다. 한편 정창화[16]가 단 한 편의 대륙 액션 영화만을 만들었다는 점이 의미심장하다. 그는 홍콩 쇼브라더스에서 활약한 바 있고, 미국에서 〈죽음의 다섯 손가락〉으로 큰 성공을 거두기도 했다. 그의 영화는 훗날 쿠엔틴 타란티노의 〈킬 빌(Kill Bill)〉에 인용되었을 정도다. 1961년, 정창화는 만주를 배경으로 한 〈지평선〉을 찍었고, 이 영화를 통해 한국영화의 재현 공간을 대륙으로 확장시켰다.[17] 이렇듯 대륙 활극은 지정학적 상황에 분명히 영향을 받았다. 냉전 이전, 만주에 횡행했던 일본 제국주

14. Gi-Wook Shin, 같은 책, p.622.

15. 임권택은 정창화가 연출한 〈지평선〉에서 소도구 담당을 맡으며 영화계에 입문했다.

16. 정창화는 자신이 〈셰인(Shane)〉(조지 스티븐스, 1953)에 크게 영향을 받았다고 고백한 바 있다. 그리고 임권택이 정창화와 함께 작업할 때, 정창화를 위해 35밀리미터로 스크린에 상영되었던 〈셰인〉을 찍었다는 일화도 소개했다. 그들은 〈셰인〉을 통해 리버스숏을 배웠다고 한다. 정성일, 『임권택이 임권택을 말하다』, 현실문화연구, 2003, p.42∼43.

17. 《오마이뉴스》, 2004년 6월 18일자.

의를 떠올린다는 것은 곧 아시아에서의 반공주의 확산, 그리고 반공주의로 인해 지리적으로 단절된 상황을 환기시키는 일이다. 더불어 식민주의를 감상적으로 연상하게 만들 뿐 아니라 '그곳에 있기를 원하는' 관객들의 애조 띤 목소리까지 들려준다. 대륙 활극 영화의 관객은 주로 룸펜 프롤레타리아 남성들이었다. 이들 중에는 만주에서 태어난 사람도 있고, 부모 세대의 경험을 통해 만주를 거의 실재적으로 기억하는 이들도 있었다. 또한 어쩌면 이 영화들은 초등학교 때부터 교과서에 실린 독립군의 역사를 단순히 반복하며 익혀온 내용의 영화에 불과할지도 모른다. 대중들은 자신이 알고 있는 여러 내용을 다양한 매체를 통해 보고 싶어 한다. 이만희의 〈쇠사슬을 끊어라〉 역시 세 남자가 황야의 석양 속으로 사라지는 익숙한 결말로 마무리된다. 그들 중 한 명은 "난 지금껏 어둠 속에서 살아왔다. 하지만 굳이 태양을 쫓아서 살아가지는 않겠다"고 말한다.[18]

그들은 독립군에 자원하지도 않았지만 국가 정체성 또한 단호히 거부한다. 영화에서 이들은 동일시의 과정을 거친다. 이러한 내용은 웨스턴의 대륙 액션에 벌레스크(burlesque)—코미디의 한 종류—가 혼합된 것으로 볼 수 있는데, 결과적으로 질문과 호명을 무력하게 만듦으로써 자신

---

18. 영화에서 세 명의 주인공 모두 만주 마적대가 소유한 티베트 불상을 찾으려 고군분투한다. 이 불상에는 독립군 명단의 암호가 숨겨져 있는데, 범법자였던 세 주인공은 이 불상을 찾은 후 독립군에게 넘긴다.

만의 뚜렷한 정체성을 드러낸다. 대부분의 액션영화에서 주인공은 독립
군이거나, 독립군을 돕는 인물이다. 반면 〈쇠사슬을 끊어라〉의 주인공들
은 독립군에 동조하지 않는다. 보통 대륙 액션 영화에서 주인공들이 국가
를 위해 희생하는 독립군의 정체성을 띠는 반면, 〈쇠사슬을 끊어라〉의 주
인공들은 무법자로 남는 길을 택하는 것이다.

바로 이 점이 중요하다. 왜냐하면 이 영화가 1970년대 초, 즉 정부
주도의 강력한 국가주의 프로젝트가 가동되던 시기에 만들어졌기 때문이
다. 〈쇠사슬을 끊어라〉는 식민지 시기를 '우회적'으로 다루는 방식을 통
해 이 국가주의 프로젝트에 부정적으로 대응한다. 다시 말해 식민시기를
배경으로 하되 동시대를 다뤘던 것이다. 1971년에 제작된 이 영화는 대
륙 액션 영화들이 10년에 걸쳐 충분히 성숙한 이후에 등장했다. 이는 일
본의 '제국주의 교육 칙어'에 다분히 영향을 받은 국민교육헌장 발표
(1968)나 메이지 유신을 본뜬 유신 선언(1972)과도 맞물리는 시기다. 영
화는 이 속에서 대륙 활극에 대한 대중들의 기대감을 여지없이 무너뜨렸
으며, 개발 지상주의를 골자로 한 국가 통제 근대화 프로젝트에 국민들을
강제로 합류시키려던 지배 이데올로기 또한 깨뜨렸다.

박정희 정권은 크게 세 시기로 구분할 수 있는데, 1961년의 5·16 쿠
데타, 1960년대 후반, 1970년대가 그것이다.[19] 조희연은 이를 두고 강제
보다는 사회적 합의에 근거한 대중독재라는 측면을 부각시키며 민주주의
가치를 인식한 대중의 출현과 개발론에만 전적으로 의지한 대중의 존재
를 함께 논했다. 이렇듯 대중독재와 민주주의의 성장이라는 양극단에서
〈쇠사슬을 끊어라〉는 동일시, 혹은 비동일시의 복잡한 양상을 보여준다.

이를 두고 테레사 드 로레티스(Teresa de Lauretis)는 아래와 같이 설
명했다.

19. 양명지, 〈박정희 정권의 지배전략으로서의 계급정치 : 노동계급의 배제와 중간계급의 포섭
을 중심으로〉, 《사회발전연구》, 연세대학교 사회발전연구소, 2003, pp.163~191.

동일시는 정체성보다 훨씬 복잡하고 유동적인 말이다. 이것은 사회규범과 관련된 것으로 사회계층, 계급, 젠더, 인종, 국가의 개념이 각 개인들에게 전달되는 과정에서 그 자체로 의문시되기 마련이다. 한편 동일시라는 용어는 정신분석학적 반향에 따라 존재론적이자 인식론적인 질문―'나는 누구인가' 또는 '나는 무엇인가' 등의―을 던진다. 이는 존재와 인식, 욕망에 대한 의문이다.[20]

테레사 드 로레티스는 프란츠 파농(Franz Fanon)이 제기한 인종 정체성의 문제―신체를 주체 형성의 물적 기반으로 이해하는 것―에서 더 나아가 동일시의 개념을 다시 정의하고 있다. 그녀는 프로이트의 정신분석학이 개인의 심리적 역사(존재론적 진화)와 종의 역사(계통발생학적 유전) 안에서 파농의 비유('sociogeny')에 접근하고 있다고 본다.

이만희의 〈쇠사슬을 끊어라〉와 임권택의 〈황야의 독수리〉 같은 대륙 액션 영화는 텍스트 안에서 작동하는 동일시와 비동일시의 복잡한 과정을 보여준다. 이는 일단 이 영화들이 식민시기를 배경으로 하기 때문이다. 다음으로 식민지 조선이 아닌 만주국, 특히 국가 간 경계를 초월하는 공간으로서의 만주를 무대로 삼는다는 점을 들 수 있겠다. 세 번째 이유로는 이 영화들이 인종 문제를 무차별적으로 다루는 과정에서 남성의 전우애를 강조하다가 종국에는 그것이 무너짐으로써 주인공들이 본연의 정체성과 사회적 위치를 드러낸다는 특징을 들 수 있다. 끝으로 이를 통해 국가적 정체성이 부정될 뿐 아니라 완전히 무시된다는 것을 알 수 있다.

이 중 〈황야의 독수리〉는 내러티브부터가 평범하지 않다. 만주 어딘가의 국경지대, 사람들은 장(장동휘)을 기다린다. 그의 셋째 아들의 백일을 축하하기 위해 모두 모인 것이다. 이때 일본군들이 마을을 급습한다.

20. Teresa de Lauretis, "Difference Embodied : Reflection on Black Skin, Whote Masks".

부대장 요시타(박노식)는 자신의 병사들과 함께 장의 가족들을 사진으로 남기고는 장의 아내를 강간하고 가족들을 사살한다. 게다가 그는 이렇게 극악한 범죄를 저지르고 나서 시를 짓기까지 한다. 한발 늦게 도착한 장은 이 처참한 모습을 보고 복수의 단서가 될 수 있는 사진을 챙겨둔다. 요시타는 장의 아들을 입양하고, 그를 혼도(김희라)라고 부르며 일본군으로 키워낸다. 혼도는 요시타의 계략에 따라, 조선 독립군이 자신의 어머니를 죽이고 아버지 요시타를 성불구자로 만들었다고 믿으며 자란다. 전쟁기계로 성장한 혼도는 어머니의 원수를 갚으려 하고, 때마침 장의 귀환을 알게 된 요시타는 혼도를 통해 장을 죽이고자 한다. 한편 혼도의 동료 군인들은 중국인 여인 윤화(유미)를 스파이로 몰아 강간하는데, 윤화에게서 죽은 어머니의 인상을 느낀 혼도는 사건을 일으킨 동료들을 차례로 죽인다. 결국 요시타의 계획에 따라 장과 대면한 혼도, 그는 장이 바닥에 떨어뜨린 사진을 보고 즉각 사건의 전말을 알게 된다. 혼도는 요시타를 죽이고 친아버지 장에게 다가서지만 그 순간, 등 뒤에서 총을 맞는다. 영화의 결말에 이르면 장이 혼도의 시체를 말에 태우고 석양 속으로 사라진다.

이렇듯 요시타가 혼도의 정체성을 만들어낸 셈인데, 이 과정에서 혼도의 민족정체성과 가족사는 완전히 뒤바뀌고, 혼도는 요시타의 충복이 된다. 혼도가, 자신이 누구이며 과거가 어떻게 조작되었는지 등 실제의 자신을 알게 되는 것은 곧 자신을 태어나게 한 생물학적 아버지와의 만남이자 동시에 죽음의 순간이다. 영화는 사건 현장에서 장이 자신의 셋째 아들을 왜 찾지 않는지에 대해서도 설명하지 않는 등 미숙한 면이 많다. 또한 영화 후반부에서 혼도는 요시타에게 묻는다. "성불구자라면서 어떻게 나를 낳았지요?" 이에 요시타는 "너를 낳은 후에 이렇게 되었다"고 대답하고 "조선 독립군이 날 이렇게 만들었다고 몇 번이나 말했냐?"라고 덧

붙인다. 이 정보는 이전의 시퀀스에서 이미 제시된 것이기에 사실상 무의미하다. 이 대화 이후, 혼도는 사진을 통해 모든 상황을 이해하고 요시타에게 총을 겨눈다. 장의 가족과 일본군이 찍힌 사진이 영화 속 사건의 주요 증거로 제시되는 것이다. 그리고 우리는 이 사진을 통해, 그 사건이 만주의 중국, 일본, 조선인에게는 일어나기 어려운 점이라는 것을 알 수 있다. 또한 조선 여자의 백일 된 아들을 일본군이 입양하여 전쟁기계로 길러낸다는 설정뿐 아니라 그 아이가 어른이 된 후, 동료 군인들의 윤간을 목도하고 그들을 모두 죽인다는 점, 중국어와 조선어, 일본어가 혼재되어 통용되는 것 역시 납득하기 어렵다.

〈황야의 독수리〉는 이렇게 일련의 뒤바꿈, 위치 바꿈/위치 짓기를 통해 기존의 대륙 액션 영화의 코드를 완전히 역전시킨다. 조선인 장은 독립군에 협조적이지만은 않으며, 전쟁기계인 혼도는 자신의 군대에 반기를 들기도 한다. 심지어 이 영화는 만주에서 일어날 법한 일이라고 하면서도 비상식적인 모습을 여러 차례 보여준다. 물론 사실적이고 상식적인 묘사만이 텍스트의 목표는 아닐 것이다. 실제 이 영화들은 영화의 배경이 되는 식민시기, 그리고 영화가 만들어진 1960~70년대를 역사적 쌍으로 설정하고 있다. 전형적인 예로는 〈김약국의 딸들〉(1961), 〈상록수〉(1963)를 들 수 있으며 상하이 박, 봉춘 타이거, 하얼빈 김이 출연한 만주 대륙 액션 영화 역시 마찬가지다. 이러한 종류의 영화들이 1960~70년대 당시에 유행한 이유를 알아내는 것은 간단하다. 〈김약국의 딸들〉이나 〈상록수〉의 바탕에는 박정희 정권이 주장한 식민지 근대화(부분적으로는 신여성의 젠더정치학)의 내용이 존재한다. 특히 이 두 영화는 메이지 유신에 영향을 받은 박정희 정권의 역사적·정치적 기저를 이루는 두 시기의 '공모 관계'를 잘 보여준다.

〈쇠사슬을 끊어라〉, 〈황야의 독수리〉와 달리, 독립군이 등장하는 대륙 액션 영화는 탈식민 근대국가의 전형적 서사 방식을 따른다. 〈황야의 독수리〉가 보이는 자기 동일시 과정에는 일련의 분열과 자리 바꿈이 발생한다. 드 로레티스의 표현을 따르자면, 혼도는 생물학적 진짜 아버지보다는 사회 계층, 인종, 국가에 의해 자신의 사회적 위치를 할당받는다. 그리고 이 할당, 비/할당은 그를 충복, 기계, 살인자로 만든다. 하지만 동일시의 순간, 즉 진짜 자기를 깨닫는 순간, 그는 죽는다. 그렇기 때문에 혼도에게는 '나는 누구인가'라는 질문이 부여될 시간도, 공간도 없는 것이다. 이 무언의 질문, 그러면서도 정체성과 정체성의 확인이 이루어지는 비/할당의 이 시끌벅적한 문제는 식민시기와 군사정권 시절이라는 역사적 쌍을 이루며 이중의 공명을 이룬다.

영화에 희미하고도 은밀하게 드러났던 두 민족국가, 제국과 군사 정권은 결국 부정된다. 혼도를 통해서 우리는 개체 발생, 계통 발생, 사회적 발생(sociogeny)이 바뀌기도 한다는 것을 알게 된다. 공동체는 두 영역에 걸쳐 있지 않다. 영화 속에서 일본인과 조선인, 중국인은 만주를 판타지로 파악한다. 그러나 이는 낯설면서도 굉장한 상실감이지 결코 동경은 아닐 것이다. 혹시 그렇다 하더라도 이는 그저 미개척지이자 광활한 공간 자체에 대한 동경일 뿐이다. 재클린 로즈(Jacqueline Rose)는 『국가라는 판타지State of Fantasy』에서 이와 반대되는 사례를 들었다.

이스라엘에 간다는 것, 그것은 오랫동안 동경하던 공간에 발을 디디는 것이다. 이 열망은 사람들을 끊임없이 고향으로 이끄는 한편, 또 다른 방식으로도 영향을 미친다. 즉 국가 자체의 지위를 실현하는 방식으로 유배지의 디아스포라 유대인을 불러들이는 동시에 이스라엘에 살고 있던 이들을 추방하기도 하는 것이다.

만주국이 만들어지기 전의 만주란 한국인들에게 있어 신화적인 공간이거나 머나먼 조상이 살던 고구려쯤으로 여겨진다. 즉 만주는 영토의 확장을 의미하기도 한다. 그래서 임권택이나 이만희 같은 감독은 만주를 또 다른 의미의 장소로 소환했다. 무의식적으로 과잉 결정된 의미―냉전으로 인해 분단된 한반도 너머에 있는, 신화적이고 식민지적이면서도 '또 다른 장소'로서의 공간 개념―로 회귀한 것이다. 앞서 언급했듯, 냉전으로 인해 남한의 모처에서 촬영했음에도 불구하고 이러한 장소들은 민족의 분명한 영토라기보다는 상상의 공간으로 제 역할을 한다. 베네딕트 앤더슨(Benedict Anderson)이 상상의 공동체로 정의한 국가의 개념은 이렇다.

> 아무리 작은 국가라도 그 구성원들은 모두를 알지도 못하고, 만나지도 못한다. 하지만 이들의 마음속에는 서로 교감되는 공통된 이미지가 있다. 이렇듯 국가는 상상된 것이다. 10억 이상의 사람들이 살아가는 거대 국가 역시 국경은 유동적일지 몰라도 그 경계가 있는 한 작은 나라와 크게 다르지 않을 것이다. 계몽과 혁명이 위계적인 왕조의 유산을 타파한 시대에 국가라는 개념이 만들어졌다. 그리고 그것은 곧 주권으로 상상되었다. 현실적으로는 불평등과 착취가 만연해 있는데, 사람들은 자신의 민족을 항상 심오하게 인식할 뿐 아니라 평등하다고 여기고 만다. 결국 공동체는 상상된 것이다.

여기에 지정학의 판타지 개념을 추가할 수 있겠다. 이는 유한하지만 이곳 아닌 다른 곳에도 존재하기 때문에 '상상의' 공동체가 될 수 있다. 게다가 이 공동체는 그 범위 안에 존재하면서도 경계를 가로지르거나 변형된다. 비판적인 지정학적 판타지는 상상의 공동체에 대한 인식을 바탕으로 한 지형도와 결합하는 것에서부터 시작된다. 상상의 공동체를 상정하는 것은 실제에 일종의 장막을 치는 것과 같다. 그리고 이는 근대 국가의 교조적 작업으로부터 지속적인 영향을 받은 결과라고 할 수 있다. 반면 비판적인 지정학 판타지는 이러한 장막과 허구적 판타지가 드러내는 현실 정치 및 지정학적 상황과 무관하다. 오히려 상상의 공동체에 대한 단절을 의미하는 것이다. 일찍이 살펴본 것처럼 대륙 액션 영화를 통해 우리는 만주와 만주국의 중요성을 트랜스아시아적으로 조망할 수 있을 뿐 아니라 그 장소에 부여된 과잉된 의미, 즉 초아시아적 지정학 판타지를 비로소 개념화할 수 있다.[21]

비판적 지정학 판타지는 위치 바꿈이나 위치 짓기를 통해, 그리고 대중문화 속에 드러나는 동일시 재현 과정의 문제를 통해, 우리로 하여금 근대국가의 정치적 무의식과 관련된 대안적 양식을 사고하게끔 한다.[22] 뿐만 아니라 할리우드와 비(非)할리우드, 미국 대중문화와 그렇지 않은 것의 대립 속에서 트랜스아시아적 문화 흐름을 위한 플랫폼으로도 기능한다. 아직 만주와 동북 중국에서는 마찰과 대립이 여전하고, 동북공정을 둘러싼 논쟁도 점점 가열되고 있다. 역사적으로 계속된 불안정 속에서 당대의 정치적 혼란도 함께 발생하는 것이다.

만주 액션 영화 속에서 사람들은 만주로 떠난다. 그리고 거기서 허구에 둘러싸인 데다 강압적이기까지 한 자신의 정체성을 던져버리고자 한다. 〈황야의 독수리〉에서는 결국 죽음을 맞지만 〈쇠사슬을 끊어라〉에서는 이 무거운 정체성의 사슬을 끊을 수 있었다. 이 좁은 길의 끝에 과연 어떤 보상이 기다리고 있을지는 알 수 없다. 그러나 비판적 지정학의 판타지는

---

21. 만주 액션 영화에서 흥미로운 것은 동아시아에서 인종 및 언어의 차이에 대해 전혀 개의치 않는다는 점이다. 중국인, 한국인, 일본인 사이의 차이를 드러내는 표시 따위는 없다. 바로 이러한 배치가 상식으로부터 자유로울 수 있게끔 돕는 것이다.
22. 같은 맥락에서 재클린 로즈는 프로이트를 통해 근대 국가성 이론을 설명할 수 있다고 주장한다. 정신분석학이 국가성의 징후, 즉 국가를 지지하는 과정 내부에 존재하는 위험한 과잉에 대한 독법을 제공한다는 것이다.

이곳 아닌 다른 곳을 지시하는 것들과의 단절을 분명히 이뤄내고 있다.

〈좋은 놈, 나쁜 놈, 이상한 놈〉과 만주 웨스턴

흥미로운 놈

〈좋은 놈, 나쁜 놈, 이상한 놈〉은 흥미로운 놈이다. 대단히 야심적이지만 야심이 불분명하기도 하다. 위의 세 놈을 맡은 세 명의 배우, 송강호(태구), 이병헌(창이), 정우성(도원)은 분명 최선을 다한다. 로케이션 장소인 둔황의 모래언덕을 뒤흔드는 말발굽, 자동차, 총탄이 천둥치는 소리는 만주 웨스턴과 스파게티 웨스턴의 다이내믹한 융합을 조준한다. 결론부터 말하자면, 결코 재미없는 영화는 아니다. 정우성의 말 타기와 후진, 그리고 총 돌리기는 웨스턴 코드들을 습득한 후 그것을 가볍게 수행해내는 장르 배우의 근사한 도착을 알려준다.

영화는 '보물 지도'라는 고전적 약속으로부터 시작한다. 비적들은 비적들대로, 놈들은 놈들대로, 일본군은 일본군대로 보물 지도 쟁취에 나선다. 이윽고 예의 '보물 지도'가 예지해 준 장소로 도착하기 전, 영화는 대격전을 맞는다. 우선 태구가 오토바이를 타고 필사적으로 둔황의 사막을 달린다. 나머지 다양한 그룹들이 그 뒤를 따른다. 우선 창이의 무리, 다국적 비적의 무리, 그리고 병참 기지 자체를 운송하는 듯 무기로 무장한 일본군과 만주군 연합. 이들을 관찰하다 그야말로 혜성처럼 재등장하는 도원. 모두 태구의 지도를 노리며 그를 추격하는 것이다.

김지운 감독은 이 난감한 상황을 묘기 있게 연출해낸다. 비적들, 일본군 만주군 연합군이 어느새 스크린으로부터 떨어져나가고(흠, 불가능해

보였는데), 세 놈만 보물 지도가 가리키는 곳에 모이게 된다. 그 후 물론 보물은 있는 둥 마는 둥 다시 플롯에서 없어지고 세 놈의 쇼 다운이 시작된다.

수정주의 웨스턴으로서의 〈좋은 놈, 나쁜 놈, 이상한 놈〉은 사실 만주 웨스턴과 스파게티 웨스턴도 참조하지만, 서극(徐克)의 수정주의 무협극 〈칠검〉의 펑크적 태도, 현실주의적 태도 등을 적극적으로 끌어온다. 즉, 고전 무협의 당파나 이념에 이끌리는 싸움이 아니라 금전적 보상에 의해 추동되는 강호 고수들의 맞대결 말이다. 수정주의 웨스턴과 퓨전 무협, 그리고 뿌린 대로 거두리라는 한국형 블록버스터의 로망 등이 각 시퀀스들을 야심차게 넘나든다. 수퍼, 하이퍼 장르 영화다.

그러나 나는 이 영화가 이러한 야심들 때문에 보다 뼈아픈 핵심을 놓치고 있다고 생각한다. 하이퍼 장르 영화가 가질 수 있는 그 장르의 환골탈태로 향하는 미적·정치적 성격 말이다. 도착과 전복이라고 하는 것이다. 어떤 텍스트가 시리즈화 그리고 장르화되면서 축적해가는 사회적 열망의 집합으로서의 유토피아와, 욕망의 파국으로서의 디스토피아적 사이의 긴장을 배태시키기도 하고 사산시키기도 하는 탈장르적 장르 충동. 특히나 수정주의 웨스턴은 그러한 긴장과 충동을 흡혈하며 성장하는 법이다.

이상한 웨스턴들 : 커리, 스키야키, 만주 웨스턴

카우보이 역을 도맡게 되는 길버트 '브롱코 빌리' 앤더슨이 등장했던 1903년 에드윈 포터가 만든 첫 번째 웨스턴 〈대 열차 강도(The Great Train Robbery)〉 이후 존 포드와 하워드 혹스 등의 황금기를 거쳐 1960년대와 70년대 스파게티 웨스턴, 이탈리안 웨스턴 이후 웨스턴은 급속하게

탈할리우드와 탈서구화 된다. 인도의 힌디 영화 중 가장 히트작인 1975
년의 〈숄레이(Sholay)〉는 커리 웨스턴이라고 불린다. 방글라데시에서는
바로 또 이 〈숄레이〉를 모방하고 패러디해 〈도스트, 더시맨(Dost-
Dushman)〉(1977)이라는 웨스턴을 만든다. 필리핀도 타갈로그어로 제작
된 웨스턴을 만들었는데 예를 들자면 〈버치 캐시디와 선댄스〉는 타갈로
그어 버전에서는 〈오마르 캐시디와 산달리아스〉로 변모한다. 또 동구권
이나 소비에트에서는 할리우드의 웨스턴에 대항해 미국 인디언들을 착취
당하는 자들로 묘사한 "오스테른" 장르를 띄웠다. 유고슬라비아인이나
터키인들이 인디언으로 출연하고 했다. 얼마 전, 미이케 다카시가 만들었
던 엉망진창 영화 〈스키야키 웨스턴 장고〉는 사실 그 전부터 있었던 일본
의 웨스턴 장르와 연속선상에 있다.

만주 웨스턴 : 1930년대와 1960년대라는 역사적 쌍

이렇게 보자면 웨스턴이 할리우드의 전속 장르가 아님은 분명하고 동유
럽의 웨스턴이 오스테른이라는 이름을 가지고 있었다고 한다면, 인도에
서 방글라데시, 필리핀, 그리고 일본 등에서 만들어지는 웨스턴들은 아시
아 웨스턴이라고 할 만하다.

　　대륙 활극, 만주 웨스턴이라고 불리는 영화들은 정창화 감독의 〈지
평선〉(1961)을 비롯해 김묵 감독의 〈소만국경〉(1964), 〈광야의 호랑이〉
(1965), 이용호 감독의 〈불붙는 대륙〉(1965), 그리고 신상옥의 〈무숙자〉
(1968) 등이 있고 임권택 감독의 〈황야의 독수리〉(1969), 그리고 이만희
감독의 〈쇠사슬을 끊어라〉(1971)가 있다. 당시 대부분의 만주 웨스턴들
이 만주 독립군들의 고난과 무용담을 1960~70년대 군사 독재 정권에 순
응하는 애국적인 방식으로 그리고 있다면 〈황야의 독수리〉와 〈쇠사슬을

끊어라〉는 단연코 그러한 성향을 끊어버린다. 〈황야의 독수리〉에서 가족을 잃은 장동휘는 배회하다 독립군을 만나지만 그것은 별 의미 없는 사건으로 지나가고 개인의 통절한 사연과는 아무런 관계가 없다. 〈쇠사슬을 끊어라〉의 장동휘, 허장강, 남궁원 삼인조가 세르지오 레오네의 〈석양의 무법자(The good, the bad, the Ugly)〉(1966)와 더불어 〈좋은 놈, 나쁜 놈, 이상한 놈〉 삼인조의 인물 설정에 보다 분명한 향방을 제공한 것으로 이야기 되는데, 〈쇠사슬을 끊어라〉에서 삼인조는 독립군으로 남아달라는 요청을 뿌리치고 호방하고 명랑하게 (허문영 표현) 석양으로 사라진다. 이때의 부정은 영화 서사상에서 역사적 개연성을 거의 갖고 있지 않은 일제 강점기에 대한 부정이라기보다는, 1970년대 당대 민족 국가에 대한 불복이다. 무정부주의적 항의인 것이다.

그리고 보면 1960년대와 1970년대 만들어진 대륙 활극, 만주 웨스턴 중 몇 편은 일제 강점기 1930년대, 그리고 1940년대 초반 시기를 휘어진 거울처럼 비춰내면서, 경제개발 시기의 그 시대적 휘도를 담빡 낮춘 후, 그 암흑이 일종의 '역사적 쌍'으로 존재함을 일러주고 있다. 예컨대, 역사적 청산이 이루어지지 않은 일제 강점기와 군사 독재 시기가 영화 속에서 역사적 쌍으로 만나게 되고, 일제 강점기는 역사적 패착으로 악수로 60, 70년대 대중문화와 대중 영화 속에 무의식으로 기어들어오게 되는 것이다. 〈황야의 독수리〉는 정체성을 오인하는 아버지와 아들이 서로에게 총을 겨누어 상대를 끝장내야 하는 도착적 일본인 군인의 각본 속에서 비극으로 끝나고, 반면 〈쇠사슬을 끊어라〉는 불가능한 명랑함 속에서 이 무정부주의적 단절을 만들어낸다. 좌파적 상상력이라기보다는 도발적 부정인 셈이다. 당시 박정희 정권의 개발 드라이브의 입안이 메이지 유신과 만주산업5개년개발계획 등에 근간을 두고 있었기 때문에 역사적 패착 지점으로, 만주를 영화를 통해 가리키게 되는 것은 흥미로운 정치적 무의식이다. 그러나 다른 한편 이러한 만주 웨스턴은 당시 해외여행 자유화가이루어지지 않았던 냉전 상황 속에서 남한에 유폐되어 있다고 느끼던 당시 관객들에게 유토피아적 '어딘가 다른 곳'에 대한 지정학적 판타지를펼칠 수 있는 유사 대륙 공간을 제공하기도 했다. 냉전 때문에 만주 지역(현재 중국 동북 지역)에 가서 촬영을 하거나 하는 것은 금지되어 있었지만(이런 이유로 호금전도 〈산중전기〉를 남한에 와서 찍었다), 남한이 아닌 대륙 어딘가로 설정된 광활한 평원에서의 로케이션은 그러한 지정학적 판타지를 가능하게 하는 가늠쇠 역할을 하는 것이다.

이제 다시 〈좋은 놈, 나쁜 놈, 이상한 놈〉으로 돌아가 보자. 이 영화의 관심은 물론 역사적 짝짓기를 통해, 동시대 문제의 패착 지점을 포착해내는 데 있지 않다. 1930년대가 소환되는 방식은 동시대의 거울이나미장아빔(Mise en Abyme)과 거의 관계가 없다. 이 영화가 흔쾌히 관계를밝히는 부분은 어떤 영화에서 다른 영화로 횡단한다는 인용적 관계다. 나는 이것 자체가 문제라고 말하는 것은 아니다. 다만 만주 웨스턴이 눌변과 달변을 섞어 다루었던 역사적 짝짓기 기획을 폐기했다고 한다면 그것을 환치하는 어떤 것이 있을까 하는 점을 물어보고 싶을 뿐이다.

이 영화에서 정치적 색조 내기라고 한다면 그것은 대륙 아닌 반도, 조선 독립 가능성에 대한 끊임없는 자기 부정이다. 좋은 놈 도원이 독립군의 부탁을 받고 지도를 찾아 헤매지만, 그것은 이념적 지지라기보다는두둑한 보상금 때문이다. 그래서 여기서 좋다는 의미는 부탁을 받은 것을이행한다는 것이지, 대의를 위한다는 뜻은 아니다. 하지만 영화 말미, 일본군과 만주군 연합군에게 민첩하게 총격함으로써 대중적 코드인 민족주의적 감성을 채워주는 것은 역시 도원이다. 반면 나쁜 놈 창이는 자신의 고용주, 자신의 부하를 죽이고 자신의 상대가 되지 못하는 사람을 난자함으로써 비극적 악인이라기보다는 성질 나쁜 악인쯤으로 설정되어 있다. 이병헌의 집중된 연기와 사이버 펑크 스타일 의상으로 악인의 아우라는 낭자하지만, 나중에 그가 '허무'를 이야기할 때 영화 자체가 좀 허무하게 느껴지게 된다. 대중 장르 영화로서의 선명성 혹은 단순화 때문인지 좋고 나쁜 이항 대립을 절로 와해시켜버리는 이상한 놈이라는 제3항, 삼자의 등장이 이 영화에 끼치는 영향은 의외로 많지 않다. 이상한 놈이라기보다는 웃기는 놈 역할을 할 때가 더 많은 편이다. 그래서 웃긴 웃지만, 이상하게 웃게 된다.

인물 유형 문제는 이쯤 해두고, 나는 이 영화가 비교적 잘 안무된 액션 장면이 많은데도 불구하고 마치 무엇을 위장이라도 하는 듯 사용하고 있는 각이 들어맞는 몽타주 편집의 기교와 마치 B급 이탈리아 공포 영화라도 되는 듯 과도한 사운드를 토해내는 것이 이상하다. 관객의 반응을 유도하는 속임수가 은근히 많다는 뜻이다. 예컨대, 처음 기차 습격 장면에서 다중 인물과 그룹들이 얽혀드는 데서도 공간적 오케스트레이션보다는 편집을 통해 긴장감이나 놀람을 유도하고 있고, 또한 사운드의 데시벨을 올려 그 효과를 내고 있다.

후반으로 갈수록 상황은 좀 나아지지만 웨스턴은 근본적으로 공간의 존재론과 지리적 정치성의 환기를 통해 그 장르를 구축해온 만큼, 그것을 해체한다고 해도 어떤 구성적 이해를 해체하고 있는지에 대해 재 – 인식론적 지도가 필요할 것 같다.

두 번째 판타지에 대한 부분이다. 이 영화에서 1930년대쯤의 만주는 법도 질서도 없는 공간으로 상상되고(영화 후반 일본군이 등장하기 전까지 그렇고 등장하고 나서도 큰 영향력이 없다) 국사 교과서에서도 독립군의 활동 무대 정도로 소개되지만, 인도계 미국 학자로 중국학 학자인 프리센짓 두아라는 동아시아의 근대, 제국의 형태를 이해할 수 있는 중요한 사례로 만주를 보고 있다.

1930년대의 만주는 1931년 9.18 사변, 그리고 1932년 관동군의 만주국 수립 후, 오족협화 (일본, 만주족, 한족, 조선족, 몽골족), 왕도낙토건설 등을 내세웠다. 그중 하얼빈에는 폴란드계 유태인, 러시아계 등이 이주했다. 협화는 아닐지언정 오족 이상의 민족들이 다민족문화를 구성하고 있었다는 점은 사실이다. 바로 이것이 1960년대 〈소만국경〉이나 〈불타는 대륙〉, 〈사르빈 강에 노을 진다〉 등에서 다른 민족 집단들이 시사되고 있는 점이다. 당시 국사 교과서나 정부는 만주를 이렇게 복합적인 정치 공간으로 다루지 않았지만, 가족사나 구전을 통해 사람들이 알고 있던 만주 이야기들이 대중 영화 스크린으로 출현했던 것이다. 그리고 영화 초반부 등장하는 1906년 설립된 남만주철도주식회사(만철)은 만주 근대화 계획의 주요 동력이었다.

물론 이 영화는 만주를 위와 같은 방식으로 불러내는 데 관심을 두고 있는 게 아니고 오족들의 이전투구에 총력전을 치루고 있기 때문에, 더 이상 설명이나 분석은 하지 않으려고 한다. 그러나 여전히 의문은 왜? 위와 같이 풍부한 역사적 공간으로서 만주를 생각하지 못했는가 하는 점이다.

제목이나 의상 코드, 인물의 설정들은 스파게티 웨스턴이나 만주 웨스턴, 그리고 퓨전 무협류를 따르고 있지만, 이 영화는 한판 크게 잘 벌려보자는 블록버스터로서의 욕망은 있되, 정치적 미학적 야심이 누락되거나 무엇인가 다른 것으로 환치되는 과정에서 그 응축성을 놓쳐버린 것 같다. 안타까운 점은 이 영화가 뿜어내는 사막 위를 달리는 원시적 광기는 있으나, 인물들과 사건이 엮이면서 그 광기와 악을 역사와 당대라는 복잡계로 치환시킬 사유나 미학적 고민은 빈곤한 것으로 보인다.

예컨대, '나쁜 놈'이 불러일으키는 경악감이 친일시로 논란을 빚고 있는 유치환의 시 〈수(首)〉에 나오는 비적(독립군으로 해석되기도 함)의 참수된 머리 수위 정도로 올라야 당대적 재해석의 묘가 살아날 것 같다.

십이월의 북만 눈도 안 오고

오직 만물을 가각하는 흑룡강 말라빠진 바람에 헐벗은

이 적은 가성 네거리에

비적 머리 두 개 높이 내걸려 있나니

그 검푸른 얼굴은 말라 소년같이 적고

반쯤 뜬 눈은

먼 한천에 모호히 저물은 삭북의 산하를 바라고 있도다.

너희 죽어 율의 처단이 어떠함을 알았느뇨

이는 사악이 아니라

질서를 보존하려면 인명도 계구와 같을 수 있도다.

....

그러나 이제까지 대다수 한국형 블록버스터들의 난감한 플롯, 부실한 세트장 등의 사례를 볼 때 한국형 웨스턴으로서 이 영화가 보여주는 숙련도는 상당한 진전을 이룬 편이다. 그러나 액션을 위한 액션이 아니라, 무엇을 위해 행동하는가라는 질문이 더 숙련되었더라면…….

콘택트 존으로서의 장르

홍콩 액션과 한국 활극[*]

비교의 유령들

한국 영화는 최근 국제영화제 등에서 예술 영화나 한국형 블록버스터 양식으로 주목받고 있다. 〈춘향뎐〉(2000), 〈여고괴담 두 번째 이야기 : 메멘토 모리〉(1999), 〈인정사정 볼 것 없다〉(1999), 〈쉬리〉(1999) 같은 영화들이 아시아, 유럽뿐만 아니라 북미 지역에서도 상업적으로 개봉된다는 것은 한국 영화에 있어 새로운 힘이 되고 있다. 〈춘향뎐〉은 예술영화극장을 통해 배급되었고, 〈여고괴담 두 번째 이야기 : 메멘토 모리〉는 10대 호러 영화로서 한국뿐만 아니라, 영화제나 예술영화극장들에서도 컬트 팬들을 불러 모으고 있다. 〈인정사정 볼 것 없다〉, 〈쉬리〉 같은 액션 영화들도 있는데, 지난 3년간 조폭을 동원한 액션 영화들은 한국 박스 오피스의 상위를 차지해왔으며 이는 전례 없는 일이다. 여태껏 멜로드라마, 코미디, 여성 관객들로 지탱해 온 영화 산업에서 액션 영화, 혹은 활극은 그 변방에서 살아남았다.

---

*이 글의 초고는 2003년 2월 메간 모리스가 주최한 Hong Kong Connections : Transnational Hong Kong Action Cinema(홍콩 링난대)에서 처음 발표되었다. 이후 같은 제목의 책에 챕터로 실렸다. Meaghan Morris et all (ed.), (Durham : Duke University Press, 2006) 영문으로 쓴 것을 전민성이 번역했다. 번역된 한글 원고는 「한국 영화의 미학과 역사적 상상력」(연세대 미디어아트센터 엮음, 소도, 2006)에 실렸다. 이 글은 위의 한글 원고를 수정한 것이다.

한국—홍콩 커넥션은 1950년대 말에 형성되어, 지금까지 이어져 오고 있다. 1970년대는 두 가지 양식의 커넥션이 자리 잡는 시기로(펀딩, 로케이션 활용, 공동 감독, 공동 주연 등의 방식으로), 합작과 장르적 전유가 일어났다. 이후 홍콩 액션 영화는 1980년대 후반 〈영웅본색(英雄本色)〉(1986), 〈열혈남아(熱血男兒)〉(1987) 등의 영화들이 홍콩 느와르란 이름으로 개봉되며 다시 한 번 전면화된다.

〈쉬리〉, 〈인정사정 볼 것 없다〉 같은 최근의 히트작들이 미국에서 개봉되었을 때 홍콩 액션 영화와 반복적으로 비교되었는데, 《빌리지 보이스 The Village Voice》는 〈인정사정 볼 것 없다〉를 두고서 "주윤발 같은 슬로우 모션 주인공은 빗속에서 헐떡거릴 정도로 보일 만큼 숨이 멈춘 듯 발산하는 웅장한 작품"이라고 평했다.[1]

대체적으로 한국 영화에는 세 시기의 황금기가 있다고 본다. 즉, 1920년대 중반부터 1930년대 중반, 1950년대 중반부터 1960년대까지, 1990년대 후반부터 현재까지의 세 시기이다. 식민시기(1910~1945)에는 앞으로 도래할 '내셔널' 시네마의 윤곽이 만들어졌고, 나머지 두 시기는 각각 근대화와 세계화로 특징지어진다. 한국의 근대성의 궤적이란 일본 식민주의와 미국식 근대화가 추동하고, 균열시킨 것이다. 그러한 이유로 당대의 서구인들, 또 비서구인들의 머리에서 떠나지 않는 근대성에 대한 질문을 앞에 두고, 한국 근대성의 궤적은 메두사의 머리로서 그 자신을 제시한다. 한국 같은 비서구 국가들에서의 근대성의 충격은 언캐니(unheimlich)의 위상학을 드러낸다. 프로이트가 보여주듯이, '하임리히(heimlich)'[2]는 그 자신의 반대말인 '운하임리히(unheimlich)'와 일치하는 단어이다. 언캐니는 식민의 이중적 의식이라 알려진 심리적 현실의 공간

---

1. Check Stephen, *Village Voice*, Mar. 27, 2002.

2. Sigmund Freud, "The Uncanny" in *The Standard Edition of the Complete Psychological Work of Sigmund Freud*, ed. trans. James Strachey, vol. xvii, (London : Hogarth, 1953).

에서 적절히 제스처를 취하며, 식민의 이중적 의식[3]은 상이한 시간성과 공간성을 다른 무언가로 겹쳐 넣는(telescope) 경향이 있다.

식민시기 고뇌에 찬, 실험적 모더니스트/초현실주의 작가였던 이상 또한 이러한 이중적 의식에 사로잡혀 있었다. 그는 경성을 생각하지 않고서는 도쿄·뉴욕·파리를 생각할 수 없고, 도쿄·뉴욕·파리를 생각하지 않고서는 경성을 생각할 수 없다고 했다. 이상은 의심할 바 없이 엘리트 모더니스트 작가였고, 보들레르의 독자였다. 그는 르네 클레르와 장 콕토를 동경했으며, 파리에 가고 싶어 했다. 파리에 가기 위해 그는 식민화된 주체로서 제국주의 일본으로 여행을 떠났으나 선동적이라는 이유로 도쿄에서 체포되었고, 결국 도쿄대 병원에서 유명을 달리했다. 비슷한 시기, 〈아리랑〉(1926)과 같은 반제국주의 정서의 영화로 수많은 영화광들을 매료시킨 전설적 감독인 나운규는 (당시 '활극'이라고 불렸던) 액션 영화를 만들었고, 이 영화는 나운규 같은 조선 감독과 재한 일본인들에 의해 일본의 '신파'극, 영화의 일부분으로 소개되었다. 〈들쥐〉(1927)에서 나운규는 활극의 액션 코드를 전유하여, (들쥐라고 불리는 뜨내기 노동자 패거리로 제시되는) 시골 처녀를 가난한 약혼자에게서 빼앗아 결혼하려는, 식민 세력과 공모한 지주에 대항해 맞서는 조선의 젊은이들을 보여주었다고 한다. 이는 식민 권력에 의해 능욕당하는 지역의 소녀를 소년이 지켜본다는 점에서 한국 액션 영화의 일종의 원초적 장면이다. 이 영화는 식민 근대의 재현 형식을 전유하며, (아직 조직화된 폭력배가 아닌) 남성 유민 집단의 구출 판타지를 상연하는 방식으로 비판을 행하고 있다. 이제 정의를 지켜내기 위한 액션이 따르고, 관객들은 이에 환호한다. 즉, 그 어떠한 측면에서도 들쥐들보다 나을 바 없는 관객들, 박수 치는 관객들이 있다. 이

---

3. W. E. B. 두보이스(W. E. B. Du Bois)의 이중 의식이라는 표현은 『검은 민족의 영혼들*The Souls of Black Folk*』에 등장한다. 그는 타자의 응시를 통해 자신들을 본다는 의미로 아프리칸-아메리칸인들의 이중 의식에 대해 논한다. 필자는 이 용어를 빌려와 베네딕트 앤더슨의 이중화된 비전(비교들의 유령)과 절합하려 한다. 이중의 시선이란 흥미롭게도 친밀한 것과 낯선 것 사이에서 진동한다는 의미에서 프로이트의 언캐니와 겹치는 개념이기도 하다.

영화는 식민주의의 틀에서 즉각적으로 지각될 수 있었다. 활극 영화는 식민시기, 주로 남성 주체들이 즐겼던 값싼 유흥거리였다. 식민시기 활극은 이상의 전위적 모더니즘과 대비되는 버내큘러(vernacular)한 식민 근대성의 장소를 전시한다. 이때 일본 활극과 조선 활극의 비교 지반은 제국주의 일본과 식민 조선 사이(in/between)에 놓이게 된다.

40여 년 후, 1960년대 말에 이르러 한국의 활극 영화가 홍콩의 액션 영화를 맞이하는 지점에서 이 비교의 지반은 이동한다. 그때까지 아시아의 국제적 금융 중심지인 홍콩은 (남한이) 열망하고, 모방해야 할 장소였다. 이에 비해 도쿄는 트라우마적 식민 과거 때문에 이상적인 선택이 될 수 없었으며, 미국의 도시는 이태원이나 용산(서울 심장부에 위치한 미군기지) 같은 장소들을 통해 이미 서울 내부에 있었다. 군사 독재로 해외여행이 제한되었기 때문에, 대부분의 남한 사람들은 홍콩이라는 도시에 대한 매혹을 여행으로 충족시킬 수 없었다. 동시에, 경제개발5개년계획의 두 번째 시기로 접어들면서 수출 중심 산업을 촉진하기 위해 해외 투자 자본의 중요성이 증대하였다. 이때 냉전으로 그어진 경계를 위태롭게 하지 않으면서 바깥을 향해 문을 열고, 살펴볼 필요가 있었다. 해외여행 공식 금지와 일정 정도까지의 개방 필요성 사이에서, 이웃한 도시국가인 홍콩은 대중적 기억 속에서 접속 가능한 타자로 새롭게 등장했다.

남한이 한반도의 남쪽 끝에 위치한 반면, 북한은 남한 입장에서 보자면 대륙으로 이르는 길을 가로막으며 중국에 접하고 있다. 당시 확산된 냉전의 멘털리티는 국경 너머로 움직일 수 있는 능력도, 욕망도 마비시켰다. 이런 유폐 국가에서 홍콩에서 로케이션 촬영한 영화들은 냉전의 장막을 넘어서고자 하는 욕망을 충족시켰다. 특히 영화는 국경 너머로 여행하고자 하는 욕망이 영원히 지연된 변방의 남성 주체들에게 그 욕망의 대체물이 되었다. 이러한 종류의 액션 영화들은 변두리 지역의 극장에서 상영되었고, 그러한 극장의 주요 관객들은 저임금 노동자, 룸펜 프롤레타리아, 고등학교 중퇴자들이었다. 1970년대 영화의 지배적 형식은 멜로드라마였으며, 특히 공장에서 일하기 위해 시골에서 상경한 소녀가 결국 술집 여자가 되어 버리는 '타락하는' 여자들의 이야기를 다룬 호스티스 멜로드라마들이었다. 이와 달리 액션 영화는 주변부 남성을 교화하여 산업 노동력으로 편입하고자 하는 국가 이데올로기에 봉사하는 경향이 있다.

1970년대 초반 이후 로케이션 촬영의 열기는 서서히 식고, 대중적 홍콩 액션 영화 시리즈인 '외팔이' 시리즈(원제 〈독비도 獨臂刀〉, 국내 개봉명 〈의리의 사나이 외팔이〉, 1967년 한국 개봉)가 남한의 '외다리' 시리즈를 대체한다. 이 두 시리즈가 가츠 신타로가 맹인 검객을 연기한 일본의 (1963년에 제작되어 현재까지 시리즈가 계속 이어지고 있는) 〈자토이치(座頭市)〉 시리즈를 참고하여 만들어졌음은 명백하다. 일본, 홍콩, 남한의 장애를 지닌 액션 주인공들은 인터－아시아적 비교를 할 수 있는 흥미로우면서도 아이러니한 공간을 제공한다. 여기서, 한국 영화의 외다리 사나이의 형상화에 홍콩과 일본의 형제 이미지들의 그림자가 드리운다. 베네딕트 앤더슨(Benedict Anderson)은 '비교들의 유령(el demonio de las comparaciones)'이라는 틀거리를 통해 문제적 이중의 시선, 이중의 형상을 조망할 수 있게 해준다. 앤더슨의 예는 호세 리살(José Rizal)의 소설 〈나에게 손대지 마시오(Noli Me Tangere)〉에서 가져온 것인데, 유럽에서 오랜 기간 머무르다 1880년대 식민 마닐라로 돌아온 젊은 혼혈 주인공은 이 소설에서 마닐라의 식물원을 보고는 그것에 "유럽의 자매 식물원들의 이미지가 자동적으로, 불가피하게 그림자를 드리우는 것"을 발견한다. 그는 거꾸로 돌려놓은 망원경을 통해 보는 것처럼, 유럽과 마닐라의 식물원을 확대해 보기도 하고, 동시에 멀리서 보기도 한다. 호세 리살은 이런 식의 치료 불가능할 정도로 이중화된 시선의 작인을 '비교의 악마(el de-monio de las comparaciones)'라 이름 붙였고, 앤더슨은 이를 '비교들의 유령(spectre of comparisons)'이라고 번역한다. 이 글에서는 이 유령과 같은 시선을 필리핀과 유럽으로부터 홍콩, 일본, 한국으로 옮겨놓고, 특히 액션 영화를 살펴보고자 한다.

재현공간에서의 언캐니한 이중적 의식, 이중적 시선 혹은 이중의 형상은 비록 한국 맥락에서 특정한 배열상을 보인다 하더라도 한국의 식민 근대성과 그 영화에만 고유한 것은 아니다. 그것은 수백 년 동안 식민 지배자와 피식민자 사이를 나누던 공간을 전염시키며 출몰하는 환영이다. 유럽과 아시아라는 이중화된 시선으로부터, 홍콩과 한국이라는 이중화된 시선으로 옮겨오는 작업을 통해, 이 글은 한국 액션 영화의 홍콩 커넥션을 살펴보는 것으로, 그 비교의 지반을 이동시켜 인터-아시아 문화 연구에 기여하고자 한다.

콘택트 존으로서의 포스트식민 장르 : 활극과 액션 영화

한국 액션 영화는 일본의 검술 영화, 홍콩 액션 영화, 할리우드 액션 영화 등의 다양한 힘들이 붐비며 출몰하는 콘택트 존이라는 언캐니한 장소이다. 활극(活劇, 일본어로는 '가츠게키'라 발음되고 그 한자 의미는 '살아 있는 극'이다)은 액션 신들로 움직이는 연극과 영화를 가리키는 용어였다. 활극에서의 '활'은 초기 영화 시기의 활동사진이라는 용어에서도 사용된다. 그러한 의미에서 활극과 활동사진에서의 '활'은 운동과 액션을 강조

하는 초기 영화 형식의 핵심을 드러낸다.[4]

1970년대 후반에 들어서며 활극이라는 용어는 점점 사라지고, '액션 영화'가 더욱 친숙한 용어가 된다. 활극이 어떤 범주의 영화를 가리킬 때, 그것은 아이러니하고, 코믹하고 향수적인 어조를 띠는 경우가 많다. 예컨 대, 최근의 컬트 영화 〈죽거나 나쁘거나〉(2000)는 활극으로 홍보되었고, 〈사무라이 픽션〉(나카노 히로유키, 1998)은 피 흘리지 않는 사무라이 액션 을 강조하며 코믹 활극으로 홍보했다. 그러나 이 글에서는 남한 액션 영 화의 계보를 드러내기 위해 '활극'이라는 용어를 다시 사용할 것이다.

활극은 계보학적으로 식민시기에 소개된 일본 사무라이 액션 영화와 연관되며, 그 문자적 의미는 '살아 있는 극'이다. 활극이라는 개념은 신 체, 체험, 재현과 실재 사이의 통약 가능성이라는 개념에 기대고 있다. 그 렇다면 일본 식민 근대성의 발명품인 한국의 활극은 검술 영화, 할리우드 액션, 홍콩 액션 영화와 겹쳐진다. 1930년대의 하얼빈에서 일본 권력에 맞서는 외다리 전사를 통해 탈식민의 안무와 풍경을 보여준 것은 활극이 라는 환상의 공간에서이다. 태권도 액션스타 한용철('차리 셸'이라고도 하 는)은 〈돌아온 외다리〉(1974)와 그 속편 〈돌아온 외다리(속)〉(1974) 등의 영화에서 외다리 주인공을 연기한다. 한국의 활극과 같이 노골적으로 장 애를 지닌 액션 영화들은 초국가적인 홍콩 액션 영화라는 흥미로운 배열 과 비교해볼 때 의미 있는 지점이 될 것이다. 한국 액션 영화 같은 일군의 영화들은 문화횡단(transculturation)의 과정이 불가피하게 기입되는 장소 를 보여준다. 메리 루이스 프랫(Mary Louise Pratt)이 설명하듯, 문화횡단 은 주변화되었거나, 변방에 위치한 집단들이 지배적이거나, 메트로폴리

---

4. 중국, 일본과 달리 한국에는 집단적·사적 군대 조직이나 무술 훈련의 긴 역사가 없다. 그 이유는 조선 왕조의 개창 이후 태종이 자신이 고려 왕조를 무너뜨리는 것과 같이 반란을 일 으킬 것을 두려워하여 사병(私兵)을 금지시켰기 때문이다. 격투와 군대 훈련을 받은 신체는 오직 국가에 의해서만 통제되었다. 이러한 사실이 무협 영화와 사무라이 영화에 소재가 되 는 무협 소설이나 사무라이 이야기에 견주어 생각할 만한 소설, 이야기가 한국에 존재하지 않는 이유를 부분적으로 설명한다.

스적인 문화로부터 전해진 질료들 가운데 선택하고 발명하는 콘택트 존
들에서 일어나는 현상이다.[5] 여기서 콘택트라는 용어는 충돌과, 격렬한
육체의 마주침을 함축한다. 사실 액션 영화들을 통해 우리는 스크린이 하
나의 구역(zone)으로 변화할 때, 다양한 종류의 콘택트를 상상할 수 있다.

　'한국' 액션 영화들은 (이미 서구 액션이 일본의 문맥에 맞추어 번역
된) 일본 활극과 제임스 본드 시리즈, 홍콩 액션 영화들로 붐비는 문화횡
단의 콘택트 존에서 태어난다. 그것은 식민, 반(牛)식민, 그리고 포스트
식민의 콘택트들이 만들어낸 복합적 형상이다. 할리우드 모델에 기반한
장르 이론은 한국 활극과 같은 비할리우드 액션 장르를 설명하는데 충분
치 못하다.

　장르 이론은 두 가지 접근 방식을 따르는 경향이 있다. 하나는 명확
하고, 자명한 성운으로 배치된 범주들을 기준으로 고전 할리우드 영화들
의 균질화라는 비평적 움직임을 통해 장르라는 체계의 가능성을 가정했
던 1970년대의 구조주의적 기획이다.[6] 최근의 접근 방식은 장르의 문화
정치학에 더욱 주의를 기울인다. 이 접근 방식은 장르를 다른 장르와의
관계에서뿐만 아니라, 다른 제도와의 관계 속에서 고려한다. 린다 윌리엄
스(Linda Williams)는 멜로드라마가 "미국 대중 영화의 가장 근원적 양
식"이라고 주장하며, "멜로드라마란 파토스와 액션의 변증법을 통해 도
덕적이고 감정적인 진실을 극적으로 폭로하고자 하는, 특히 민주적이며
미국적 형식이다. 그것은 고전 할리우드 영화의 기반이다"라고 말한다.[7]
그러나 장르와 양식에 대한 장르를 영토적 측면에서 국가(이 경우 할리우
드)에 종속시키고자 하는 주장은 미국 외부에서 생산되는 문화횡단의 궤
적을 무시한다. 또한 그러한 주장은 할리우드 내부로 홍콩의 무술 액션과

---

5. Mary Louise Pratt, *Imperial Eyes : Travel Writing and Transculturation*(London :
　Routledge, 1992), p. 6.

6. Nick Browne, "Preface", in Nick Browne(ed.), *Refiguring American Film
　Genres*(Berkeley : University of California Press, 1998), p. 11.

7. Linda Williams, "Melodrama Revised", *Refiguring American Film Genres*, p. 42.

같은 비할리우드적 요소가 편입되는 과정에 대해서도 설명하지도 못한다.

장르 분석이라는 강제를 걷어낸다면, 활극/액션 영화는 다양한 문화들의 산물이 되며, 의미작용의 차원에서 우발적이고 폭력적이며 깜짝 놀랄 만한 협상의 궤적을 펼쳐낸다. 〈권총강도 시미즈 사다키치〉(1899)라는 이름의 일본 신파 활극은 한국에서 〈육혈포강도〉(1912)라는 제목으로 번역되어 극장 상영되었다. 후에, 나운규는 〈들쥐〉에서 활극의 액션 코드를 전유하여, 일군의 조선 젊은이들이 권력을 지닌 식민 주체에 대한 복수할 수 있도록 했다. 활극은 1960년대 '대륙 활극'이라는 이름으로 다시 등장한다. 만주, 상하이, 하얼빈, 러시아와 만주국 사이의 국경 지역을 배경으로 한 대륙 활극은 대부분 일본 식민 권력에 저항하는 조선 독립군의 이야기를 다루었다.[8] 하나의 시리즈로서의 대륙 활극은 평론가들이나 일반 관객들에게 대단치 않게 여겨졌다. 이 시기에는 유현목, 김기영, 신상옥 등의 작가 영화와 〈미워도 다시 한 번〉 같은 멜로드라마들이 관객과 평론가, 저널리스트로부터 주목받았으며, 활극 시리즈를 보는 관객들은 대개 허름한 동네 극장에 자주 다니는 비엘리트 남성들이었다.

활극이 1970년대 B급 영화관에서 주로 상영될 무렵, 홍콩은 이웃한 타자로서 도쿄와 서구에 대한 대안처럼 비쳐졌다. 동시대 홍콩의 도시 풍경이 〈황금70 홍콩작전〉 같은 영화에서 나타날 때, 그것은 자본주의를 학습하고, 바람직한 미래를 전망하는 것으로 재현되었다. 따라서 '홍콩 간다'는 것은 남한에서 극도의 만족 상태, 엑스터시라는 뜻의 구어적 표현으로 쓰였다. 그 누구도 이 표현의 기원에 대해서는 알지 못하지만, 이 표현은 기표로서의 홍콩이 남한의 국민들에게 무엇을 불러일으켰는지 적절히 나타내고 있다.

1973년 이후 영화 산업을 지배하는 검열은 상상할 수 없을 정도로

---

8. 대륙 활극은 1960년대 중반부터 장동휘, 허장강, 황해 같은 남성 스타들을 생산했으며, 1970년대에 이들은 중년의 전사들로 등장한다.

가혹해지지만, 1970년에만 189편의 영화가 생산되었다. 그러나 실제 영화관객수는 줄어들고 1976년에는 90편의 영화가 제작되었다. 그러나 어느 영화도 서울 관객 10만 명을 넘어서지 못한다(당시 남한의 인구는 26,211,326명에 이르렀다). 이런 상황에서 1960년대까지만 해도 없었던 한국 영화에 대한 냉소적 무시가 팽배한다. 국민들은 이 시기의 영화를 두고 어떻게 "팔도의 오입쟁이들이 명동과 홍콩에서 난봉질을 하는지"에 대해 야유했다.[9] 반면 오승욱은 정반대의 증언도 한다. 즉,

> 그렇게 이런저런 불만이 가득하면서도 그런 한국 영화를 찾았던 것은 애국주의자이기 때문이 아니라, 유치하지만 큰 소리로 웃을 수 있고 알아들을 수 있는 우리말로 (가짜 우리말이 나오는 한홍 합작 영화와는 다르다. 한홍 합작 영화에서는 홍콩 배우가 우리말을 한다. 이건 가짜다.) 대사를 했기 때문 아니었나 싶다. 하지만 더욱 중요한 것은 그 영화에서 나는 냄새들이 바람만 불면 연탄가루가 날아오고, 새벽에는 기차 소리가 들리고…… 그런 결핍과 더러움의 세계에 가장 비슷한 모양새를 하고 있었기 때문이지 싶다.[10]

즉, 당시의 생활상과 영화상이 거의 일치하는 데서 오는 동질감을 당시 액션 영화에서 발견하고 있는 것이다.

1965년 영화법이 만들어지며 한국 영화를 만든 영화사들에게만 영화 수입 쿼터가 주어진다. 합작은 더욱 많은 쿼터를 보장했고, 이는 특히 홍콩과 남한의 합작 러시를 부추겼다. 말하자면 홍콩과 한국 사이의 억지 합작이 시작된 것이다. 예컨대, 〈사학비권〉(1978)은 성룡과 한국 여배우 김정란이 공동 주연하고 있으며, 〈사문의 승객〉(1979)은 홍콩의 호금전과

---

9. 《씨네 21》, 이 사실을 알려준 김기현에게 고마움을 전한다.
10. 오승욱, 「한국액션영화」, 2003, 살림, 5쪽.

남한의 한갑진의 합작이다.[11]

이와 함께 타이틀에 '홍콩'을 사용한 영화들도 범람했다. 신경균은
〈홍콩서 온 여와 남〉(1970), 〈홍콩서 온 마담 장〉(1970), 〈홍콩서 온 철인
박〉(1971), 〈홍콩 브루스〉(1971) 등 네 편의 영화를 제작한다. 이러한 영화
들과 함께, 1970년대 여러 가지 방식으로 자신들이 홍콩과 관련되어 있
음을 보여주는 다른 영화들이 있었다.[12]

멜로드라마와 코미디가 남한 영화에서 지배적이었고, 액션 영화의
등장은 산발적이다. 이 당시의 액션 영화들은 홍콩, 대만, 일본, 만주, 소
만 국경, 상하이 등 주로 식민시기의 대한독립군의 항거 지점을 로케이션
으로 사용하고 있다. 대한민국 임시정부는 상해에 세워졌고, 독립군 기지
는 만주에 있었다. 1960년대 말, 영화적 로케이션이 홍콩으로 이동하는
것은 한국인들이 아시아를 다시 영화적으로 지도화하는 데 있어 비교적
새로운 지정학적 의미를 띤다.

외다리 등의 장애를 지닌 캐릭터를 주인공으로 삼는 한국 액션 영화
들은 한국에서 후기식민의 트라우마가 어떤 방식으로 1960년대 대륙 활
극에 이어, 1970년대 액션 영화에서 표출되었는지 짐작할 수 있게 한다.
종종 동시대 홍콩이나, 1930년대 상하이를 배경으로 하는, '무협 활극'
영화라 알려진 1970년대의 한국 액션 영화들은 일본 식민 통치 조직들과
한국 독립군 사이의 전투를 재상연(reenactment)하기 위해 홍콩 액션 영
화의 장르적 코드를 전유한다. 이 영화들에서 깡패와 독립군은 외관상 구

11. 호금전의 필모그래피를 살펴보면 1979년 〈사문의 승객〉의 제작 시기와 겹치는 때에, 두 편
의 영화(〈공산영우〉, 〈산중전기〉)를 만들었음을 확인할 수 있다. 이 두 편의 영화들이 한국
에서 촬영되었다는 것을 생각한다면 〈사문의 승객〉도 그 영화들과 함께 촬영되었다는 것을
추측할 수 있다.

12. 홍콩과 관련한 몇몇 영화들이 1970년대 이전과 이후로도 생산되었음을 지적해야 할 것이
다. 예컨대, 〈SOS 홍콩〉(1966), 〈정무문 81〉(1981)과 같은 영화들이 그러하다. 그러나 액션
영화 마니아이기도 한 오승욱 감독은 대개의 (소위) 한홍 합작 영화들이 가짜였다고 말한다.
외화 수입 쿼터를 따내기 위해, 한국 영화사들은 홍콩 액션 영화의 클립을 사용하여 합작의
증거로 제시했던 것이다. 이러한 이유로 로케이션과 주인공이 갑자기 바뀌어버리는 일관성
없는 액션 영화들이 생산되었다.

별하기조차 어렵다. 탈식민적 텍스트로서의 한국 액션 영화는 홍콩 액션
영화의 장르적 코드뿐만 아니라 홍콩의 도시 공간 또한 도쿄나 서울과 대
조하여 사용한다. 그러나 이러한 경향은 '돌아이' 시리즈(1985~1988)라
는 할리우드식의 새로운 액션이 소개되면서 끝을 맺는다.

1970년대 〈황금70 홍콩작전〉과 〈엑스포70 동경전선〉은 모두 최인현
감독에 의해 만들어졌다. 액션(활극), 프로파간다, 스릴러의 혼합물인 이
두 영화는 1970년대 초반에 널리 퍼져 있던 불안을 있는 그대로 드러낸
다. 한국영상자료원 데이터베이스는 〈황금70 홍콩작전〉을 반공 활극이라
는 범주로, 〈엑스포70 동경전선〉을 반공 프로파간다라는 범주로 나누고
있다. 1967년은 국가 주도의 경제개발5개년계획의 제2차 회기가 시작된
해다. 인프라 구조를 근대화하기 위해 군사 정권은 해외 투자자본 유치에
힘쓰고, 시민들의 해외여행을 금지하면서도 국제화를 추진했다. 국제화
와 봉쇄 사이의 긴장은 〈황금70 홍콩작전〉과 〈팔도사나이〉(1969) 등의 영
화에 각각 번역되어 있다.

〈황금70 홍콩작전〉은 007 시리즈 중 한 편인 〈골드 핑거〉(1964)에 의
존하고 있다. 〈황금70 홍콩작전〉에서 남자 주인공의 코드네임은 'G07'이
다. 또 〈골드 핑거〉에서 007에게 주어진 임무는 국제 황금 시장을 장악하
려는 계획을 막는 것이며, 〈황금70 홍콩작전〉에서 한국계 미국인(리처드
한)의 임무는 미 달러를 위조하는 위폐 원판을 손에 넣기 위해 홍콩으로
몰려드는 중국, 북한, 홍콩 범죄단들을 저지하는 것이다. 첫 번째 시퀀스
에서, 한 남자가 홍콩의 밤 항구를 내려다본다. 곧 그는 서류 가방을 든
한 남자가 자신을 미행한다는 것을 알아채고서는, 그를 칼로 찌르려 하지
만, 뜻하지 않게 어떤 홍콩 여인을 살해하게 된다. 남한, 북한, 중국, 홍콩
사람들이 한데 섞이며 발생하는 이러한 종류의 오인은 이 영화에서 실수

이면서, 동시에 영화를 추동하는 기반이 된다. 한 홍콩 범죄 집단 보스의 정부가 중국에서 온 요원처럼 보이기 위해 성형 수술을 받아 영화의 플롯 안에 오인된 정체성이라는 미끼를 만들어내고, G07과 리처드 한은 마지막 시퀀스까지 서로가 서로의 정체를 알아보지 못한다. 관객들이 북한인, 남한인, 한국계 미국인, 중국인, 홍콩인 들 사이의 차이를 인지하게 되는 것은 허점투성이인 플롯에 의존해서이고, 그들의 언어나 의상은 인종적·민족적 차이를 드러내지 못한다(모두 한국말 사용). 정부의 간접적 지원을 받은 프로파간다 영화라는 사실에도 불구하고, 이 영화는 사운드, 소품(제임스 본드 스타일의 서류 가방)과 G07과 사랑에 빠지는 유혹적인 본드 걸(그녀는 북한 공작원으로 밝혀진다) 등의 장치를 사용함으로써 007 시리즈에 대한 어설픈 인용을 하고, 플롯의 비일관성으로 인해 국가 지배 이데올로기에는 거의 봉사하지 못한다.

결국 G07은 위폐 원판을 소유하고서는 남한, 북한 어느 쪽도 아닌 다른 어딘가로 달아나자는 여자 북한 공작원의 제의를 거절한다. 공작원으로서는 무능하기 짝이 없던 G07은 여자 북한 공작원에게 남한으로 함께 돌아가야만 한다고 말하는 순간만큼은 확고한 남성적 태도를 보인다. 그러나 그 순간, 다른 남자 북한 공작원이 여성 북한 공작원을 죽인다. 위폐 제조에 필요한 화학품 제조 기술 때문에 납치되었던 한국인 과학자와 그의 손녀딸과 함께 서울로 돌아가는 길에 G07은 "선생님도 놀라실 겁니다. 이제 서울은 국제적인 도시입니다"라는 대사를 건넨다(그 과학자는 6·25 이후 17년간 홍콩에서 살았다). 이 영화 전체를 지휘하는 남성은 홍콩을 응시하며 영화를 시작하는 한국계 미국인 공작원인 리처드 한으로 냉전의 멘털리티 속에서 당시 남한이 처해 있던 긴박한 상황 속에서 남한이 미국에 의존하고 있음을 확인시켜준다. 결국 홍콩은 그러한 사실을 재

확인하기 위한 우회로인 셈이다.[13]

코스모폴리탄적인 배경으로서 홍콩을 동원하는 것과 더불어, 1970년대 액션 영화들이 취하는 다른 방향은 주변부 남성 주체를 국가 장치 속으로 통합시키는 것이다. 박정희 군사 정권은 1960년대 초반부터 1970년대 후반까지 근대화/탈식민 기획을 후원하기 위해 영화 산업을 규제하고 감독했다. 이러한 상황에서 활극 시리즈는 일본 지배에 대항해 애국적 탈식민 임무를 수행하도록 주변부화된 남성 주체들을 소환했다. 남성 주체들이 역사적 임무를 성공적으로 수행하며 적법한 지위를 얻는다. 그러나 탈식민화가 항상 국가 주도의 산업화와 일치했던 것은 아니다.

1965년 (일본에서 차관을 얻기 위해 맺었던) 남한과 일본 사이의 수교 회담 같은 역사적 사건들은 전국적인 규모의 시위를 촉발했다. 근대화와 산업화에는 자본이 필요했지만, 대중들의 기억의 정치학에서 탈식민화 과정과 일본에서 들여온 자본은 잘 어울리지 않았던 것이다. 이런 종류의 대중적 분노는 1999년 〈유령〉 같은 영화에서 다시 나타난다. 산업화와 탈식민화 사이의 탈구는 마치 태권도를 연마한 차리 셸(한용철) 같은 장애를 가진 액션 주인공의 경우처럼 액션 영화에 지울 수 없는 흔적을 남겼다.

1945년 해방 이후, 남한은 미국과 대해 신(新)-, 혹은 반(半)-식민적 관계를 맺고 있었다. 미군이 서울의 중심(용산과 이태원)을 점령하고, 대륙(중국과 소련)에 이르는 북쪽 국경이 북한으로 가로막힌 상황에서, 만주와 변경과 같은 상상적인 스펙터클한 장소들을 영화 속으로 불러내고

---

13. 1999년 한국형 블록버스터인 〈쉬리〉는 〈황금70 홍콩작전〉의 몇몇 요소를 반복한다. 즉, 분단이 초래한 스파이, 남한과 북한 요원 간의 사랑, 성형 수술과 그로 인한 오인된 정체성, 결국 북한 여성 요원을 제거하는 요소들이 그러하다. 〈황금70 홍콩작전〉은 중국과 홍콩의 대결관계와, 남한과 북한의 대결관계가 미국이라는 중재자를 찾는 것을 통해 남한과 북한의 긴장을 전치시킨다. 한국형 블록버스터 영화들은 대개 현재에 의존한다. 1970년대의 〈팔도 사나이〉에서의 지역주의는 〈친구〉(2000)에서 다시 재가공된다. 〈유령〉(2001), 〈무사〉(2001), 〈2009 로스트 메모리즈〉(2002) 같이 상업적으로 실패한 액션 영화들은 과거로 회귀하는 영화들이 시장에서 제대로 작동하지 않는다는 것을 보여준다. 언캐니한 이중 의식의 양가성은 한국형 블록버스터라고 알려진 세계화의 시대에 사라진 듯이 보이는 것이다.

한반도 너머의 역동적이고 강인한 남성 육체를 보여주는 것은 당시의 비엘리트 남성 관객들에게 힘을 불어넣는(empowering) 관람 경험이 되었다. 그러나 광대한 풍경을 배경으로 활동하는 장애 액션 주인공은 지역적 차원으로 보면 유폐의 함의를 띄고 있다. 식민 정권으로부터 추방된 채, 주먹과 총만 갖고 떠돌아다니는 1960년대 대륙 활극 영화의 추방자, 범죄자, 갱들은 군복조차 제대로 갖춰 입을 수 없었던 만주 독립군과 거의 구별이 되지 않는다. 더욱이 디아스포라 한국인은 일본 경찰에게 발각될까 봐 자신의 정체를 밝힐 수 없었다. 그 결과 오인된 정체성으로 말미암아 종종 싸움이 일어나고, 결국 이러한 싸움은 만주 한복판에서 인종적 민족주의(ethnic nationalism)에 기반한 동성사회인 유대, 혹은 혈족 관계를 재확인하도록 이끈다. 대륙 활극 영화의 캐릭터들은 활극이라는 용어가 무협 활극, 혹은 단순히 액션 영화로 다시 명명될 때인 1970년대에도 계속 나타난다. 이때 액션 영화의 무대는 대륙으로부터 남한, 홍콩, 타이완, 일본 같은 아시아의 다른 지역으로 이동한다.

한편 〈팔도사나이〉 시리즈(1969~1991)는 좀 더 지역적인 일들을 다루었다. 이 시리즈는 (가장 주변부인) 전라남도 출신의 무법자가 각각 다른 분야의 무술에 능한 다른 일곱 도 출신의 무법자들을 이기는 것으로 설정되어 있다. 그들은 형제애로 묶이고, 전라남도 출신이라고 설정된 주인공 박노식은 깡패들에게 짐꾼, 행상과 같은 육체노동자가 되어 노동 시장에서 법에 따라 살아야 한다고 설득한다. 〈팔도사나이〉 시리즈에서 깡패들 간의 갈등이 일어날 만하면, 느닷없이 형사가 나타나 주인공에게 범죄를 저지르지 말라고 말한다. 스타일리시한 트렌치코트를 입고 나타난 형사는 박노식에게 새출발하라며 돈을 건네주는데, 이때가 국가 주도의 압축적 산업화의 시기라는 것을 생각한다면 건강한 남성 육체를 산업적으로 유용한 숙련 노동으로 변화시키거나 사회적으로 안전한 것으로 만들 시대적 필요가 있었을 것임을 어렵지 않게 추측할 수 있다.

이 영화는 또한 팔도에 퍼져 있는 지역주의가 국민들을 국가로 종속시키는 과정에서 극복해야 할 장애물이라는 것을 보여준다. 농촌의 주변적 남성 주체는 쉽게 산업 자본을 위한 노동력이 되지 못한다. 그들의 자리는 임금 노동자도 아니고 깡패도 아니며 사회 질서에 위협적이지 않은 막노동뿐이다. 이 시리즈 중 하나인 〈돌아온 팔도사나이〉(1969)에서 주인공 박노식은 지게꾼으로, 파리에서 박사학위를 받은 여교수의 집으로 무거운 사과 상자를 배달한다. 이때 그의 비참한 삶의 조건은 가장 명백하게 드러난다. 박노식의 하층민적 특징은 여교수가 누리는 호화로운 생활 방식과 대조적으로 강조된다. 〈팔도사나이〉는 이렇게 성차, 지역차, 계급차이와 국가 주도 근대화의 한복판에서 비숙련 노동자들의 반실업 상태에서 발생하는 지역적 문제를 해결하려 한다. 그들의 강건한 육체는 농업과 산업 사이에 엇비스듬하게 걸쳐 있다. 그리고 이들의 궁핍한 처지에 대한 동정은 엘리트, 당시 희소했던 여교수와 같은 여성과의 과장된 비교에 의해서 이루어진다.

〈홍콩70 황금작전〉, 〈홍콩 브루스〉, 〈홍콩서 온 마담 장〉, 〈홍콩서 온 남과 여〉, 〈홍콩의 단장잡이〉(1970), 〈홍콩의 애꾸눈〉(1970) 등의 영화들은 홍콩을 배경으로 삼는다. 주인공이 장애를 지닌 액션 영웅으로 등장하는 모티브는 장철의 〈독비도〉(1967) 시리즈의 영향을 받은 것이다. 또한 가츠 신타로가 연기하는 맹인에 기반한 일본의 〈자토이치〉 시리즈(1962~1989)가 또 다른 참조물이 될 수 있다. 그러나 한국 국내 관객들은 〈자토이치〉 시리즈를 일본 대중문화 금지 조항 때문에 볼 수 없었다. 외팔이 검객 역할을 하는 왕우는 '외다리' 시리즈(1974)에서 외다리 역할을 했던 차리 셸과 그 대구를 이룬다. 전문적으로 태권도를 연마한 차리 셸은 1930년대 하얼빈에서 독립군을 돕는다. 시리즈의 첫 번째 편에서 그는 자신의 잘못을 후회하여 자신의 왼쪽 다리를 자른다. 일본군과 대항해 싸우는 도중에 애인의 형제를 죽인 것이나, 시리즈의 두 번째 영화에선 일본군이 그의 다리를 자른다. 홍콩을 배경으로 한 〈후계자〉(1974)에서 차리 셸이 일본 가라데 일당들과 쿵푸 고수를 물리칠 때, 그는 민족적 자긍심을 태권도의 가라데와 쿵푸에 대한 우위를 통해 확인시킨다. 장애를 지닌 대신 다른 능력을 얻게 된 남성 주인공은 한국 영화 역사에서 볼 때 매우 새로운 종류의 (반)영웅적 인물이다. '외다리' 시리즈와 함께 〈석양에 떠나가다〉(오지명이 외팔이로 분함, 1969), 〈비연맹녀〉(김지수가 맹인 여검사로 분함, 1969), 〈팔없는 검객〉(1969), 〈의리에 산다〉(1970) 등에서도 다른 능력을 얻게 된 남성, 여성 영웅이 등장한다.

이러한 종류의 액션 영화들에 잠재하고 있는 장르적 전유의 측면과 함께 언급해야 할 것은 한국전쟁(1950~1953)과 베트남전(1964~1973)이다. 1970년대 거리에서 전쟁 부상자, 상이군인들을 보는 것은 꽤나 흔한 경험이었으며, 흔히 그들은 버스나 역과 같은 공공장소에서 전쟁시의 상해를 보여주며 돈을 구걸했다. 따라서 액션 영화에서 초인적인 힘을 지닌 장애 캐릭터들을 지켜보는 당시의 남성 관객들은 이에 아이러니한 울림을 느꼈을 수도 있었을 것이다. 스티븐 티오(Stephen Theo)는 '외팔이' 시리즈가 당시 정치적인 맥락에서 보자면 중국 본토의 문화혁명에 고무받은 상태에서 당시 영국 식민 지배에 대한 반감과 연관 있을 것이라고 말한다. 한마디로, 그 시리즈는 무엇인가 중요한 것을 잃었지만 모든 것을 다시 시작할 수 있다는, 또다시 강해질 수 있다는 소망을 표현한다는 것이다.[14] 이러한 논리로 보자면, '외다리' 시리즈와 다른 장애를 지닌 액션 캐릭터들이 나오는 영화들이 6·25와 베트남 전쟁, 분단, 독재주의를 불러들이는 것으로 읽힐 수 있음을 상상하기란 어려운 일이 아니다. 모두 다시 시작해야만 하지만, 그 새로운 시작은 분단국가와 같이 훼손된 신체를 지니고서 시작해야 했던 것이다.[15]

차리 셀을 제외하고, 한국의 액션 스타들은 대개 전문적인 훈련 없이 타고난 거리의 주먹(스트리트 파이터)으로 재현된다. 한국 활극 영화에서 훈련 장면이 없다는 것은 홍콩 쿵푸 영화와 비교해볼 때 주목할 만한 차이이다. 무협 영화에서 사부 역할을 하는 인물은 육체적 훈련 대신 다른 남성 캐릭터들과 유사 가족적 유대를 제공하는 큰형과도 같은 인물이 대체한다. 1960년~1970년대 대부분의 액션 영화에서 연마 과정은 구체적으로 나타나지 않고, 그들은 영화 시작부터 이미 완전히 성장한 남성 주인공들이다. 진정한 영웅들은 가능한 한 자주 거리에서 싸우는 경험, 즉 실전 경험을 얻어 싸움을 잘하게 되는 것으로 제시된다. 예를 들어, 김두한과 시라소니는 스트리트 파이터류의 갱, 혹은 주먹의 모델을 제시하는데, 그들은 일본 권력에 맞서는 독립투사가 되는 전설적 갱들이다. 시라소니라는 인물은 특히 발차기가 강했다는데, 전해오는 얘기로는 독립군들을 돕기 위해 달리는 기차에 몰래 올라타야 했으며, 그 달리기의 결과로 힘센 발차기를 구사할 수 있었다는 것이다. 영화 초반에 훈련을 강조하는 홍콩 액션 영화들과는 대조적으로, 한국 액션 영화의 남성 주인공들은 거리에서 싸우며 익힌 것을 자랑스럽게 여긴다. 이런 캐릭터들은 가라데, 태권도, 쿵푸 고수들과 싸워 이기는 것으로 자신의 힘을 확인한다. 심

---

14. 이러한 통찰을 보여준 스티븐 티오에게 감사한다.

15. 남한의 외부를 배경으로 삼은 액션 영화들이 대체적으로 탈식민의 공간을 제공하는 반면, 산업화 과정에 직접적으로 응답한 것은 멜로드라마이다. 1970년대 호스티스 멜로드라마를 대표하는 〈영자의 전성시대〉(1975)는 주인공 영자가 버스 차장으로 일하는 도중, 자신의 팔을 잃게 되는 신을 보여준다. 자신의 다리를 잃고 영웅이 되는 외다리 사나이와는 달리 영자는 '3S'(sex, sports, screen)라는 감추어진 슬로건 아래, 1970년대에 급격히 증가한 섹스 산업에 남게 된다. 여성 노동에 기반한 직물 산업이 당시의 주도적 산업 양식이었을 때, 여성 이주 노동자들이 섹스 산업으로 추락하는 것을 다룬 것은 멜로드라마였다.

지어 오늘날의 TV 시리즈들 또한 김두환과 시라소니를 경배하고 있다.

　합작이라는 주제로 돌아가 보자면, 한국 영화 산업은 1970년대 초반의 〈정무문〉(1972), 〈용쟁호투〉(1973)가 소개된 이후 홍콩에 기반을 둔 영화 제작사들과의 합작에 서둘러 나섰다. 홍콩 감독 로 웨이는 〈사학비권〉을 한국 감독 김진태와 같이 감독했으며, 성룡이 이 영화에 출연한다. 1979년에 호금전은 〈사문의 승객〉을 공동 제작한다. 이러한 합작은 첫째 이소룡과 성룡으로 촉발된 홍콩 영화의 인기에 기인한 것이었고, 둘째 영화 규제와 진흥 정책 또한 이러한 종류의 합작을 부추겼다. 당시의 정책은 국제영화제에 참여하는 영화와 합작 영화를 제작하는 영화사에 외국 영화 수입 쿼터를 추가적으로 주는 것이었다.

　〈사학비권〉에서 8대 문파의 장문인들이 모여 완성한 '사학비권'이 없어지고, 성룡의 사부인 불승은 장문인들을 살해한 범인을 찾아내기 위해 성룡을 강호로 내보낸다. 이 영화에는 태권도를 연마한 한국의 여배우 김정란이 성룡과 공연하고 있으며, 대머리라는 이유 때문에 별명 '쌍라이트'로 알려진 조춘 또한 성룡의 적수로 잠시 등장한다. 영화에는 야외 시퀀스들 대부분이 한국에서 촬영되었다는 것을 보여주는 신들이 있는데 조선 이씨 왕조 스타일의 왕릉이 중국의 신화적 공간으로 활용된 것이다. 한국에 출시된 비디오에는 물론 성룡을 주인공으로 보여주고 있다. 그러나 한국영상자료원 데이터베이스가 제공하는 개요는 고려 왕조의 불승 지공이 주인공으로 등장한다고 되어 있다. 영화사에서 제공한 정보에 기반한 이 개요에는 원나라가 배경이라고 설명한다. 이에 따르면 고려 왕조의 불승인 지공이 원나라에서 열린 무술 대회에서 우승하고, 8대 문파의 장문이 된다. 8대 문파는 협력하여 사학비권의 권보를 완성하지만, 그 권보가 완성되는 순간 복면의 사내가 권보를 훔쳐 달아나고, 서영풍(성룡)

이라는 젊은이가 사학비권의 권보를 가지고 있는 것으로 알려지면서 한바탕 소동이 일어난다. 결국은 불승 지공이 다시 나타나 그 모든 혼란을 가라앉힌다. 이렇게 출시된 비디오 버전과 한국영상자료원의 개요가 다른 이유는 분명하다. 즉, 중국 한가운데에 한국인 주인공을 전면화시켜 수입쿼터를 따는 것을 안전하게 확보하기 위한 것이다. 그러나 징후적으로 읽자면, 무언가 다른 것이 개요에서 감지된다.

일본 식민 통치 이전, 과거의 조선 주권이란 항상 중국에 의해 손상되어 왔으며, 이때까지만 해도 사대주의는 여전히 국민들을 괴롭히는 민족적 상처이다. 따라서 동시대의 홍콩과 달리 중국은 이러한 집단적 기억을 불러일으킨 것이다. 그래서 동시대 홍콩과의 합작은 아이러니한 방식으로 중국과의 관계에서의 역사적 트라우마를 보상한다. 남한에서의 로케이션 촬영은 남한의 풍경을 마치 신화적인 것처럼 중국의 풍경으로 변형시킨다.[16] 부지불식간에 영화의 배경, 즉 풍경과 세팅은 전근대 과거로부터 온 비자발적 기억을 드러낸다. 〈사학비권〉에서 성룡이 결투를 벌이는 이조 왕릉 같은 장소는 한국의 관객들이 즐겨 찾는 소풍 장소이기 때문에 누구나 그 장소를 알아챌 수 있는 것이다.

그것은 사실 이중 의식과 이중으로 코딩된 장소들이 나타나는 순간이다. 특히 1970년대 한홍 합작 영화에서 실제 한국의 풍경이 신화적 중국으로 재현되는 것은 뒤엉킨, 유령과도 같은 혼성의 공간을 야기한다.[17] 이는 마닐라와 유럽의 자매 화원을 예로 들었던 앤더슨과 반향을 일으키는 지점이기도 하나, 다른 한 번의 선회가 일어나는 지점이다. 여기서 작동하는 이중의 비전이란 무의식적 광학과 유사한 우연한 탈식민의 과정

16. 1970년대의 무술 배우들은 당시의 액션 스타로서의 경력 가운데 가장 추억할 만한 순간으로 설악산이나 불국사 등의 아름다운 장소에서 시간을 보냈던 것을 꼽곤 한다(한국 액션 스타 정동섭은 세팅에서 왕호와 함께 지냈던 것을 떠올리며, 조춘 같은 경우는 경주의 불국사를 떠올린다).

17. 소소한 각주지만, 사권과 학권 등의 다른 무술 안무에서 뚜렷이 태권도 스타일이라고 할 만한 부분은 없다는 것을 언급해야겠다. 따라서 무의식적 광학에서 보자면 액션 그 자체보다 풍경이 더욱 흥미로운 요소가 되는 것이다.

이며, 역사적 유령들이 깃드는 곳이다.

결론 : 유령들과 활(活)

실제로 한국 액션 영화들에는 식민적 관계뿐만 아니라, 홍콩과 같은 현재의 타자들 또한 소환하는 다양한 유령들, 언캐니한 이중 의식, 이중의 비전들이 스며 있다. '자토이치' 시리즈, '외팔이' 시리즈, '외다리' 시리즈 같이 장애를 지닌 액션 주인공들이 등장하는 영화는 훼손된 동아시아 근대성이, 그 훼손에도 불구하고 새로운 출발을 약속하는 콘택트 존을 보여준다.

활극에서 '활(活)'은 '활동사진'이라는 번역에서 나타나는 초기 영화적 형식과 밀접하게 관련되어 있는 활기찬 몸의 움직임을 뜻한다. 권력과 달리 활력은 생명력을 의미하며, 생명력은 권위에 대항하는 에너지이다.

> 권력에 저항하는 것은 비폭력이 아니라 생명력이다. 생명력은 반대하는 힘이 아니라 반권력이다. 그것은 구심적이 아니라, 원심적이다.[18]

액션 영화에서 활(活)의 요소는 이러한 반권력의 잠재력을 지니고 있다. 1970년대에 만들어진 만주를 배경으로 한 프로파간다 활극 가운데 한 편이 예기치 않게 이러한 방향으로 선회한다. 〈쇠사슬을 끊어라〉(1971)의 3명의 갱스터는 우연히 독립군과 연루된 이후, 영화의 마지막에 민족적 대의에 봉사하길 거부하고 어딘가 모르는 곳을 향해 떠나간다. 독립군 지도자가 남으라고 부탁하는데도 불구하고 민족/인종적 정체성을 점하길 거부하고 만주 벌판으로 사라지는 것이다. 이 영화가 국가주의적 통제가 검열로 나타나던 1970년대에 만들어졌다는 것을 감안하면, 이러한 거부가 얼마나 강력한 비판인지가 분명해진다. 여기서의 거부는 당대 국가주의에 대한 거부로 읽힐 수 있다.

영화의 초기 형태로까지 거슬러 올라갈 수 있는 액션 영화에 잠재한 통제 불가능한 생명력(활)은 역사적 짐과 소모적인 식민 유산을 폭발시킬 잠재력을 지닌 것처럼 보인다. 파국이라고? 사실 그렇다. 그러나 그것이 반드시 파멸로 끝나는 것은 아니다.

근대의
원초경

보이지 않는 영화를 보다

첫 번째 찍은 날   2010년 4월 15일

지은이	김소영
펴낸이	김수기

편집	한고규선, 여임동, 신헌창
디자인	김재은
마케팅	오주형
제작	이명혜

펴낸곳	현실문화연구
등록번호	제300-1999-194호
등록일자	1999년 4월 23일
주소	서울시 종로구 교북동 12-8번지 2층
전화	02)393-1125
팩스	02)393-1128
전자우편	hyunsilbook@paran.com

값 15,000원
ISBN 978-89-92214-86-5 93680